青木茂の全仕事

リファイン建築へ

建たない時代の建築再利用術

青木茂さんが掘り当てた面白い仕事

松村秀一（東京大学大学院工学系研究科建築学専攻助教授）

建築と技術の清清しい関係

二年ほど前のことになるが、建築史の鈴木博之先生から、大分に青木茂という元気な建築家がいて、老朽化した庁舎建築なんかを再生させる面白い仕事を手掛けているという話を聞いた。「一度行ったほうがいいよ」といわれていたが、なかなか大分行きを果たせずにいた。それが、昨秋になって、思いがけずも当の青木さんのほうから講演依頼のお話をいただき、念願の「青木流リファイン建築」訪問がかなった。

その折に青木さんに案内していただいたのは、本書にも紹介されている緒方町役場庁舎（一九九五）、宇目町役場庁舎（一九九九）、野津原町多世代交流プラザ（二〇〇〇）の三作品。どれも、少々古い建物をいったん裸の構造軀体だけにし、耐震診断・補強を施した後、増築工事を行い、内外装を一新するという方法によるものである。特に増築工事を行うことで外観の印象はもちろんのこと、内部の空間構成をダイナミックに変えてしまう方法は、青木流リファイン建築を一般の大規模改修や増改築とは異なるもの、建築的な構想力を感じさせるものに仕立て上げている。本日、最新作の八女市多世代交流館（二〇〇一）を見る機会を得たが、ここでも基本的な方法は踏襲されていた。

これら一連のリファイン建築を実際に訪ねてみて面白かったことの一つは、既存部分と増築部分のインターフェイスの処理にせよ、RC軀体の保護と建物の軽量化を合わせ実現しようとするカーテンウォールの納まりにせよ、作を重ねるごとに青木流の手法として確信に満ちたものになっていくところだ。基本的なテーマを継続しているからこそできる類のフィードバックの存在が読みとれる。

いま一つ面白かったのは、基本的な方法を繰り返し使いながらも、たとえば、八女の多世代交流館での板金仕上げの外装や室内での杉板の利用のように、一作ごとに新しい工夫を加えていくところだ。見ているほうも次作が楽しみになるが、つくっている青木さんのほうはもっと楽しみだろう。そうした創作の楽しみがはっきりと伝わってくるところが、建築らしくて何とも気持ちよい。

こうした既存ストックの再生は、まだまだ事例も少なく、市場規模も定まらないから、そのまま使えるディテールがリーズナブルな価格で製品化されているということはめったにない。だからこそ、青木さんの仕事にはパイオニア的な粗削りさと、それを確信に満ちた手法に洗練させていく過程とがともに見られるわけである。元請け業者や地域の専門工事業者、加工業者もともに考え、次はこうしようと策を練ったであろうと感じさせるところがそこここに見られる。実際、いくつもの現場をともにしている専門工事業者の方にお会いする機会があったが、「あの先生のリファイン建築にはいろいろと苦労させられますが、課題が多い分本当に面白いですよ」とのこと。

私自身、仕事柄、個々の建築プロジェクトから離れたところで行われる建材メーカー等の技術開発の類に付き合うことはしばしばあるが、青木流リファイン建築の現場には、まず何かを変えようとする建築的な発想があり、それを実現する部分部分の技術がその後に付いてくるという建築と技術の関係、本来こういうものだったんだと初心を思い出させる清清しい関係がある。

床が余る時代の建築的テーマ

もちろん何かを変えようとする建築的な発想が非現実的なもので、共感できないものであれば、工事関係者もそう繰り返し付き合ってはくれまい。こうした建築と技術の清清しい関係が継続しているのも、「リファイン建築」という建築的な発想が時代の的を射ているからこそだろう。

建築的なテーマを考えようとするとき、今日の日本の状況はこれまでのそれとは大きく異なる。端的にいえば、床面積はもう足りてしまっているということである。私自身はこの大きな時代状況の変化を「『つくる建築の時代』から『つくらない建築の時代』へ」と表現してきた。

つくる時代とつくらない時代の決定的な違いは、つくることの必要性、その切実さの違いである。二〇世紀には、住宅、学校、工場、事務所、病院等々、さまざまな近代的施設が不足し、それをつくる必要性に異論をさしはさむ余地は少なかった。ところが、二一世紀は違う。部分的に多少の老朽化はあろうが、基本的に施設の床は足りている。これ以上つくる必要がない。そんな時代に建築的な行為をしようと思えば、住環境への働きかけ方を根本的に見直していかねばならないだろう。

新しい時代の住環境への働きかけの最右翼には、既存の床をもっと豊かに使いこなせるように働きかけていく行為があるはずだ。そして、青木さんの取り組む「リファイン建築」は、床が余り始めた時代のそのような住環境への働きかけのあり方を、具体的にしかも説得力を持って示すものである。

私は、二つの点で青木流リファイン建築が強い説得力を持っていると感じている。一つは、パリのオルセー美術館に代表されるように、多くの人がその歴史的な価値を認める建築的な空間の再生や有効利用ではなく、どこにでもあるような《普通の》既存建物を対象として働きかけていること。本人の言葉を借りれば「B級の建物をA級の建築に」することに神経を集中させている点が、心強い。もちろんオルセー美術館のような再生行為は魅力的だし、大切な仕事ではあるが、日常的な生活への影響という点でも、仕事の広がりという点でも、青木さんの目の付けどころのほうに分がある。

二つ目は、青木流リファイン建築が経済的な合理性を重視し、常にそれを明快に説明している点。既存ストックを取り壊さずに再生させようという話をすると、多くの実務家から「確かに既存の躯体を利用すると経済的なように思うかもしれませんが、実際のところ工事は面倒だし、取り壊して建て替えたほうが安く上がるんですがね」と、いかにも訳知り顔な言葉を返され辟易とする。新しい事柄に訳知り顔が抵抗する保守性は、建設業界の特徴の一つだが、これを打ち破らない限り二一世紀的な建築行為は成り立たない。その点、青木さんがそのような訳知り顔の保守性にへこたれることなく、実績に裏打ちされた数字で彼らを説き伏せる術を持っていることは、特筆に値する。

「リファイン建築では、デザインはもちろんのこと、構造のことも設備のこともわかっていないとまずいで

すが、何といってもコストをつかんでいることが重要です」という話は、青木さんの口から何度も聞いた。実際、不要な部分を一切はぎ取り、いったん構造躯体を裸にするやり方は、建物の軽量化によって補強にかかるコストを減らす目論見を持っているし、鉄骨ファブリケーターにサッシや建具枠を任せたり、防水業者にカーボンファイバー補強を手掛けさせるやり方も、業種を減らし工程をスリムにするという明確な意図の下に進められたものである。そして、青木さんは、そうしたなかから訳知り顔の保守性を打破する実証データを得ているのだ。

発想を仕事にする力

この経済的な合理性へのこだわりとも関係するが、二一世紀的な建築行為のあり方を考えたとき、青木流リファイン建築に表れているいま一つ重要な事柄は、建築的な発想を仕事にする力だと思う。

住環境に働きかけることを専門とする者にとって、つくる時代とつくらない時代の決定的な違いの一つは、自らプロジェクトを起こす能力を必要とするか否かの違い、もう少し控えめにいえばその程度の違いである。つくる時代には、「住宅が必要なので設計してくれる？　土地は用意したから」とか「うちの町にも一つ美術館が欲しいんだけど建ててくれる？　建設費はあるから」という問いかけに応えていればよかった。ところが、つくらない時代にはそうはいかない。

なぜ今、住環境に手を加える必要があるのか。それは誰にどのような効用をもたらすのか。一体いくらの資金が必要でそれはどのように回収できるのか。必要な資金はどのように調達できるのか。関係者から発せられるこのような疑問に的確に答えながら建築的なプロジェクトを起こすところに関わっていかなければならない。そうしなければ、専門家の建築的な発想に形が与えられる機会は得にくくなるだろう。必要なのは建築的な発想を仕事にする力である。

青木流リファイン建築にはその力がある。まず、前述したようにトータルコストを重視し、取り壊し・建て替えと比較したときのその優位性を明快に説明する。細かくは本書の中で明らかにされるだろうが、私の聞いたところでは、増築部分の規模にもよるが、概ね取り壊し・建て替えの六、七割のコストでリファイン建築ができるのだという。もちろん躯体工事が省ける分、工期も短くてすむ。しかも、耐震補強、増築、内

外装の一新という方法により、新築同様の効用が期待できることを約束する。場合によっては、既存建物にまつわる思い出や記憶を引き継ぐことで、より以上の効用を得ることができるとも説明する。青木さんは、リファイン建築の工事の際に発生する廃棄物の量を追跡調査しているが、これも、こうした環境負荷低減上の効果がこれからのプロジェクトの成否を左右すると考えてのことだろう。

雄弁で実務能力に長けた青木さんのことだから、もっといろいろなことを説明してプロジェクトを起こしているに違いない。しかし、ここに挙げた事柄の説明だけでも明瞭であれば十分である。

いずれにせよ、こうしたプロジェクトに関する説明の明瞭さは、住環境に働きかける建築的な行為を、多くの関係者が同じ事実に基づいて議論できる対象に仕立て上げていくものだろうし、そのことが建築的な行為やその成果に公共性を付与していくに違いない。そして、この公共性こそが、今後建築的な発想を具体的な仕事に変える力の源になるものだと、私は考えている。その意味で、住環境に関わるすべての人に対して、開いた議論の場を提供し得る客観的な事実の提示は、私たち研究者の重要な仕事なのだが、機動力がない分、実践家である青木さんに先を越されてしまったようだ。われながら情けないことではあるが、今は先行する青木さんの実践活動に題材を得ながら、二一世紀的な住環境への働きかけをもっと拡がりのあるものにすべく、自分自身のねじを巻き直さなければならない。八女の多世代交流館に多くの老人が楽しげに集まっている様子を見て、心底そう思った。

青木流リファイン建築には、本当に元気づけられる。

目次

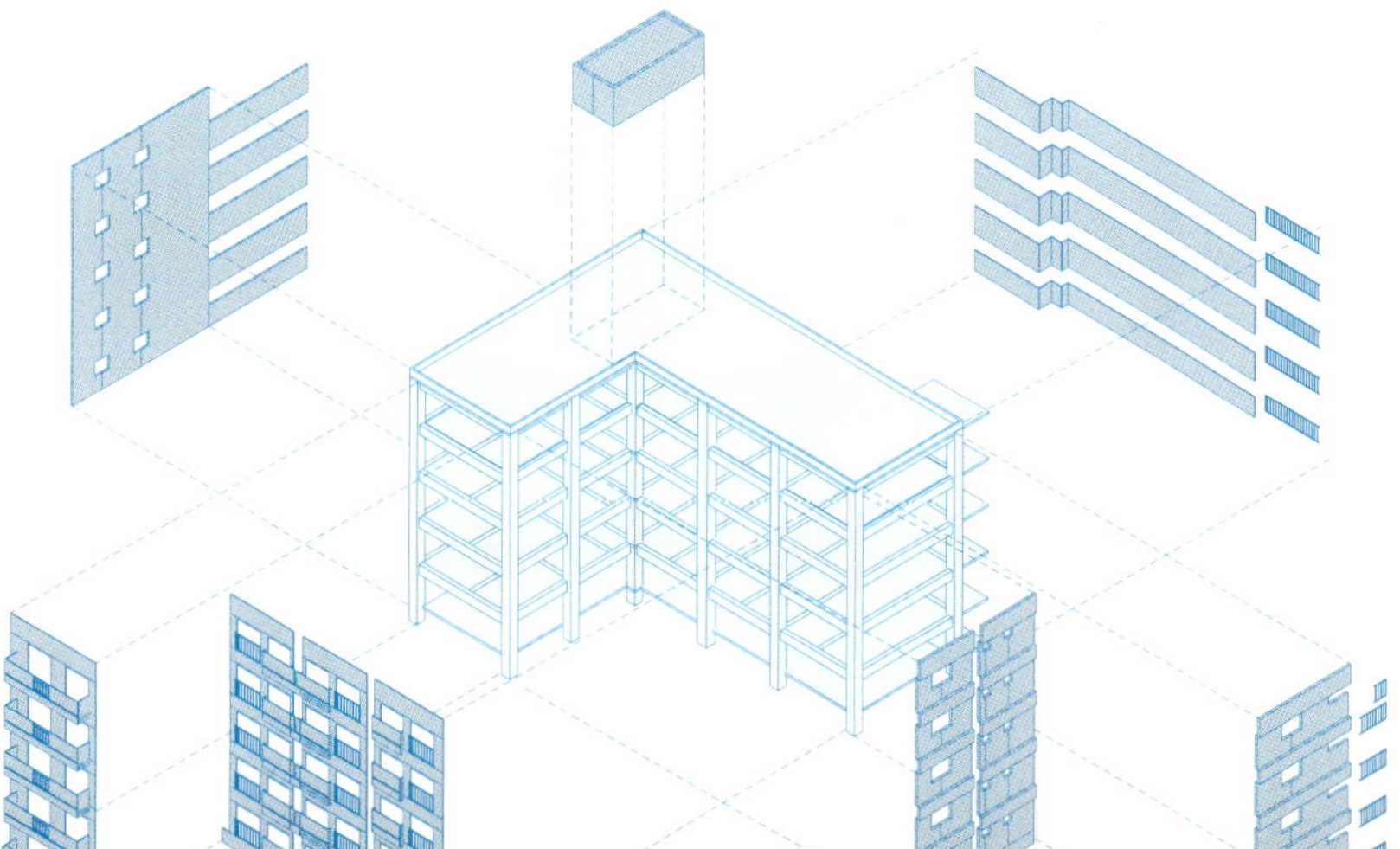

リファイン建築から教えられたこと……76

【リファイン・プロジェクト七題】

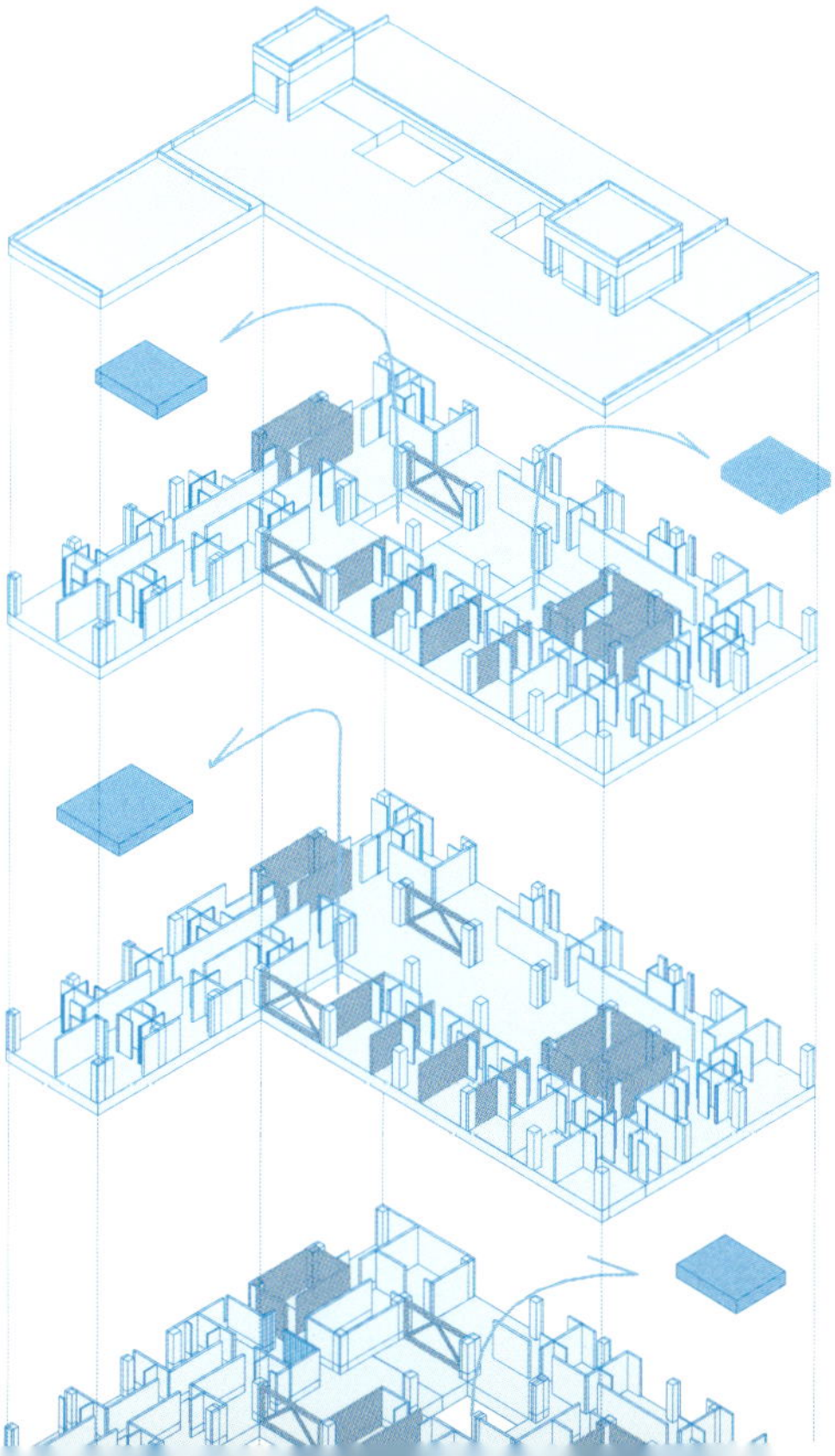

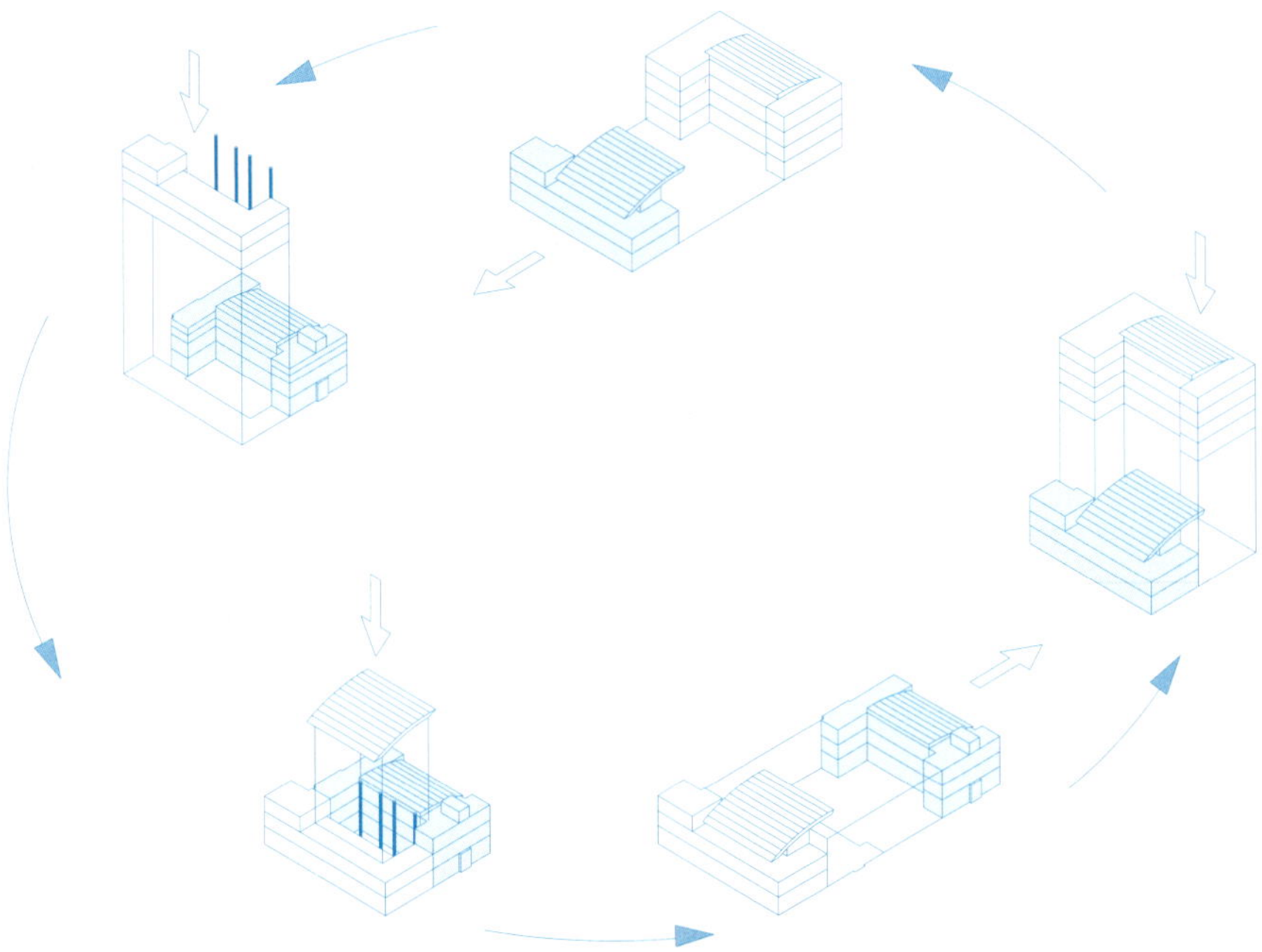

リファイン建築へ

青木 茂

ヨーロッパの再生建築から

ヨーロッパは再生建築の宝庫である。英国を例に取ると、新築工事は全体の二〇パーセント以下にすぎず、八〇パーセントは再生された建築である。その再生建築も、大掛かりなものから小さな住宅まで、バリエーションがとても豊富である。最近完成したテートモダンギャラリーオブアートは、テムズ川のほとりにあり、火力発電所を大規模に改築して見事な大空間を持つ美術館へと再生された。設計者は国際コンペによって選ばれたスイスのヘルツォーク&ド・ムーロンで、外観はほぼそのまま残された。また、ベルリンでは、ヒトラーの負の遺産のイメージが強かったためか放置され廃虚となっていた旧議事堂が、国際コンペで選ばれた英国の巨匠、ノーマン・フォスター卿の手によって、ガラスのドームを持つモダンな建築へと再生されている。この建築は、ガラスのドームによって平和のシンボルとしてのイメージが与えられ、連邦国会議事堂ライヒスタークとして見事に生まれ変わった。さらにウィーンでは、三人の建築家の設計によって、使用されていなかった巨大なガスタンクを集合住宅として再利用する工事が、この秋の完成をめざして進んでいる。

このように、ヨーロッパ各地において、すでにある建物を利用することを前提とした計画が進められてい

る。これらは、単に資源の再利用という観点のみによって行われているわけではないように思われる。そこに住む人々の建物に対する意識、また都市景観に対する意識が、自然に再生という方向へ導いているのではないだろうか。都市の歴史性とは、そうやって築き上げられるものであると思う。ヨーロッパを旅してその歴史に触れ、日本の都市にもこのような歴史性を存在させたいと感じる人は多いと思うが、旅から帰って再び日常が始まると、なるべく便利な方向へと流れてしまうものである。「パリのシャンゼリゼの石畳はいいわねえ、フーゲツでお茶したのよ」という女性が、いざ自分の街に石畳を敷くとなると、ハイヒールが壊れて困るといい出す。これでは日本の都市が歴史性を有するどころか、観光都市にさえけっしてなれないと思うのである。

現在、ヨーロッパにおいては再利用建築が主流であるように、日本も必ずそうなっていくと思われる。

最近リファイン建築をプレゼンテーションした福岡市内の一〇階建てのビルは、築後二八年を経過していて、かなり痛みがきていた。とくに水回りは我慢の限界に近い状態になっていた。このビルは容積率一〇〇〇パーセントで建てられているが、今この敷地に新築するとなると、都市計画法の変更により容積率五〇〇パーセントの規制がかかってくる。つまり、現状の半分の床面積しか建てることができないのだ。このような例は集合住宅でもよくあるが、こうなると実際問題として、経済的にも、住戸数のうえからも、新規建替えは非常に難しくなり、再生なくしてはどうにもならないだろう。また、耐震的なことを考えても、当時の建物は現行法規の五〇パーセント程度の耐力しかないので、やはりリファイン建築の手法を施すことが望ましいのではないかと思う。

また、築後二九年を経過した賃貸集合住宅の例では、住人が一度に退去することは不可能で、一気にすべてのリファイン工事を行なうことができない。そこで新たな手順を考える必要が生じてきた。耐震補強をどう行うか、各住戸にどういう順序で、どのように移動してもらうか、新しく取り替える給排水の設置をどうするか、などさまざまな課題がある。基本的には、できることから順々にやっていこうと考えている。居ながら工事、使い続けながらの施工となる。空室になっている部屋から順次工事にかかり、耐震補強をしていく予定であるが、この方法は炭素繊維という新素材によって可能となった。外装に関しては、軽量化を含めて一気に工事を進めるが、内部の改装や一階の店舗等、耐震工事は五～一〇年間かけて完成していくことになるだろう。

リストラは建設業を救うか？

ほぼ毎年、建築を見るためヨーロッパに旅行している。二〇〇一年三月、イタリアに行ったとき、日本人ガイドから、一般的なイタリア人の給料は日本の公務員の半分であり、そのため共稼ぎが多いと聞いた。生活水準が上がると、それを維持するための収入が必要となる。一度上がった生活レベルを下げることは人間なかなかできないものである。そこで共稼ぎとなるのは必然的な流れであろう。

ヨーロッパは生活必需品はかなり安く、高級品は思いきり高い。最近の日本を見ると、このようなヨーロッパに近い生活になってきている。ユニクロが販売する衣料品は驚くべき安さで、しかも品質も悪くない。JR東日本は弁当の輸入で駅弁の激安を実現したし、吉野屋などを見ても、日本でも安いものはほぼヨーロッパと同じレベルに近づきつつある。

IT関連や車、食品、衣料など、他の産業では劇的な構造改革が進んでいるなかで、建設業だけがこのままでいいということはありえないだろう。そのとおり、この業界でも生き残りをかけた大改革が進んでいるのである。

流通、金融、保険などの分野で猛烈な構造改革が行なわれているのを横目に見ながら、建設業界は自らリストラという改革に乗り出した。大リストラ時代である。現在、かなりの痛みを伴ってリストラが行なわれていることは誰もが実感していることだろう。

しかし、ぼくはこのリストラという大改革に少なからず疑問を抱いている。ゼネコンといわれている建設業は、いったい何を自らの財産だと考えているのだろうか。

ぼくの設計事務所であれば、それは支出の半分を占める人件費、つまり、人が財産であると思っている。優秀な若い人材を採用して、ガミガミ怒りながら教育していく。実践のなかで力を持ったスタッフを育てていくのである。そのことが事務所の体力となり、いろんな意味で良い設計を可能にし、その結果大きな評価をいただくことにつながる。そしてまた仕事がくる。これを繰り返してきた。ぼくはそのようにして十数名のスタッフを教育してきた。

その過程では、ぼくの仕事のスタイルに合わない人が必ず現れてくる。そういう人にはなるべく早目に見

切りをつけて別の道を歩んでもらうほうが、ぼくにとっても、その人にとっても、また、ぼくと一緒に仕事をする他のスタッフにとってもベストであると思っている。

ぼくの事務所では、普通、五年ほど下積みを経験すればだいたいの仕事は覚え、プロジェクトをまかせられるようになる。そして、ここから一〇年間が一番力を発揮できる時期で、最も重要な戦力となる。この重要な戦力をリストラするとなると、技術の空洞化が起きると思うのである。

最近の現場を見ると、どうも建設会社は経験の少ない現場所長が多いようだ。ましてや二、三件の現場を掛け持ちしているので、技術を磨く機会も時間もない。結局、下請けを使ってコストオンリーで仕事が進められているように思える。

しかし、現在ぼくが手がけているリファイン建築では、ぼくと同世代の人々が入社したころに建てられた建物が対象となるので、この世代の知識が最も重要となる。彼らは、六〇年代のコンクリート、七〇年代の施工技術、八〇年代のバブルのころの現場などをすべて経験的に知っている。リファイン建築ではこの知識が活かされて、有効な手を打つ工法が生まれてくる。

たとえば、宇目町役場は旧林業センターをリファインしたものであるが、ぼくは二五年前、現場所長に案内されて林業センターの建設工事を見学したことがある。そうした経験や現場担当者との話し合いのなかから、その建物に最もふさわしいリファインのさまざまなアイデアが生まれてきた。したがって、彼らは今、けっしてリストラしてはならない世代ではないかと思うのだが、ゼネコン経営者のお考えを伺いたいものである。

ひと昔前の工事現場では、現場所長は絶大な力を有しており、自らの下請け技術者集団を形成していた。良くも悪くも、このようなシステムが技術を蓄積してきたのである。下請けはゼネコンの指導のもとに力をつけてきた。それがバブル崩壊後、ゼネコン側はそんなことをいっておられなくなり、とにかく安い下請けを求め、そして本社の管理のもとにすべての工事が進められるようになった。日本の官僚組織と同じことが建築現場でも行なわれるようになってきたわけである。しかし、国家のような大組織ならなんとかなるかもしれないが、これでは現場はやっていけない。必然的に仕事は金額だけの評価となり、技術を蓄積することなどはそっちのけとなった。その弊害は至るところで顕著になってきている。

今、ぼくは、一昔前の現場所長の役目をやっている。それがローコストと品質向上の近道だからである。

リファイン建築の営業ターゲットは山ほどある

建築の営業というものは、二、三年かけてようやく仕事を受注する。しかしながら、やっと受注した工事は一年で終わってしまう。一〇年間かけて営業した大プロジェクトでも、工事期間は四、五年である。つまり、建設会社は営業にものすごいエネルギーをかけていることになる。

それがリファイン建築であれば、工期の短縮を図る一方で、居ながら施工の場合は一つのプロジェクトが長期間にわたることになり、営業に注いだエネルギー分だけ仕事が続くことになる。このようにいうと、金銭的につり合わないのではないかという人がいるが、リファイン建築の営業ターゲットは山のようにある。つまり、全体のロットが巨大である。多くのプロジェクトを同時に手がけることにすれば、事務所全体の収入はけっして下がらない。また、数少ない新築工事は営業攻勢が激しいために叩き合い状況に追い込まれた結果、ダンピングしての受注となり、けっして利益の上がる仕事ではないということを、誰もが身にしみて理解していることと思う。

雇用を生むリファイン建築

一般に既存軀体の解体作業は機械（重機）によって行なわれる。建物の内側に重機を置き、外壁を内に倒しながら、隣地に影響を与えないよう最大限の注意を払って行なわれる。一方、リファイン建築における解体は、手作業が主力となる。壁と柱の間にカッターを入れ、利用できるところは極力残しながら、慎重に作業を進めていく。解体し過ぎれば改めて付け加えなければならなくなるし、いい加減に残してしまうともう一度解体作業が発生する。つまり、解体時が仕上げとなるのが望ましい。これは人の手による解体だからこそ可能となるのであるが、コストは重機による解体と比べて、立米《りゅうべい》あたり二・五倍かかることになる。しかし、リファインによる解体率は二〇パーセントであるから、一〇〇パーセント解体したときのコストの半分ですんでしまう。ということはつまり、雇用は発生するが、工事費としては従来ほどコストがかからないという新しい状況が生じているのである。

また耐震補強に関していえば、現在、筋交いを入れるのが主流となっている。筋交いを入れなければうまくいかない建物もあるし、筋交いを入れると揺れに対してはたいへん有効なのであるが、意匠的な制限が生じてしまうことになる。建物の安全は確保したいが、意匠的にもっと魅力のある空間をつくり出したい……。そんなときである。ぼくは炭素繊維による画期的な耐震補強に出逢った。この方法は、簡単にいってしまえば、強度が十分でない柱や梁等に工業生産された炭素繊維シートを巻いていくのである。炭素繊維はいま注目されつつある新素材で、強度は鋼材の一〇倍あり、しかも軽いので建物全体の軽量化にもつながる。難点はコストであるが、もっと普及すれば利用しやすい価格になると思っている。

炭素繊維との出逢いはリファイン建築の可能性を大きく広げるものとなった。そしてぼくは、炭素繊維による補強は人の手によって行われるので、新しい雇用の発生につながるという点でも注目しているのである。

頭を柔らかくして技術的解決を生み出す

リファイン建築を手がけていると、とにかくいろいろなことに思いを馳せることになる。頭を柔らかくし、良いアイデアを発想できるかが要求されるため、ローテクなことからハイテクなことまで、実にさまざまなことを考える。リファイン建築とは、単に建物を再利用すればいいというものではない。コストを抑えつつも、そこに新しい付加価値を与え、いかに魅力ある建築へと生まれ変わらせるか。そのためにはまず、既成概念を己の中から消し去らなければならない。

建築という行為には実に多様なモノとヒトとがかかわる。現場でのモノとのかかわりが多ければ多いほど工期は長期化し、また、ヒトが複雑にかかわればかかわるほど、コストは跳ね上がる。これほど問題点が明瞭なのであるから、それを改善していく方法を考え、実行していくことがローコスト、高品質につながるとぼくは考えている。

建築工事を考えたとき、なかでもサッシ工事はコストがかかるところである。技術的にもミリ単位の精度が要求されるので、当然人件費がかかるし、部材自体もたいへん高価なものとなるため、できるだけサッシ工事を減らして、他の工事で行なうことができればとつねづね考えていた。そこでぼくはパーツの開発に力を注ぎ、その構造自体を考え直すことにしたのである。現在、開発に関しては専ら地元の町工場と共同して

行っている。なぜなら、町工場であれば直に意見の交換が可能であるし、多少の無理も聞いてもらえるからである。そして何といっても、こちらから投げかけた提案に対し、「こうしてはどうか」と倍にして返してくれるところがいい。今日まで日本人は手作業や、技術の開発を得意としてきた。小・中企業の技術が、技術大国日本を構築したといっても過言ではない。現在でも、NASAの仕事をしたり、技能オリンピックで金メダルを取っている日本の小さな町工場がたくさんある。それは、彼らが世界に通用する技術を有しているという証拠である。そのような技術をむざむざ見逃す手はないだろう。

ところで、コンピューターの世界では、前年と比較して今年の新作のほうが性能が良く、しかも値段が安いのは常識である。携帯電話などはその最たるものだ。他の産業でこのようなことが行なわれているのに、なぜ、建築の世界は高い、悪いといわれ、さらに儲からない、の三拍子となっているのか。それは建築をつくるシステムに問題があるのではないか、とぼくは考えている。システムを再考することにより、他産業と並ぶ技術と製品を獲得できると信じている。

リファイン建築は何年持つか?

前著『建物のリサイクル』を出版し、野津原町多世代交流プラザがいよいよ仕上げにかかったころ、新しい問題が頭の中をよぎった。「リファインされた建物は、今後何年くらい持つのか」という質問を受けたのである。正直にいえば、ぼく自身、その答えがまだわからなかった。そこで、とにかく考えうる手をすべて打ち、実績でその答えを示すことにした。具体的には、既存軀体をガラスや鉄板で覆いこむという手法をとった。

もともと木造の建物を手がけていたときに、ふつうは木柱と木柱の間に取り付けるサッシを、その外部に独立して取り付ける方法の技術開発を進めていた。柱自体が外部の気象変化を受けないようにと考えたためである。この方法は木造だけでなく他の構造にも応用できるのではないかと思い、スチール製のサッシを製作したところ、既存軀体の精度とはまったく関係なく取り付けることが可能で、三〇年前の精度の悪い建物にも難なく採用でき、かえって都合がよくなった。そして、この方法はコンクリートの軀体にも理論上は永遠の生命を与えることになったのである。今後五〇年間は、外部表層のメンテナンスさえしっかりすれば、

何ら問題なく使うことが可能なはずである。

野津原町多世代交流プラザでは、北側の一面をこの方法で行なったが、八女市多世代交流館ではほぼ全面で実行したので、外観のデザインも一新することになった。

地球環境、シックハウス対策にはリファイン建築が有効

最近、中学生向けの地球温暖化に関するクイズを聞いて驚いた。おそらくアメリカのブッシュ大統領も、このことを知っていたら京都議定書からの離脱などとは考えなかったのではないだろうか。少し前から問題となっているオゾンホールの大きさは、一九七九年の観測時に比べ一九九七年ではなんと三六倍も大きくなっているという。これは、北アメリカ大陸がすっぽりと入る大きさなのである。二〇〇一年の今年は、どれほどの大きさになっているだろうと考えるとゾッとする。また、二酸化炭素による地球温暖化についても、昨年（二〇〇〇年）と今年（二〇〇一年）の夏の暑さを肌で感じていれば少しは理解できるところだが、実際は一九七六年から一九八九年の間に北極の氷が三〇パーセントも溶け出しているのである。これも最近のデータではもっと凄いことになっているのではないかと予測される。

あまりにスケールの大きいことばかりで、自分にはあまり関係ないと感じてしまうのも無理はない。しかし、よくよく考えてみると、それらは身近な、そして小さなことが少しずつ積み重なって起こっているのである。オゾン層破壊の問題にしても、その原因となっているフロンガスは、人間がつくり出さなければ地球上には存在せず、利用する側がきちんと意識して使用していれば、ここまでの事態には発展しなかったかもしれない。

それは建設業界にもいえることで、現在、絶滅の危機に瀕している野生動物は一三〇種にも及ぶが、主な原因は住宅地や農地、工事用地などの造成工事などが彼らの生息地を破壊していることによる。熱帯雨林の減少も大きな原因の一つに挙げられるが、それについても日本の建設業界が大きく関連している。木材の最大輸入国である日本にとって、この問題に対してどう手を打っていくか。これからは地球規模の問題にもっと目を向け、取り組んでいかなければならない。そういう時代に突入しているのである。

二〇〇〇年、日本建築家協会は「ＪＩＡ環境建築賞」を設立し、ぼくはその第一回を受賞した。この賞の

審査に当たられた早稲田大学・田辺新一先生の著書『室内化学物質汚染――シックハウスの常識と対策』は、建築、とくに住宅の設計者にはぜひ読んでいただきたい一冊であるが、リファイン建築や古材を再利用した建築であれば、シックハウスの問題は起こりようがない。リファイン建築はこの点からも有効な工法といっていい。

リファイン建築で新しい価値観をつくり出す

今後、日本各地で築後三〇年ほど経過した建物の再利用問題が深刻さを増してくるであろう。ましてや人口は減少へと向かっているわけで、小学校をはじめ、さまざまな施設は当然余ってくるはずである。その反面、建築の設備や空間に対する要求はますます高度になってきた。また、老人施設など、これまでの施設とは異なった機能や新たなあり方も求められている。既存施設が余っているからといって、そのままでは十分なサービスが提供できないのである。そうした状況と、国も地方自治体も財政が苦しいなかで、ぼくはリファイン建築はまさに理に適った手法であると考えている。リファイン建築とは建物のフレームを残して、そこに必要なものを加えていくわけであるから、詰まるところ、歴史的な記憶を残しながら、まったく新しい建築へと蘇らせる手法といえる。

ぼくがこれまでに手がけた建物は歴史的な評価を受けているものは少なく、いってしまえばどれもB級の建物であった。リファイン建築とは、そんなB級、C級の建物にもより新しい価値を加えていく、建築家にとってエキサイティングな仕事であるとぼくは感じている。

近年はリファイン建築として持ち込まれる仕事の幅が広がり、ますますぼくの創造意欲をかき立ててくれる。これまでは既存躯体に対して新たに増築することで内部空間を広げていく例がほとんどであったが、最近ではその逆、つまり、既存の建物の規模が大きいために内部空間に余裕ができ、リファインでその部分の有効利用を考える必要性が出てきた。これは、新築ではありえないことであり、ここをどうデザインするかがリファイン建築の見せ所となる。そこでぼくは、内部にいながら外部のような感覚で利用できる空間をつくり出してみようと思った。現在計画中の、病院を老人用マンションとデイケアーにリファインする計画では、各階に余裕ができるため、その空間を縦ラインで揃えて壁を抜き、建物にスリットをつくった。その結

果、各フロアーに外部空間を取ることができ、そこを菜園にした。

また、外壁が石造りで特徴のある建物の外壁を保存するという今までとはまったく違ったタイプのリファイン建築の計画も進行中である。石造りの外壁からは採光・通風があまり期待できない。そのため、天井から内部をくりぬいて光の井戸をつくろうと考えた。古くて重厚な建物の天井から、今まで光を知らなかった空間にあたたかな光が降り注ぐ。まるで、深海に光が差し込んだような、誰もが経験したことのない空間をつくり出そうと思っている。

さて、クライアントはどのような観点でリファイン建築に関心を抱いて設計を依頼をしてくれるのであろうか。やはりコストに最も魅力を感じているのではないかと思う。新車で一千万円するベンツを、新古車なので九〇〇万円でどうかと問われても、即答できないだろう。七〇〇万円ではということになれば、かなり気持ちが傾くかもしれない。それが六〇〇万円ならば文句なしにOKとなるだろう。リファイン建築でいくら新築同様になるといっても、一〇パーセント、二〇パーセント減ではクライアントは納得しかねるに違いない。建設費を六〇パーセントにまで抑える努力なくしては、この手法はなかなか広く受け入れてもらえないと考えたのである。

建設費は、大まかにいうと、骨組三分の一、仕上げ三分の一、設備三分の一と分けることができる。リファイン建築は骨組ができあがった状態から始まるので、建設工事の三分の一はすでに完成していることになり、これに解体コスト、耐震補強コストを足して計算すると、やはり現場での工事のシステムを見直していかなければ六〇パーセントまで抑えることはできない。ここがぼくたちの知恵の出しどころであり、リファイン建築の醍醐味でもある。

また、施主側としては新築と違って取得税がかからない点もリファイン建築の大きな魅力の一要素となっている。

リファイン建築のすすめ

「リファイン建築って何だろう。改装とか改築、リニューアルやリフォームとどこが違うの」とよく聞かれます。リファイン建築には以下のような五つの大きな特徴があります。

一、廃材をほとんど出さない、環境にやさしい
二、耐震補強をしっかりとする（新耐震設計基準に適合する）
三、建物の用途変更が可能である
四、内外観ともに新築のようなデザインとなる
五、新築と比較してコストが約半分となる

まず、「一」の環境にやさしいという点ですが、今、どの国、どの社会、どの会社、どの家庭においても、資源の有効活用や再利用について関心が高まっています。それは、地球の資源は無限ではないということを、私たちがはっきりと認識し始めたからです。私たちは、毎日多くのエネルギーを消費し、その結果多くの二酸化炭素が発生しています。リファイン建築では既存建物の八〇パーセントを再利用しますから、エネルギー消費量が少なく、環境に優しい手法だといえます。

次の「二」に関してですが、阪神淡路大震災以来、地震に対する考え方が大きく変わってきました。建築基準法上、二〇～三〇年前の建物は現行法規の五〇パーセントから二五パーセントの耐力しかありません。リファインの手法を用いれば、建物の重量を軽くすることでより軽微な補強工事ですみ、新耐震設計基準に合ったレベルまで耐震性能を向上させることができます。

「三」は、ヨーロッパでは当たり前に行われている手法ですが、教会が美術館に、駅が美術館に、ガスタンクが集合住宅になったりというように、既存建物の用途を変えて利用することが可能です。つまり、再利用できない建物はないといっても過言ではありません。

また、デザイン面でも、新築同様に一新できます。躯体は再利用しますが、仕上げはまったく新しい材料を使用しますので、新しい用途、機能にふさわしいインテリアができあがります。

最後に、一番気になる予算ですが、これまでリファインを行った例で増築が最も少なかった宇目町役場では、同規模の町の同規模の庁舎が八億から一〇億円かかっているのに対して、その半分の約四億円でできあがりました。また、八女市多世代交流館では、全スペースの約半分を増築したにもかかわらず、新築した場合の三分の二の予算でできあがっています。

リファイン建築は、新築の場合のコストと比べて五〇～六〇パーセントでできるということがおわかりいただけるでしょう。

八女市多世代交流館21・共生の森

福岡県八女市／二〇〇一年

老朽化した施設を快適にし、地域交流の場の中心に

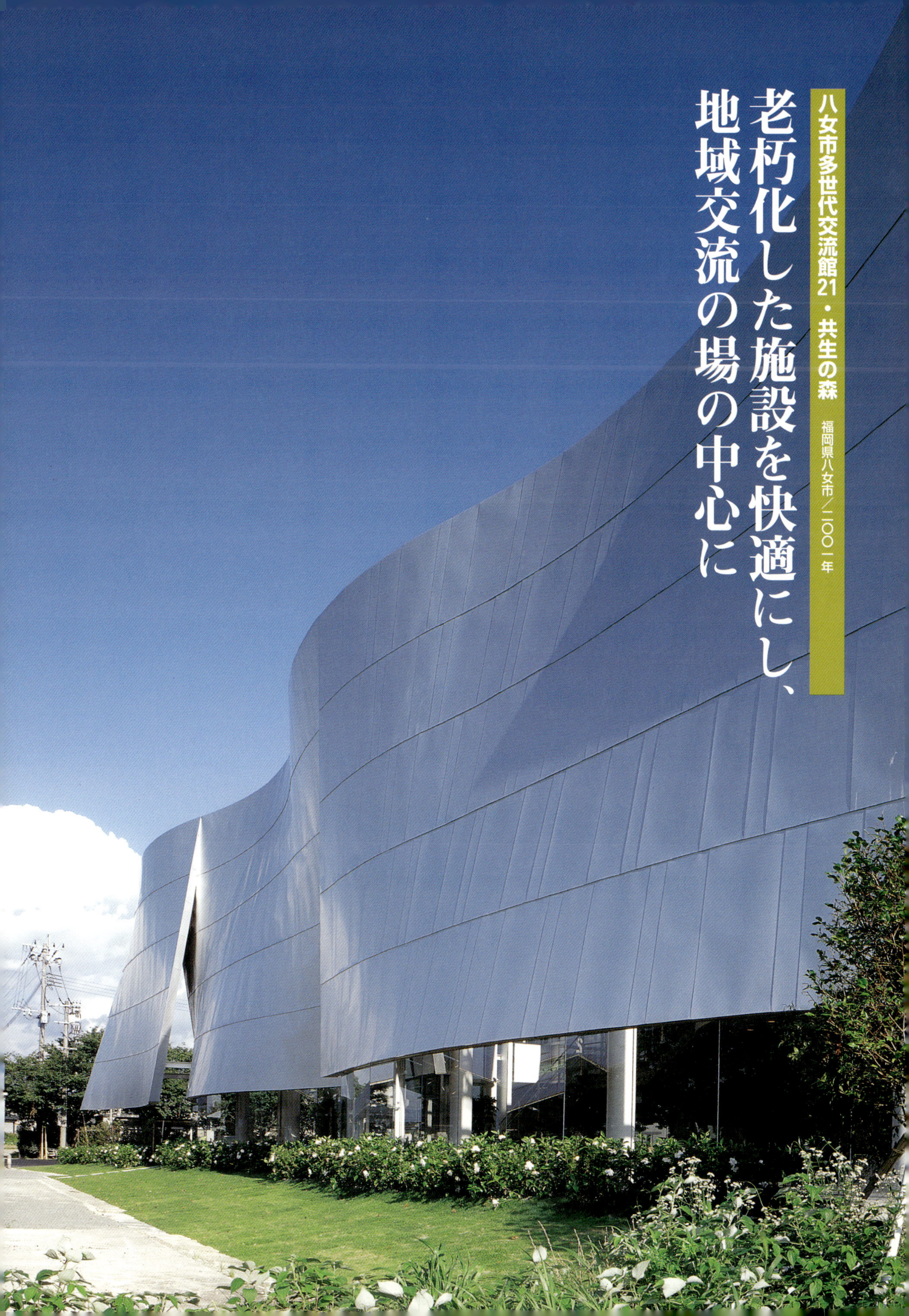

【リファインのポイント】
①老人福祉センターから多世代交流館へ
②躯体をガラスで覆い、躯体長寿命を獲得
③のびのびとした大空間が地域交流をうながす

増設されたうねる壁は足元がガラス張りになっていて、室内にいながら外部の緑を楽しむことができる

増築部分につくられた多目的ホール。仕上げに木を多用して、既存建物のイメージを一新した。ふだんは椅子やテーブルが置かれ、エントランスホールや介護ディサービスルームとしての役割を果たしているが、ときには即席のコンサート会場にも使われる

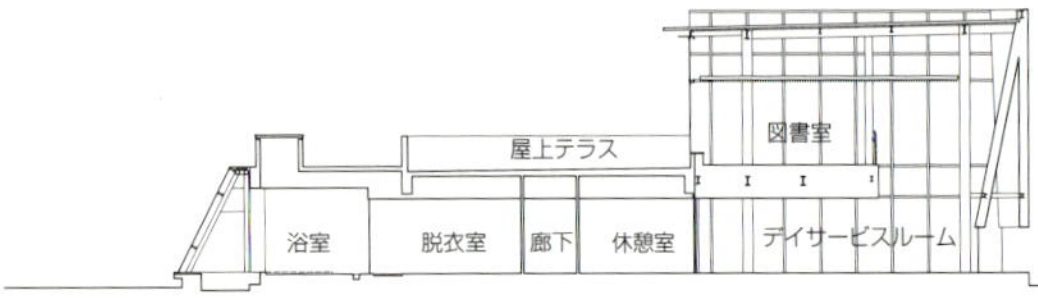

断面図2

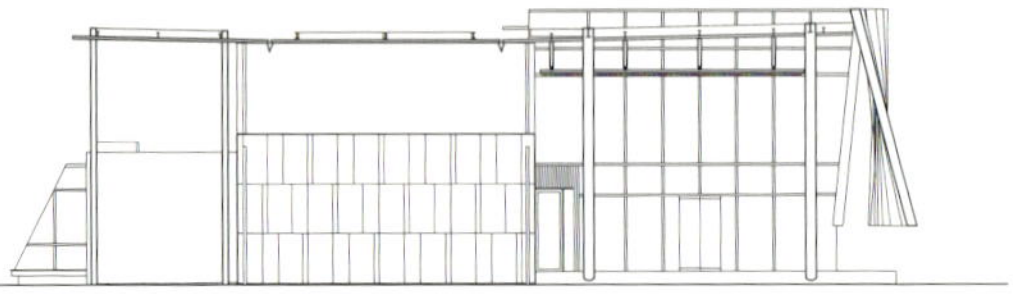

東立面図　縮尺 1/500

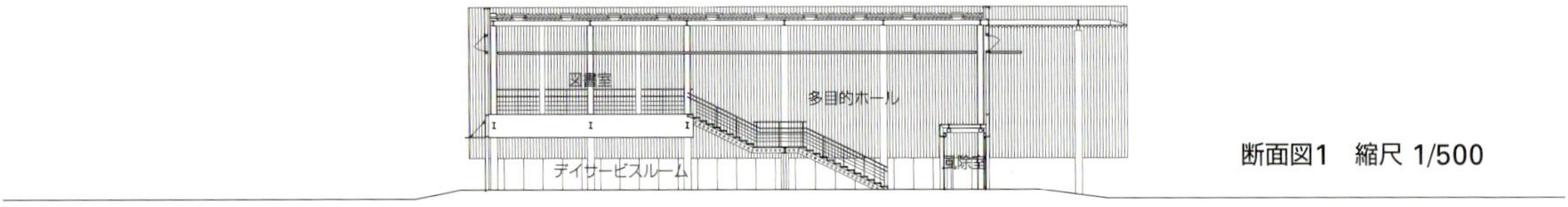

断面図1　縮尺 1/500

右頁／南側テラス。将来、木製デッキがつくられる予定
上／正面エントランス東側外観

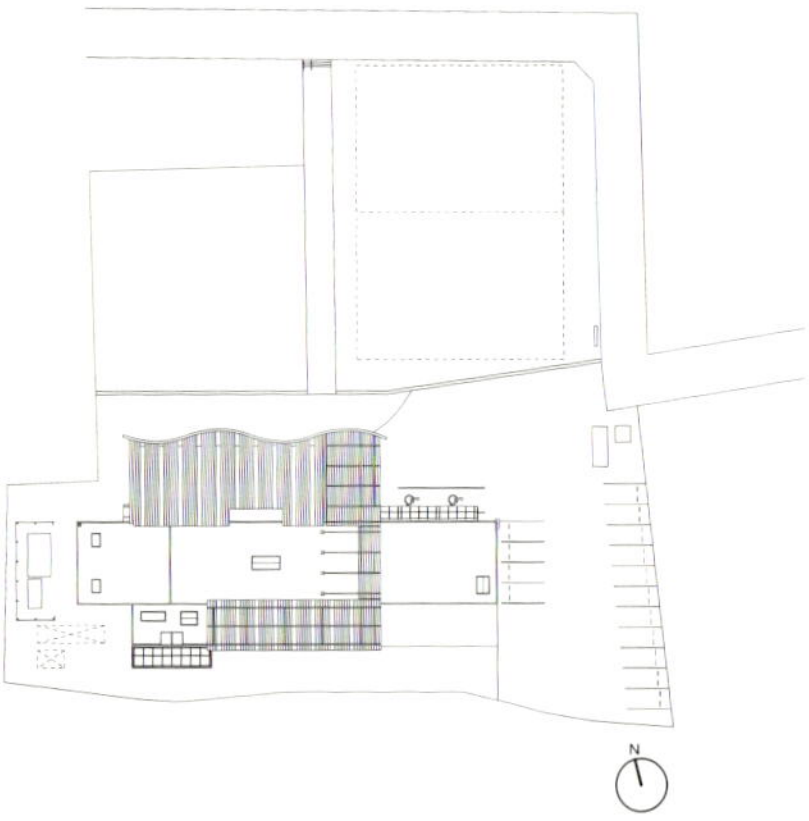

配置図

リファイン建築の進め方

解体・撤去

既存躯体の強度試験の後、建物にかかる地震力を軽減するために、不要な壁等を撤去して躯体をできるだけ軽くする。

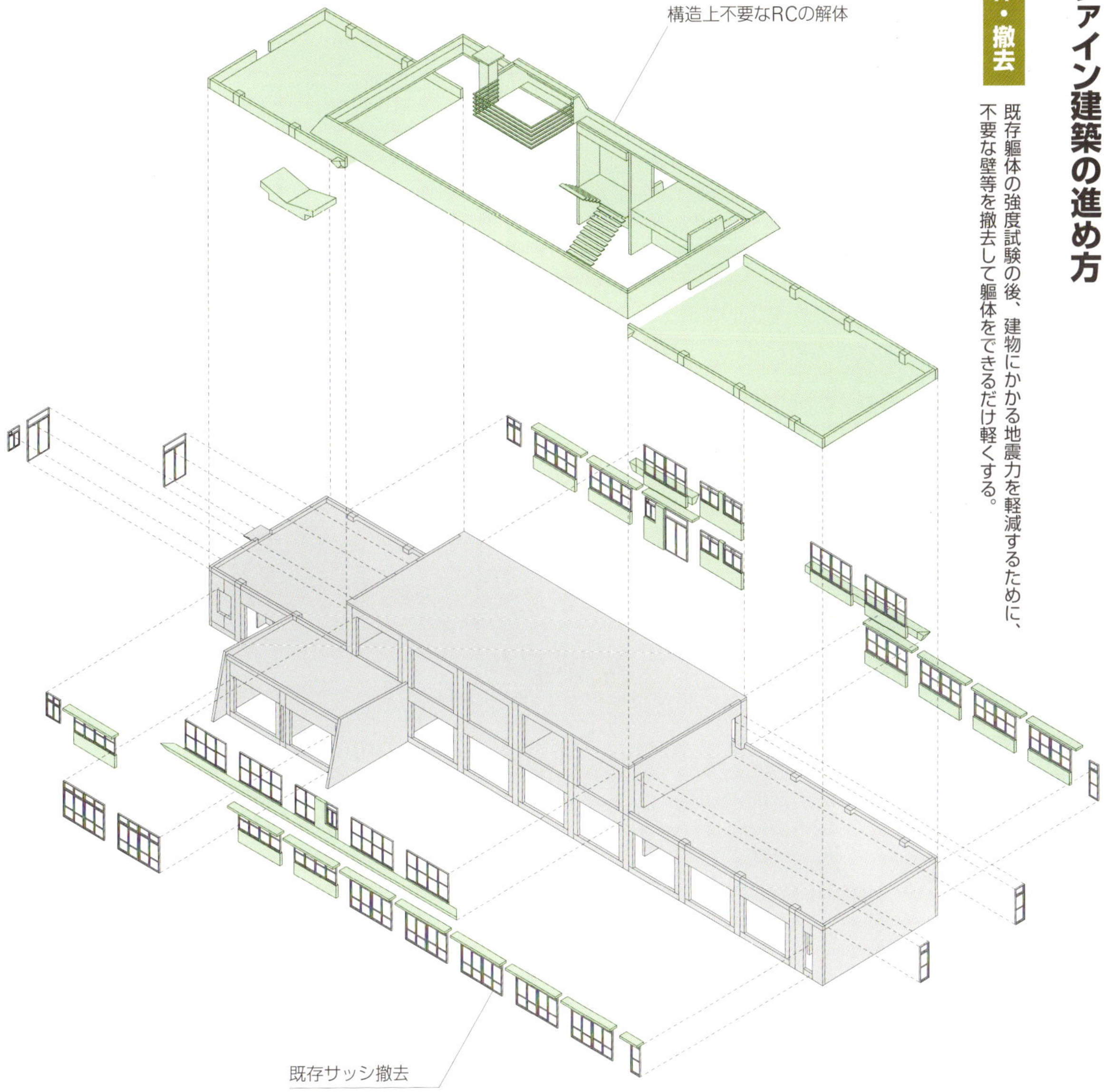

リファイン前の北側外観

リファイン前

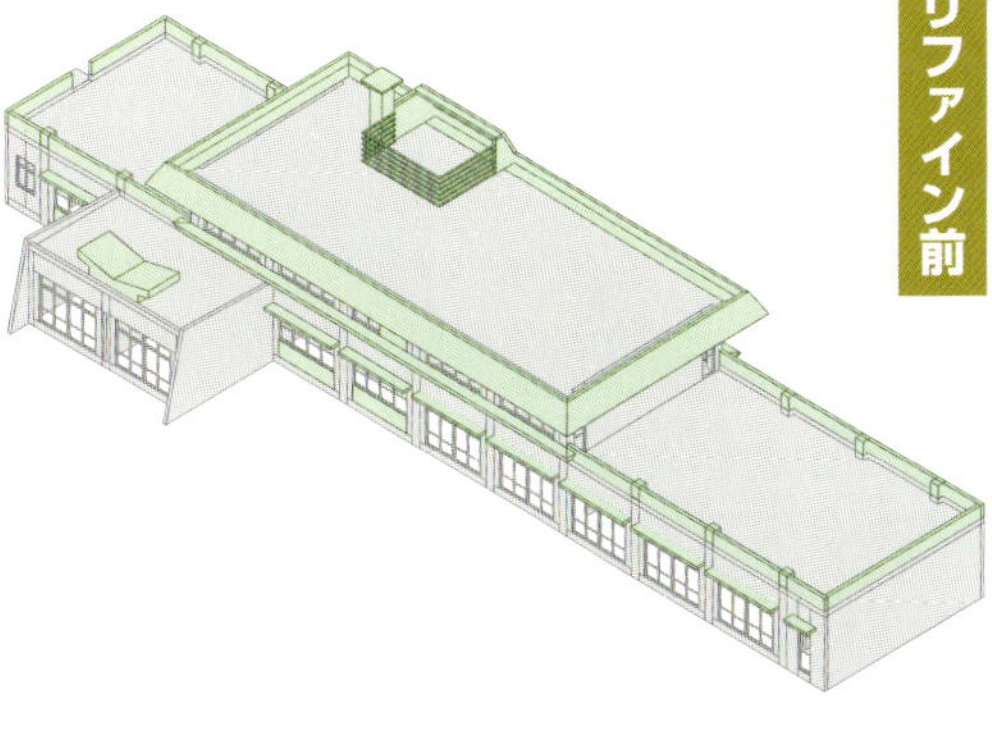

補強・外装

現行の耐震法に合わせて躯体の補強工事を行う。躯体の保護を兼ねて、鉄骨でサッシをつくりガラスを取り付ける。

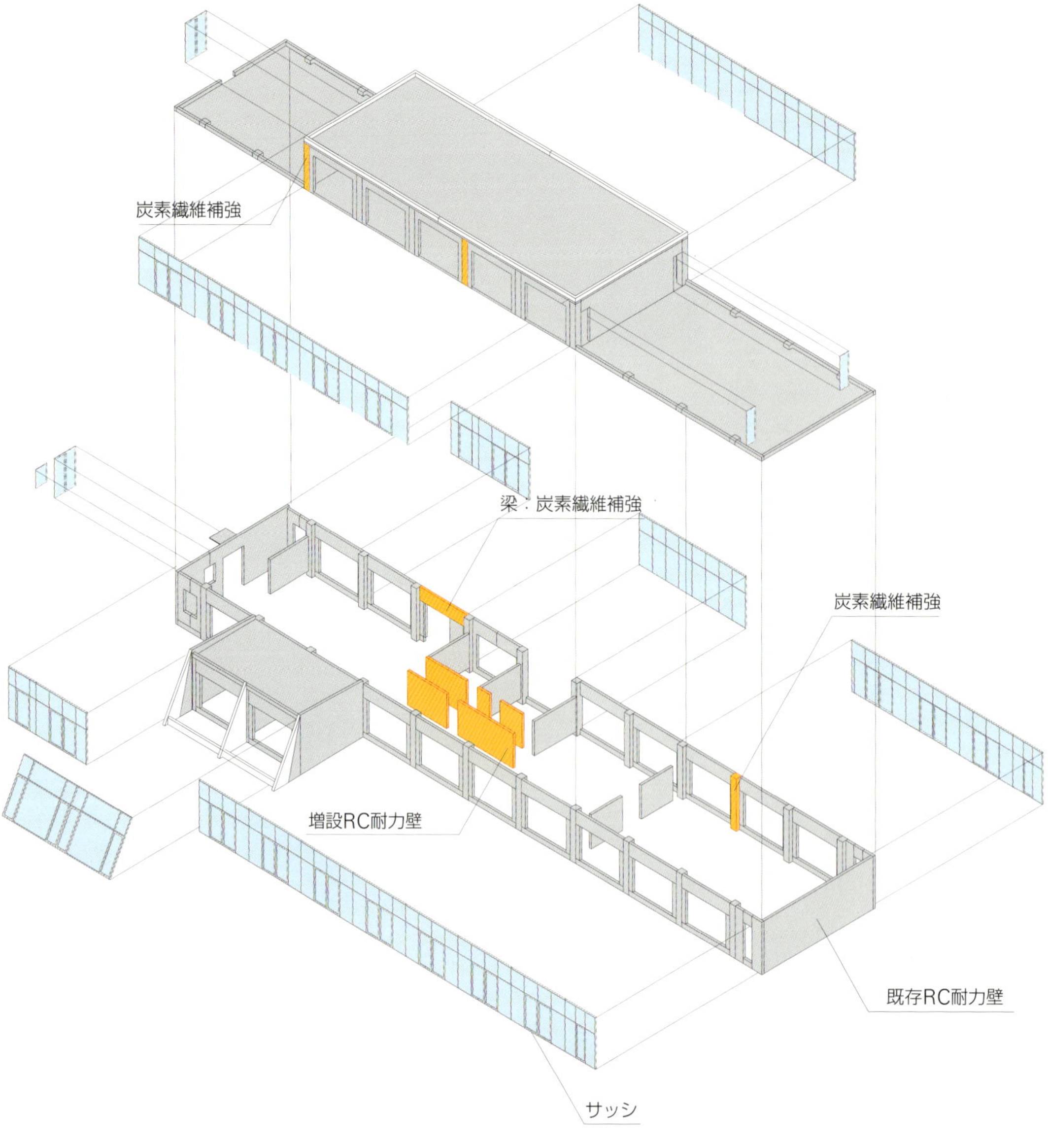

右／躯体を残して解体完了
左／解体後の補強工事中

南面デッキ側外観

増築

既存躯体の耐震性を向上させるために、増築部分もできるだけ軽量化を図る。

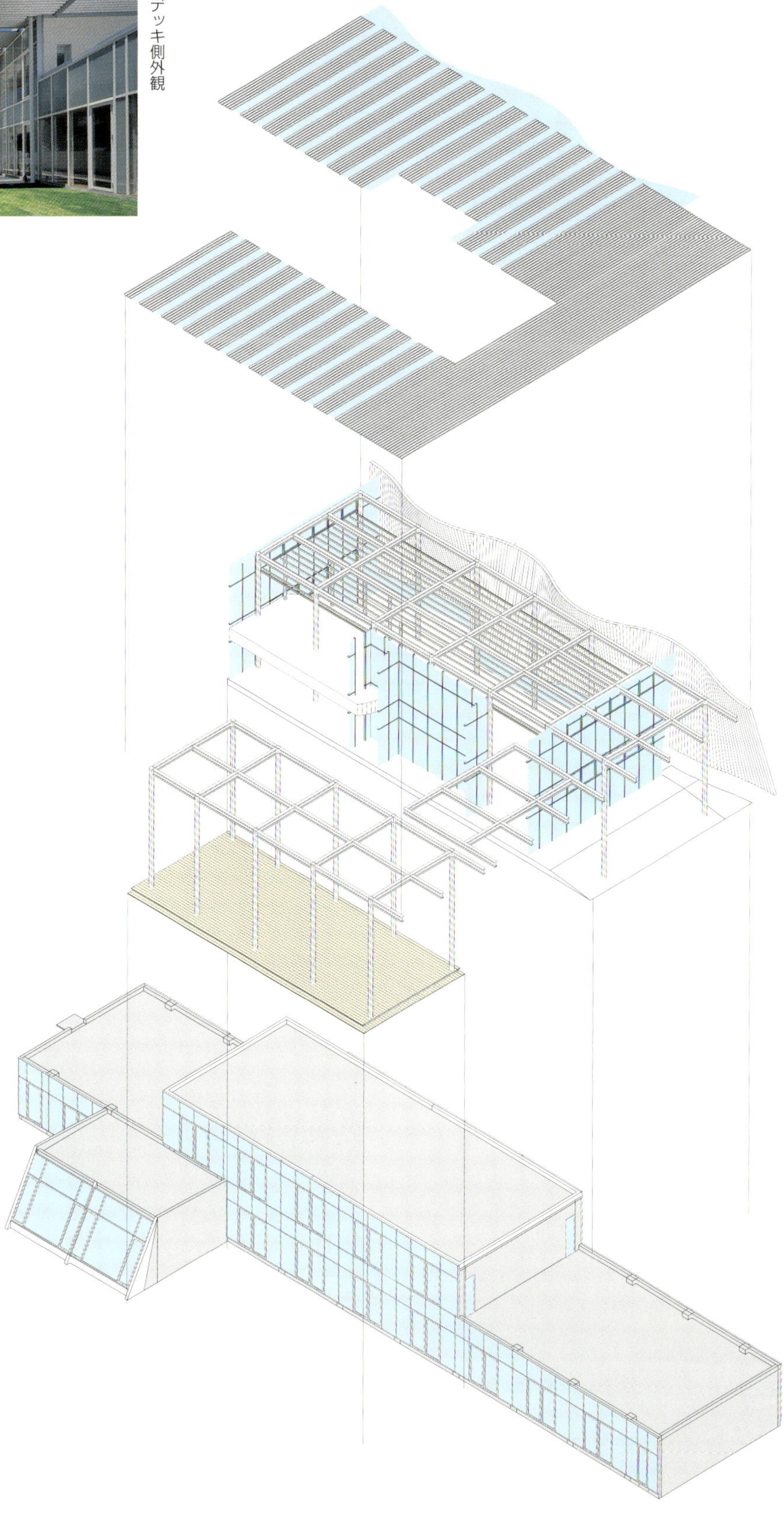

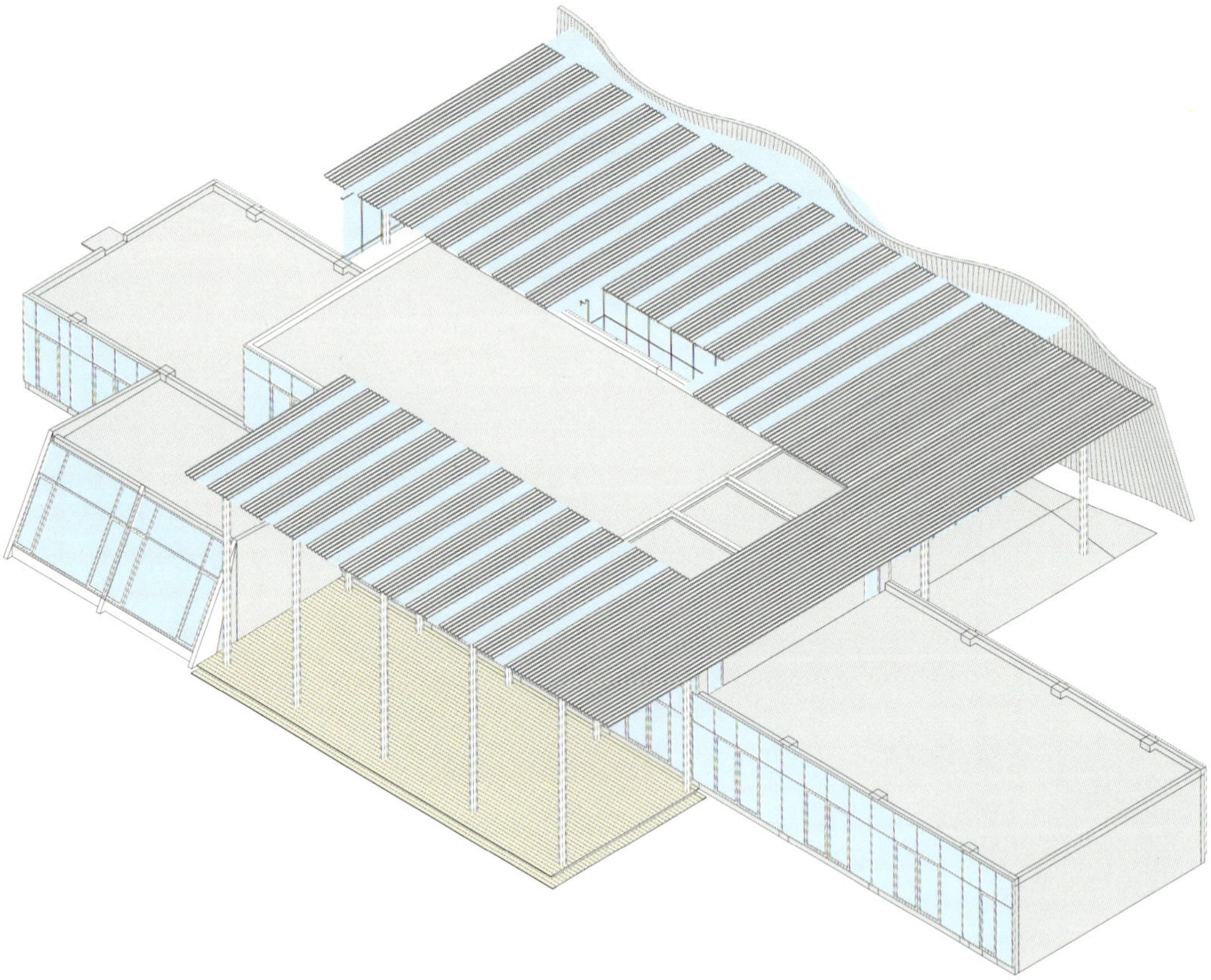

北西からの全景

鼎談◎八女市多世代交流館

リファイン建築が公共建築を支える

野田国義（八女市長）
藤原惠洋（九州芸術工科大学助教授）
青木　茂

悪戦苦闘の経験がリファイン建築を生んだ

藤原——青木さんに初めて会ったのは最近のことですが、ずいぶん前から朝日新聞の大西若人さんに話を聞いて、青木さんのリファイン建築に注目していました。ぼくが重要だと思ったのは、一つには九州という地域をどうとらえるかという視点、もう一つは「建築」というものが、「つくればよい時代は終わった」ということです。大西さんは、なぜ、建築にはつくることをもっと大きな循環の中でとらえていく視点がないのか、と指摘していましたが、ぼくは、そういう時代が間違いなく来ると思っていました。首長さんにとってもたいへんな時代だと思いますが……。

野田——そういう時代だからこそ、今回、青木さんにリファイン建築を頼もうと思ったわけです。本当にワラをもつかむ思いでした。

青木さんに電話をしたら、来ていただけるということでしたので、ここはどうでしょう、こっちはどうでしょうかといって、七、八カ所も見ていただきました。ちょうど介護保険がスタートするときで、市のマスタープランに基づいて総合福祉センターをつくろうとすると、たとえば建物に何十億もかけたとして、さらにそれを運営していくのに何億円も必要です。福祉センターというのは聖域で、反対運動は起こらないけれど、しかしそのために財政的にはものすごく影響を受けるわけです。どこの村では建物に十何億円かけた、あそこの市では三〇億

二階の部屋から南側に広がる山並みを見る

かかったという話も聞きましたが、私たちは元の老人センターを生かしてローコストで建てて、しかも高齢者のためだけの施設とするのではなく、子育て支援や交流施設としても使いたい。そういう思いで青木さんに設計をお願いしました。

一時は建設にかけた金額が大きいほど立派な建物だといわれたわけですが、今は逆に、できるだけ少ない金額で良い建築をつくることが評価されるのではないでしょうか。八女市多世代交流館の場合、介護保険がスタートするときでしたから国の手厚い補助があり、起債は景気対策事業費を使って総事業費約二億円、一般財源は四七〇万円ですみました。

藤原――確かにどこの自治体も財政が厳しいときですから、安くできるということは重要ですが、同時に利用者にとってはできあがった建物を見て初めて良いものができた、と実感するのだろうと思うのです。

野田――完成間近になって、私もそれを感じました。いくら安くても、できあがった建物がダメだったら意味がないんです。完成後、市内の他の公共施設のスタッフにいったのは、この多世代交流館は居心地がすごくいい、他の施設もがんばらないと負けるぞ、と。

藤原――青木さんがやっているリファイン建築が独特なのは、いわゆる「古いものだから大切だ」というのではないことですね。ぼくたち歴史家は、ついつい古いものほど大切だという立場をとりがちですが、青木さんにはものをつくっている人のおおらかさがあると思います。歴史的な文脈全体をもっとおおらかに見て、昨日までのことも明日につないでいこうじゃないかといっているわけです。

八女市は歴史的街並みをどう生かしていくか、現在いろいろ苦心されていますし、ぼくも八女市内の百年前の建物を借りて住んでいますが、そういったことももちろん大切だけれど、歴史的建造物だけでなく二〇年前、三〇年前の建物も同じように大切に考えるということが重要なのですね。

青木――ぼくがリファイン建築を広めたいと考えたのは、二〇年、三〇年前に建てられて老朽化が進み、使われなくなった建物をどうするかという問題を抱えているところがたくさんあると思ったからです。しかし、建築史家の鈴木博之さんに宇目町役場を見ていただいたとき、こんなことは誰もやっていないといわれ、ぼくは「うそでしょ」と思いました。

藤原――これまでは、歴史的に重要な建物だから残そうという消極的な発想ですね。青木さんのリファイン建築のような積極的に取り組みは、なかなかありません。

野田――それが二億円でできるのですから。

田園風景の中の八女市多世代交流館。南側外観

藤原——ローコストでお金をいかにうまく使うか、そしてどれくらい良い建築になったか、その両方をこなすのはすごく難しいと思うのです。

青木——ぼくは主に九州で設計の仕事をしていますが、地方にいて建築専門誌に発表するような建築をつくるにはコストに関してかなりシビアな面が必要です。たとえば東京の超有名な建築家に設計を頼むとしたら、当然それなりの予算をつけますね。しかし、ぼくたちが競争入札で取ったような仕事をどう作品に仕上げるかというときには、どこかでローコストの部分をつくらないと予算が足らなくなってしまう。そういう研究を強制的にやらされてきたところがあるんですね。

ぼくはそのために少しずつ職人集団をつくってきたんです。地方にいますと現場と建築家の距離が近いんですね。ひょいと現場に行って、あ、これ変だからこう直そうとか、こんなのが欲しいからつくってよ、と意識的にやっていけば職人集団がつくれます。たぶん、ぼくが東京にいたとしたら、ローコストでリファイン建築を考えるのは難しかったのではないかと思います。これは田舎の利点です。

藤原——しかし、その利点を生かせずに悪戦苦闘している地方の建築家が多いですね。現場監理にどんどん行くという建築家も実はそんなに多くはありません。

今、行政では盛んに住民参加がいわれていますが、それを建築家に当てはめると、クライアントや現場とどのくらい話をするかということですね。従来は、建築家の先生がお描きになった記号の集積としての図面があれば、後はゼネコンがしっかりつくってくれた。そこでは分業化が進み、建築家と現場との相互補完的な関係が不在化していきました。それは行政体を運営していく市長さんの立場に似ているんです。野田市長が青木さんがやっているリファイン建築に関心をもたれて、直接お会いになったということはとても象徴的です。野田市長も青木さんと同じようなスタンスでものごとをごらんになっているのではないかという気がします。

野田——バッシングされながら。（笑）

藤原——そう（笑）。しかし、これからの首長さんは、権力だけでなく、市民の力をどう生かしていくかを考えるべきですね。

野田——確かに反対はありました。予想していたことが全部起こりました。まず職員が「市長、建て替えたほうが早かです」と。二番目は議会。三番目はダメ押しで、建設業者が落札しなかったわけです。この三つの抵抗は必ずあると予想していました。しかし、おっしゃるように、じゃあ、市民はどういうかたちを一番喜んでくれるだろうかということがバックボーンにあるから、多少の反対があっても進めようというエネルギーが湧いてくる

北側外観の夜景

わけです。完成してみると、今回の議会ではだいぶ誉められました。「立派なのができた。後はソフトだぞ」と。（笑）

藤原――ぼくが一市民として出席参加した先日の「移動市長室」でも、あるおばあさんが今回リファインされた施設のことでたいへん喜ばれていました。

進化するリファイン建築

藤原――今回、青木さんがこれまでのリファイン建築の経験をベースにこのプロジェクトで挑戦したのはどんなことですか?

青木――緒方町役場でカセット型のリファイン建築を提案し、宇目町役場ではそれをかなり徹底的にやりましたが、野津原町多世代交流プラザでは表層にこだわるより、地味目にいこうと思ったんです。ところがやってみて、やはりインパクトがないとだめだな、ということがわかりました。もう一点は、建物の寿命ということです。新築でつくったら五〇年持つが、リファイン建築では二〇年しか持たないというのでは、まったく意味がないんです。八女の建物ではそれが九〇パーセントくらいできたと思うのですが、躯体そのものは外部の気象変化に影響を受けないように考えたのです。この建物は何年持つかといいますと、理論上は経年変化に関しては永遠に持つといえるんです。もちろん、建物は理論通りにはいきませんが、躯体は五〇年という時間には十分耐えられるだけのことはしてありますから、あとは表層のメンテナンスをどの程度するかにかかってきます。

藤原――それは実はこの辺に何気なく建っている農家に似ているんですね。土壁の表面を杉板で覆って、それが二、三〇年するとだいたい腐食するから、取り替え、取り替えて三代目、四代目になっていく。で、百年くらい持っている、という例がずいぶんあります。

野田――考え方としてはそういったものにとても似てますね。

青木――ふつう、木造建築では木柱と木柱にサッシを取り付けますから、その木柱の一面は外部に触れていて、そこをペンキなどの別の材料で覆うという工法になっていますが、ぼくは木柱の外部にガラスを取り付けるサッシを開発しました。木造のカーテンウォールといったものですが、木柱が外気の気象変化の影響を受けないので、木の弱点である腐食が抑えられます。理論上は千年建築ができるわけです。

藤原――この多世代交流館に至るまでにもさまざまな技術的問題をクリアされてきたわけですね。

多目的ホール。北側内壁の下部はガラスがはめ込まれていて明るい

入口正面側夜景

青木――ええ。後は施工の進め方で、もっとローコストにできるのではないかと思います。

ぼくらが子供のころ、「車一台家一軒」といわれました。三、四百万でクラウンの最上級車が買えて、家が一軒建てられたわけです。ところが今、ベンツでも一千万円ですが、一千万の家ってないんですね。いかに建築業界が努力していないかということがわかります。どこかでポロポロこぼれていることがたくさんあると思うのです。それを一つ一つ検証していくと、もっとローコストで、もっと良い建築ができると思います。建築業界の人たちはそういう知恵を働かせていないと思うんです。

藤原――今、建築界は内側からの努力が足りなかった部分を、環境問題とか地球温暖化といった外圧というかたちで攻められてきています。昨日までのやり方では通用しないということをずいぶん厳しくいわれるようになっていますが、青木さんのリファイン建築はそういうことにも対応できる理論武装を進めていますね。

青木――ぼくは田舎にいることが幸いしていると思いますが、一つ一つ問題解決していかないと次の仕事が来ないんです。暑いといわれたら、行って、庇をつけてくださいといわなければいけない。お金がなければ何か工夫しないといけないんです。それがぼくの技術的ストックになっています。

もう一点は、ぼくの周囲には歴史的建造物がそんなになかった。それが良かったのか悪かったのかわかりませんが、歴史的建造物は何を残すかが重要で、それ以外は切るわけですが、その切られちゃうような建築をどうするかということがぼくの課題でした。

ぼくはよく思うのですが、リファイン建築は、新築でいえば基礎工事があって、鉄骨が上がって、床スラブができている、そこから設計を頼まれたと思えばいいし、それがぼくは面白いと思う。

藤原――しかし、他の人がいったん手垢を付けた古本は絶対にいやだ、新刊本しか買わないという人がいますね。ある時期から日本の文化の中には大量生産、大量消費がしみこんでしまって、すべて新品のものの中で暮らすという美学が何となくあるんですね。だから、青木さんがおっしゃったように途中までできている、そこからが自分の仕事の始まりだというように想像力が働かないんだと思うのです。まっさらのところからでないと、つくれない。

青木――ぼくは田舎で育ったものですから、小学校の教科書はだいたい一級上の人のがどこからか回ってきました。家が貧乏だったからかなあ。もったいないという精神が教え込まれているんですね。

それに、「近代建築というのは設計図とお金さえあれば同じものができる」という人がいますが、ぼくは違うと思うのです。おそらく八女市多世代交流館の前身の建物も、つくった人はある思い入れがあってつくったはずで、

北側のうねる壁「屏風」

「屏風」は下部で分かれている

エントランスより多目的ホールを見る。左手のガラス開口部の部分が、旧建物と増築との間に残された外部空間を現在に伝えている

それを考えることは、ぼくが親から教育を受けた「もったいない」ということと通じるものがある。

これから日本は人口も減ってきますし、学校の統廃合などで建物は確実に余ってきます。そういう建物をどうするか、次の一手を打たないと建築界は時代から完全に遅れてしまうのではないでしょうか。

野田——行政的にいえば、財政状況が悪くなったと同時に、二〇年、三〇年前に建てた建物をどうするかという課題がどっと押し寄せてきています。それをどう乗り切って行くかは首長の経営手腕になってくるでしょう。そういう状況では、リファイン建築しかない。財政的に考えた場合、これからは新築というのはほとんど考えられないんです。今回、福祉センターで実績をつくりましたから、次はやりやすいと思います。

藤原——実は私も今朝、大学の施設委員会に出てきたのですが、大学の建物をいかに有効活用するかという、これまでまったくなかった議論が課題として与えられています。とにかく困ったら建て替える、というやり方を長い間やってきましたが、これからは予算らしい予算がないということですから。

野田——私は日本大学法学部出身なのですが、水道橋にある日大法学部の由緒ある建物を高層ビルに建て替える、もう設計もできているというのです。もう少し早く、日大にもリファイン建築という考え方があったら良かったのだけれど、本当にもったいない話です。

藤原——これまでは選択肢が少なかったのですね。それが日本の近・現代建築の大きな問題でした。

青木——ぼくはリファイン建築についていろいろなところで説明していますが、一番理解しようとしないのは建築設計の専門家をはじめとした同業者です。

野田——そうなんです。政治・行政も一緒です。

青木——何十年も同じ思考方法でやってくると、他の考え方を受け入れる余地がなくなってくるんですね。うちの事務所でも新入社員のほうが遙かに教育しやすい。こうやれ、というと、そっちのほうにパーッと向かって行きます。人間の脳味噌を変えるということはたいへんなことですね。市長さんのご苦労がわかります。

野田——議会でどのくらい議論したか。職員の意識改革はたいへんです。

建築家とスタッフ、職人は二人三脚

藤原——八女市多世代交流館は、まるでフランク・O・ゲーリーみたいなデザインをしていますね。「あまり派手なことはせんほうがよかばい」ではなくて、ここに新しいエネルギーを投入したぞということがわかりやすく、

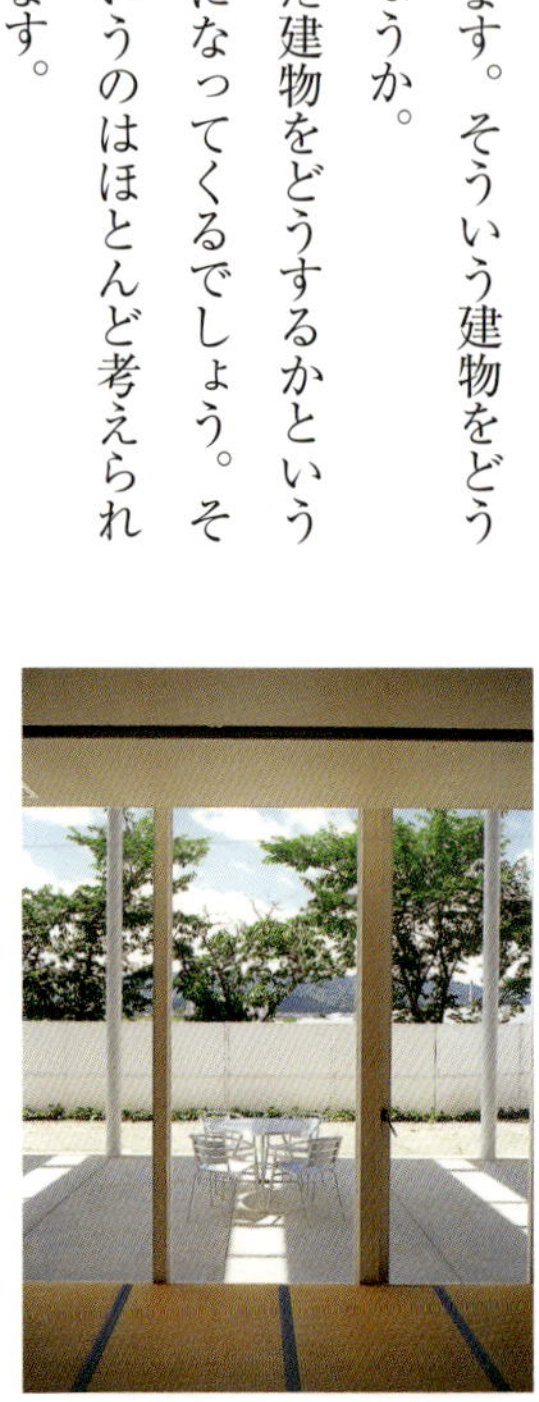

一階大広間

二階第二娯楽室

存在感をもって表現されている。ぼくは、眠れる大地にこういう新しいデザインをあえて投入したことはとてもいいと思います。入口の右手にある大きなうねる壁のデザインの発想はどこからきたのですか？

青木――ぼくは八女に来たときに和風でやろうと直感的に思ったのです。でも白壁でやったのでは建築にならないので、ふわっと浮いた「屏風」を立てたいと思っていました。壁をカーブさせたのはスタッフがいい出したんです。ぼくは自分が考えないようなことをスタッフが提案したら必ずOKを出すんです。かなり無理があってもOKを出す。ですから今回も、「コストが合うならやってみようか」といったんです。面白い提案は認めてあげないと、スタッフはやる気がなくなると思うんです。

藤原――これはなかなか重要な発言ですね。

青木――実は宇目町役場の委員会室の天井もスタッフの提案です。ぼくは別のことをやりたかったんですが、「これをさせんとこいつ何をやるかわからん」と思って（笑）。で、大成功です。見た人はぼくが設計したみたいにいうので、「スタッフのアイデアです」というと、かえってびっくりされます。

ぼくは、設計事務所というのは、ぼくと担当者の二人三脚だと思うのです。ぼくより優れた案を出せばそれは認めてやらないと。

藤原――それはスタッフの育て方として重要だと思いますが、しかし、普通はなかなかそうはいかないのではありませんか？

青木――ぼくは、それをやらないと自分自身の成長が止まってしまうと思ったのです。去年、香港でI・M・ペイがやった中国銀行を見に行ったのですが、建物の足下のデザインを見たときに、これは絶対にペイではない、中国人のスタッフがやったと思いました。あれはペイにはできないけれど、しかし、彼のチョイスする能力はすごいと思ったのです。ぼくはスタッフの意見も聞くし、職人さんの意見も聞きます。そのときに優れた意見は認めたほうが遙かに良い建築ができますね。それは、いつもぼくとスタッフ、あるいは職人さんとの合作だと思って謙虚にやらないと、自分自身の成長が止まってしまう。これは親方の心のキャパシティの問題（笑）。やはり、周りに意見をいってくれる集団、ブレーンが何人いるかが重要で、それはたぶん政治の世界もまったく同じではないかと思います。電話一本で相談したり情報を得ることができれば、自分の建築が豊かになる。スタッフに意見を出させて「イエス」という技量がないと。

ぼくは名建築を見て、自分だったらこうすると考えるようにしているんですね。寸法であるとか、ディテールであるとか、自分ならこうしたほうがいいなと。そうすると創造性が働きます。良いものを見ること、そして自

宇目町役場。委員会室の曲面状をした天井

リファイン後

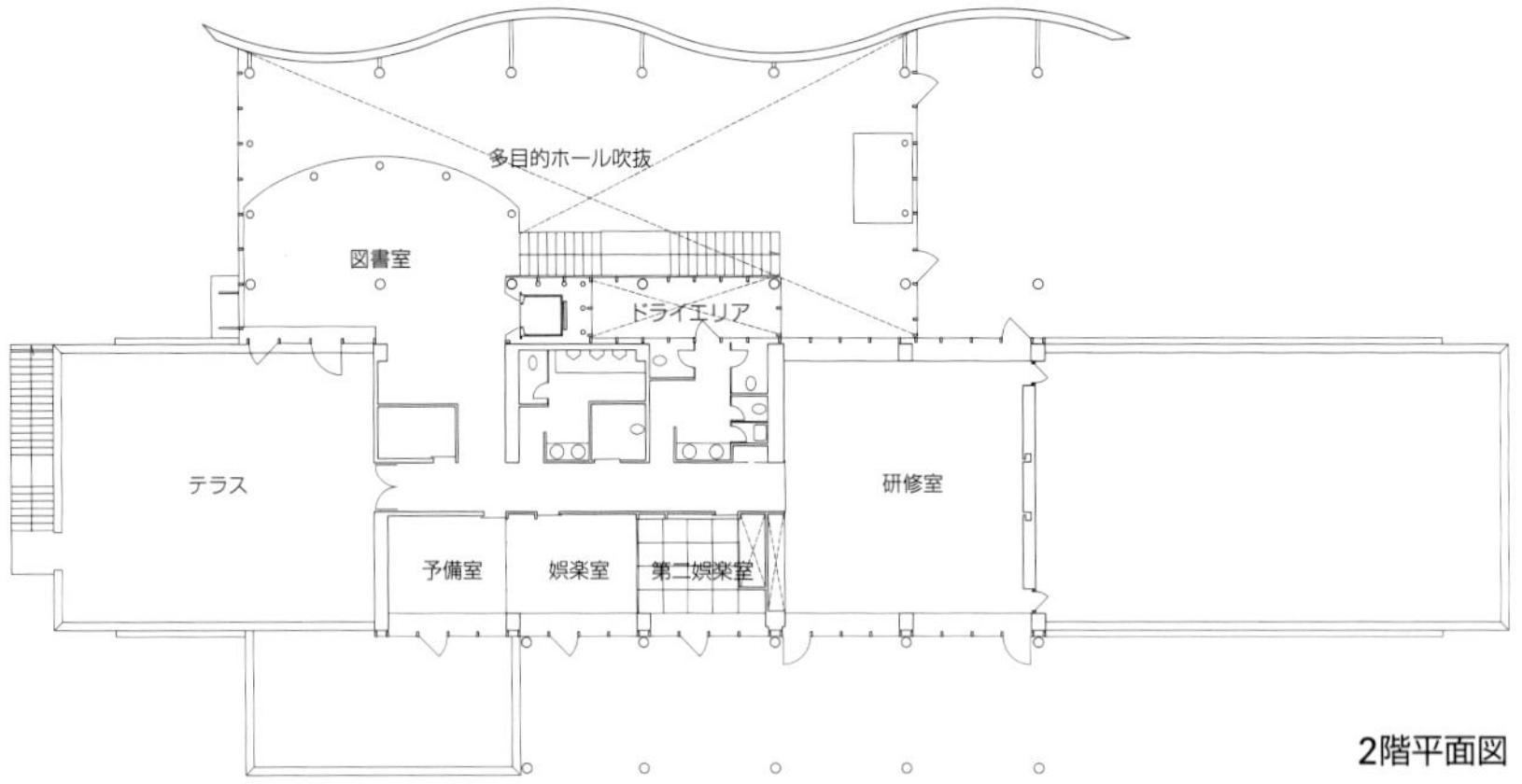

2階平面図

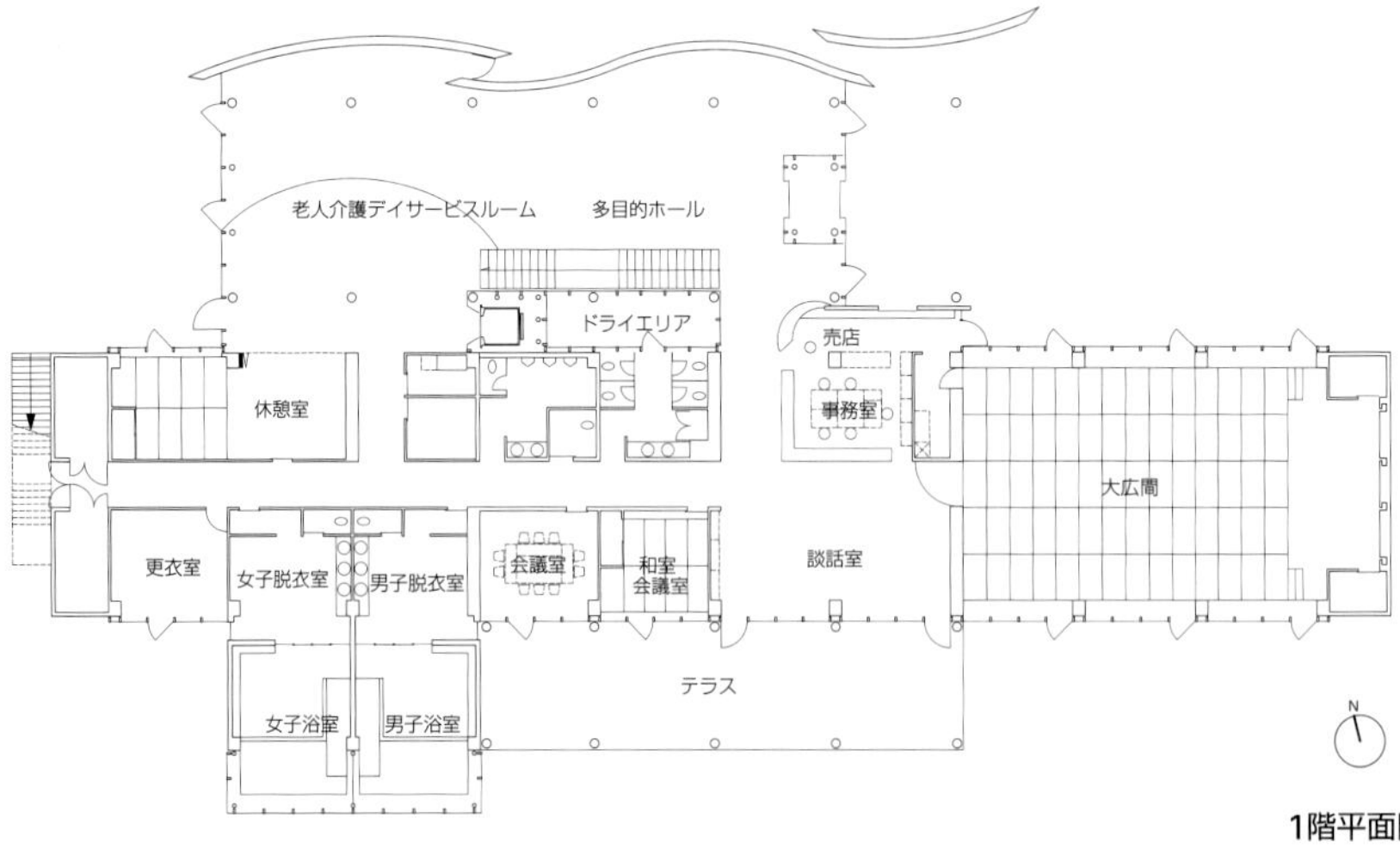

1階平面図　縮尺 1/500

▲

リファイン前

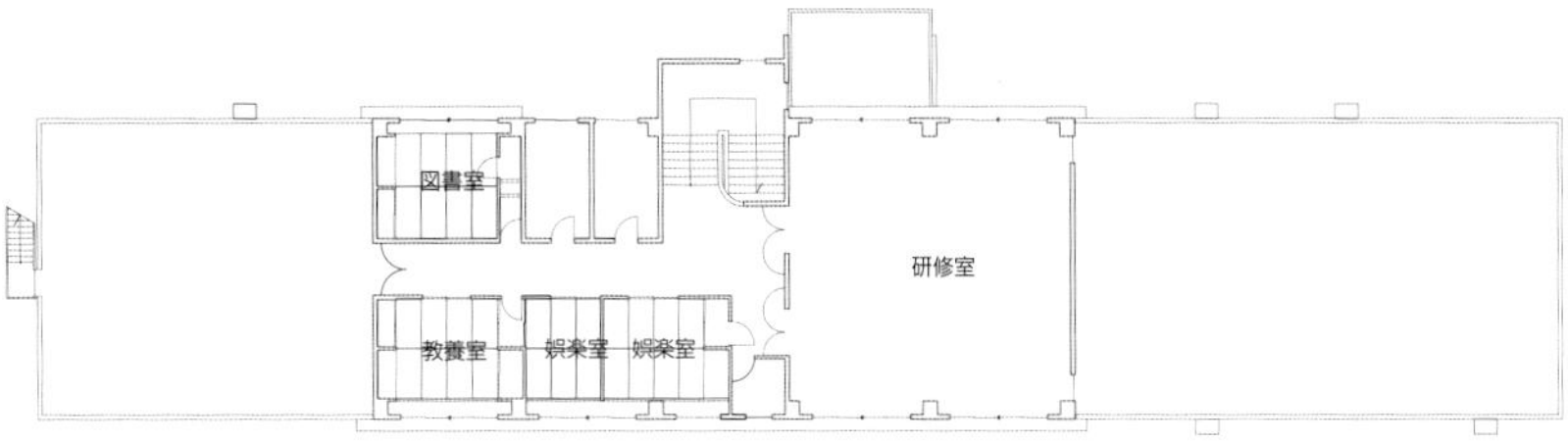

旧・2階平面図

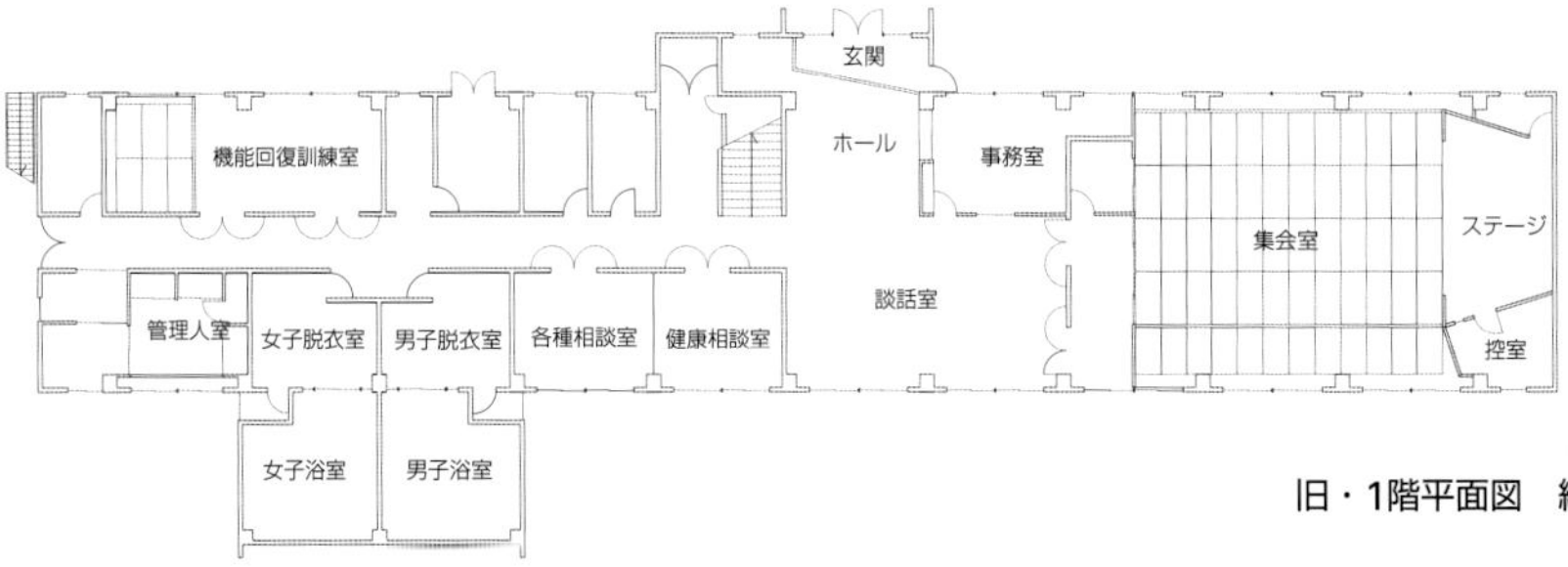

旧・1階平面図　縮尺 1/500

分でそれをどう考えるか、われわれはそれしかないんです。批判するだけなら簡単ですが、自分だったらどうする、こういう別の案があるということをいつも考えていないとだめなんです。スタッフには「自分だったらこうするということをどんどん提案しろ」といっています。

リファイン建築はすべてをオープンに

藤原――ぼくはこの二、三年、八女に出入りしていてよくわかるのですが、八女の方々はちょっと癖がありまして、簡単に誉めないんです。それが、ある老婦人が「ここはよかばい」とおっしゃっていたことが印象的でした。しかもそれをおっしゃったのは、昔ここを使っていた人なんですね。

野田――初めて来た人にとってはきれいなのは当たり前だと思うかもしれませんが、前の建物と比べてその変わりようは高齢者しかわからないわけです。高齢者の方々には今まで二七年間使っていただいていて、「汚い汚い、市長さん何とかしてください」と苦情が繰り返されていました。前はずいぶん暗かったし、ひび割れなんかもあったから、そういう意味でも評価されているのではないでしょうか。

青木さんの「リファイン建築でやれば半額でできる」という提案を見て、私は八女市の財政からいってこれしかないと思いました。しかし、地元の同業者には、公共工事は俺たちのものというような認識があったと思うんです。ですから、自分たちの公共工事が減らされるというようにとらえてしまう。結局、そういうところで業界の意識改革ができていないのではないでしょうか。

青木――設計の世界でも既得権みたいなものが生きています。しかし、ぼくはこれからは努力しない人は食えない時代になると思っています。グロスでいくらでバカッと儲けるなんてことはこれからはできない。すべてオープンにして、検証する時代だと思うんですね。ぼくがリファイン建築でやりたいのは、下請けに出したお金を全部ガラス張りにしたいんです。そうすれば社会も建築業界を信用します。だって今は信用できないもの。

藤原――そこまでやりますか(笑)。確かに建設費のブラックボックスは大きな問題ですね。

青木――どこかで裏金が流れている、ということがいつもあるんですね。それをなくせば、社会から支持されると思うんです。

野田――情報開示ですね。

青木――そうです。ぼくが考えていることを業界の人が知ったら、おそらくぼくは暗殺される。(笑)

一階大広間

二階研修室。正面の照明部分の和紙は八女特産

藤原――アメリカなどではプロジェクト・マネージングをいくらで受けるかということで、経費率なんかも数字ではっきり出して、このプロジェクトではこの部分が利益になるということをちゃんと出しますね。

青木――ぼくは下請け集団と仲良くしているので、「あれいくらで請け負ったん？」と聞くんです。だからゼネコンが赤字になったといっても、本当かどうかぼくはほとんどわかる。そうしないと、ゼネコンさんは今の外務省と同じで、都合が悪くなると担当者が転勤すればわからなくなりますからね。

野田――行政もまさしく同じです。私も市長交際費をインターネットで公開していますし、どの業者がどこの工事を請け負ったということをインターネット上に乗せています。土木工事もこれまでは全体の予算だけでしたが、

上／多目的ホール。エントランス側を見る。左手の屏風壁の足下の開放感が気持ちよい
左／浴槽部分を拡げ、明るくゆったりとなった浴室

どこからどこまでの工事という箇所付けまで公開するようにしたわけです。それは信頼につながり、市民の満足につながるといっているのですが、青木さんがやろうとしていることはそれと同じですね。

青木――ぼくらは不明な金はいらないんです。ちゃんと領収書があれば経費は落ちるわけです。

藤原――隠す努力をしていい思いをしたと思っているのでしょうが、それって実は大したことないんですね。

野田――私が交際費をオープンにするといったら、「それは困る。近隣の市町村はもっと困る」と。私の考えは、「だからやる、やらなくちゃならない」ということです。みんな、かたくなに抵抗するけれど、開いてしまえばなんということはない。えいやっ、とやれば大したことないんです。

青木――そうしないと、息苦しい世界にずっと生きていかなければならない。蓋をして、いつも心配して……。

藤原――青木さんはリファイン建築を提案するときに、三つくらいのアイデアを出して、メリットとデメリットを説明されていますね。これは最終的な予算の執行者である首長さんだけでなく、一般ユーザーの方にとってもわかりやすくて、ああ、それでこの案を選んだのか、と経緯全体を理解できるようになる。これはかなり重要なことだと思います。

青木――本当はどのプロジェクトも三案くらい提案して、どの案にはどういう長所があって短所は何かをすべて説明させてもらうのが一番いいのですが、今までの行政ではそれがなかなかできない。一案しか提案できないようなケースが多いのです。

ぼくがリファイン建築を特許を取らずに公開しようと思ったのは、そこなんです。おそらく、この五年から一〇年くらいが過渡期で、一気にリファイン建築が増えます。そのときに知っておかないと困ると思うんです。早く公開しないといけない。

今、ぼくはスタッフを採用するときにはなるべく遠方から採用しているんです。今年入った東北大出身のスタッフは仙台生まれの仙台育ちで、九州に来るのは初めてという子です。その前年に入った子は早稲田大学出身。入った次の日に事務所で自炊していた（笑）。ぼくはそういうのはまったくＯＫなんです。何でもできるって、いいでしょう？　生活力があるというのはすごく重要だと思うんです。

スタッフは全員出身大学が違うのですが、一〇年経ったら帰らせようと思うんです。彼らが全国に散らばって行ったら、次の世代は面白くなる。ネットワークを組んで情報を公開しながら、お互い切磋琢磨してやったらいいと思います。

若いスタッフを見ていると、改装工事で工事金額一千万円くらいの仕事でも面白くてたまらん、といいます。

大広間でくつろぎ、談笑する人たち

一つの施設に子供たちも高齢者も一緒に集う

ぼくが彼らにいうのは「よし、思い切ってやれ！　少々の失敗はＯＫや」これだけです。見ていると、うまいことやってるなあと思います。ぼくが設計を始めたころもそうだったけれど、若い子はピュッーとやります。あとはポイントをつまんでやればいいんです。

藤原――ぼくは東京大学の村松貞次郎先生の研究室にいたのですが、そこも梁山泊でした。藤森照信さんをはじめ、東大以外からもさまざまな出身大学の人が来ていて、村松先生の包容力のおかげで明治、大正、昭和の建築の分野はひろがりました。それと同じように、一〇年もすれば青木さんの門下から全国で活躍する人たちが生まれてきますね。

青木――それを狙っているんです。

藤原――でも、普通は自分の技術はストックしたいと思いますよね。

青木――ぼくは思うのですが、お施主さんにお世話にもなっているし、しんどいときに仕事をくれた人もいるし、できないことを可能にしてくれた下請けの職人さん、事務所のスタッフなど、リファインの技術というのはぼくだけのものではないんですね。ラッキーなことに名誉はぼくがいただいていますが（笑）。だから、ぼくはできるだけ情報公開をしたいと思っています。

ローカルというハンディ、それを楽しめるようになれば次が見える

青木――もう一つ、ぼくは九州ということにこだわりたいと思っているんです。八女も、ほれぼれするところがたくさんありますね。八女の茶畑のすばらしさ。ぼくの生まれ故郷にも茶畑がありますが、スケールが違います。それで多世代交流館は和風にしようと思ったわけです。

藤原――八女には生活技術をはじめ、ありとあらゆるものがストックされていて、全国的に見てもトップレベルだと思います。しかも、それを今でもちゃんと使っているところが重要です。それが結果として地域全体の豊かさにつながっている。

青木――かつて産業のあったところが一度寂れても、もう一度復活するチャンスがあると思うのです。今は、ぼくのリファイン建築と同じように、産業もリファインするよいチャンスなのではないか。そういう意味で、八女のポテンシャルはすごく高いと思います。

野田――今、青木さんのリファイン建築に興味を示しているところは他にどこですか？

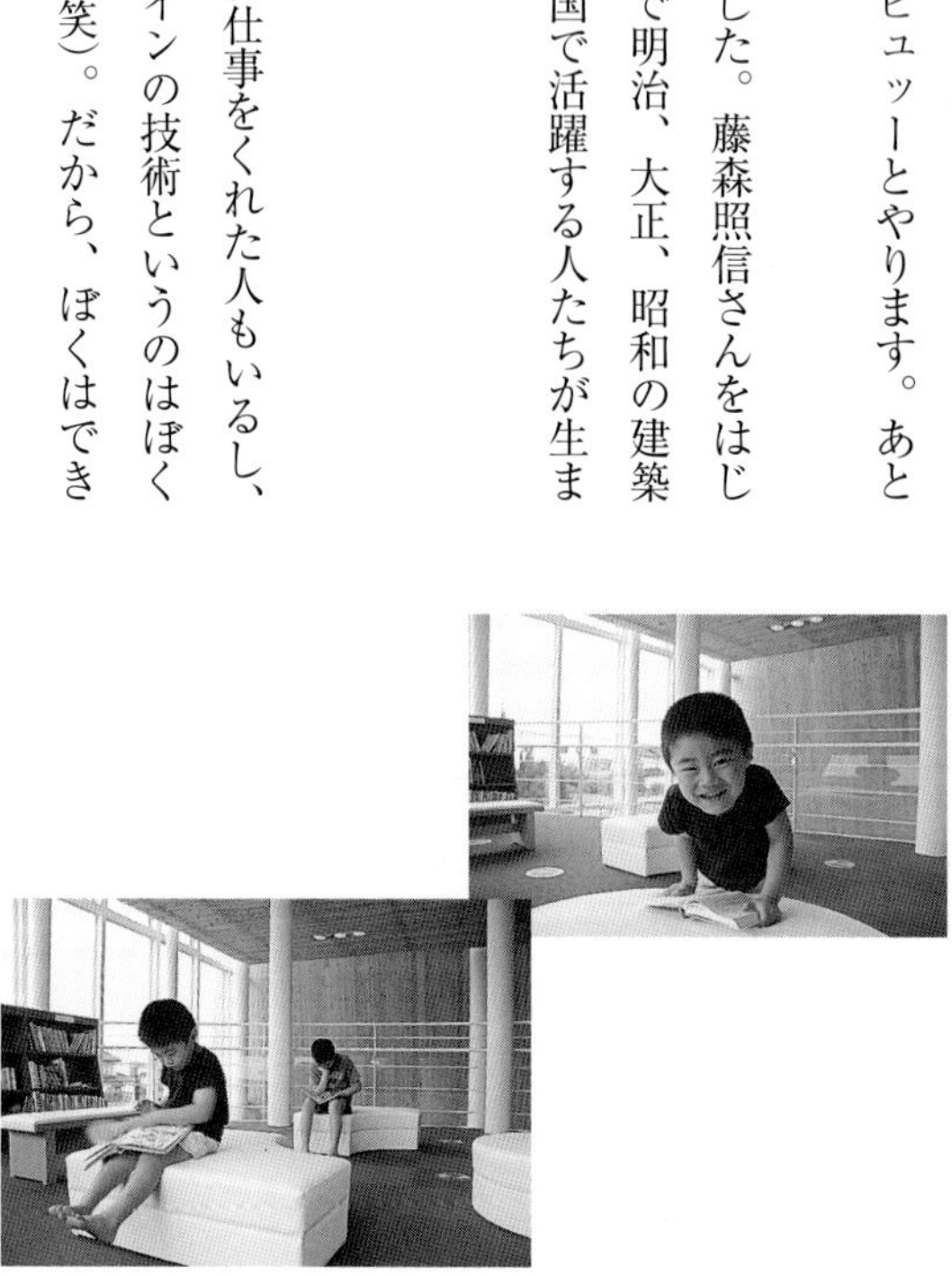

図書室で本を読む子供たち

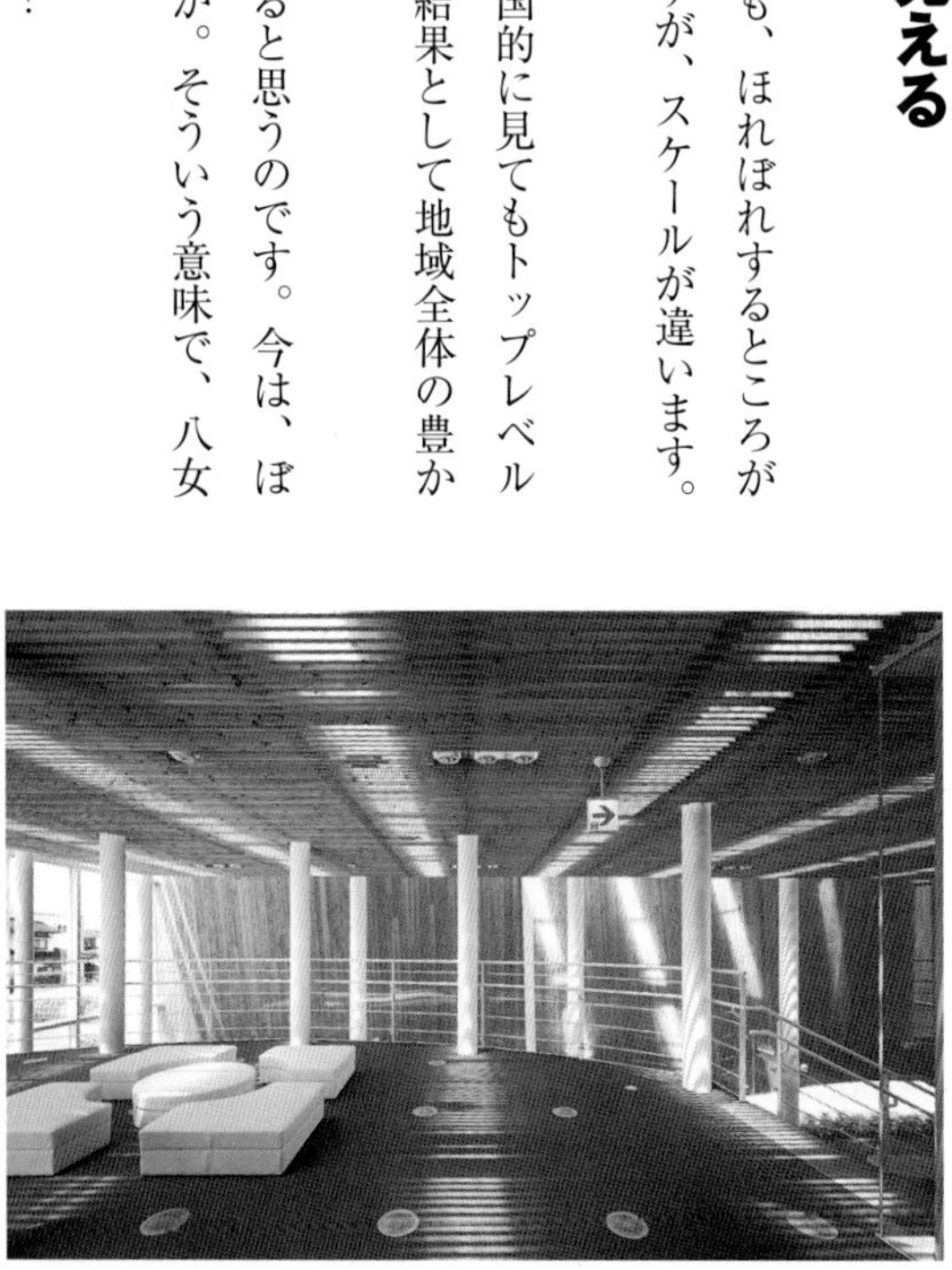

二階図書室

青木──一つはぼくの出身小学校が廃校になるので、それを何とかしてくれといわれています。中学校が統合して、空いた中学校に小学校が移るので、余った小学校を老人用のデイケアセンターと福祉マンションにする、体育館は保育所にできないか、というプランを提案したのですが、自分でもかなり面白い案になったと思っています。生まれ故郷からの仕事はすごくうれしく思いました。

地元で仕事をしていると、威張っていられないんです。いつも追いかけられている感じがあって、そのプレッシャーはいつもあります。人に「青木さんは能天気でいいね」といわれるけれど、道化をやらないとやっていけないんです。東京からくる建築家のように格好つけたいと思っても、なかなかそうはできない。でも、ぼくはそれは健全なことだ思っていますので、そういうことも含めて九州はすごくいいなと思っています。

ただ、たとえばヨーロッパに建築を見に行って決定的に違うと思うのは、向こうの人は自分の地方に自信をもっていますね。イタリアに行っても、どこに行っても、それぞれの都市の魅力がある。ところが日本の地方はその誇りがなくなったから、どこへ行っても東京みたいになってしまった。地方のアイデンティティとか自信がないと思うのです。

それと、日本は自分の隣にいる建築家に仕事を頼むということをしません。これはなかなか悲しいことです。ぼくは故郷の大分であまり仕事がないというのはよくわかるんです。隣の人が立派になるのがいやなんです。いろんな場所で仕事をしていますと、ぼくは根なし草になるのではないかという怖さがあります。建築家は渡り職人みたいなものですから、そのほうが良いのかもしれませんが。

野田──よその地域に行ってみるとわくわくするということがありますね。私は新しい風を入れないことにはまちづくりもできないと思うのですが、たとえば公共建築でいうと、今までは、はっきりいって地元業者にしか発注できないというような縛られた感じがありました。他の建築家の頭脳を入れようとしても、地元の活性化がどうのこうのとバッシングを受ける。すると選挙が怖いということでみんな妥協しちゃうわけです。安上がりにしようとして市の建築士に図面を描かせるとか、なんで木にしないのかと聞くとお金がかかるとか、そういうレベルなんですね。八女市は人口四万人ですが、これくらいの規模になると一級建築士が結構いますから、外の建築士に仕事を頼むとなると議員が業者の方から頼まれて、ぼくは議会でバンバン、バッシングを受ける。ちょうど一年前はいろいろいわれていたときです。「何で青木さんなんだ」と。

藤原──八女市の一級建築士の方々も粒ぞろいでしょうが、常に外の世界にさらされることで自分の力をあるポテンシャルにおくという努力がちょっとたりないかもしれませんね。

八女市

面積／三九・三四㎢

人口／三九、九一五人（平成一一年三月）

特産物／八女茶、電照菊、イチゴ、ナシ、ブドウ、八女福島仏壇、八女提灯、八女手漉き和紙、八女石灯籠、八女和こま、八女矢など。

八女（やめ）茶で有名な福岡県八女市は、弥生時代から肥沃な土地と豊かな自然に恵まれたところで、八女丘陵地帯には四〜六世紀の大小の古墳約三〇〇基が点在する。江戸時代には八女地方の物産集積地として栄え、今でも八女市の中心部には、茶、仏壇、提灯などを扱っていた商家の町並みが残っている。春に開催される「八女ぼんぼりまつり」では、これらの旧家や商店街約一〇〇軒で江戸時代から現在までのお雛様や飾り道具を公開するなど、八女らしさを生かしたまちづくりが行われている。

間口が狭く、ウナギの寝床のように細長い町家が数多く残る白壁づくりの町並み（福島地区）

野田――そういう意味では、業界にも風穴を開けたい、という部分がありますね。

青木――われわれの業界がもっている体質は相当おかしいと思います。たとえば、ぼくはリファイン建築でいろいろ賞をいただいていますが、地元の建築家はその対象となった建築をほとんど見てもいない。

野田――関心がないのでしょうか？　それでは行政のほうがまだ変わろうとしていますね。（笑）

藤原――最近、演劇の世界では「地域演劇」という概念が高まってきています。たとえば芝居を標準語でやらずに、八女なら八女弁でやって、それを東京にもって行く。するとそこにはまったく違う力が込められているわけです。「地域」ということが長いこといわれてきましたが、それは中央にいる人がいっていた「地域」なんですね。ようやく地域にいる人たち自身が自分の概念として提示できるようになってきたのではないでしょうか。

青木――ローカルで設計をやっているということはハンディがあるとつくづく感じていますが、そう思い続ける間はだめなんですね。楽しまなくては。何を楽しむかということがわかった瞬間に、次が見えてくるんです。これはものすごく難しいことです。人間の心の中の問題、自分自身の問題ですから。これを楽しむまでには、やはり時間がかかります。ひがみ根性があるうちは無理でしょうね。なかなか難しいですね。

野田――おかげで私も九年目にしてようやく首長の楽しさがわかってきました（笑）。相手がどう反応してくるかがだいたい見えてきたから、それを逆手に取っていけば、首長の執行権の中でできる部分はたくさんあります。

これからはまずコスト、そして環境という二つの柱が重要ですから、建物の寿命が二、三〇年ではもったいない。百年持つのが当然だということにならないと。どこの自治体も同じ悩みを抱えていますよ。二〇年、三〇年経った建物の問題がどっと押し寄せてきているはずです。

藤原――この交流館は明るくて、昔あった縁側みたいな空間ですね。

青木――それを狙ったんです。人間は外にいるときのほうが快適ですよ。八女の風景は美しいですから、それを十分楽しんでもらおうと。

野田――オープニングのときも、あのテラスの下でビール飲みたいね、とみんなで話していました。高齢者の方々と子供たちと一緒に七夕祭りをこの施設でやるように企画しているので、一度やってみようと思っています。

八女市多世代交流館 技術編 ここがポイント

構造

リファイン建築を作業面から見ると、三つの大きな柱がある。一つはデザイン性を大きく向上させること、もう一つは既存躯体を現行の耐震基準に適合するものにつくり替えること、そして建築コストを適切にコントロールすること。なかでも、既存躯体の有効利用を前提とするリファイン建築では、耐震基準の適合作業は建築許可を得るためにも必須であるため、リファインの根幹をなす作業ともいえる。そのベースとなるのが構造設計であるが、もちろん、新築の場合の進め方とは、かなり異なったものとなる。

建築基準法は大きな地震の発生にともなって変遷を遂げてきたということがリファインの構造設計における必須の知識となる。一九五〇年（昭和二五）に制定された建築基準法は、一九七〇年、一九八一年と二度にわたって改訂されているが、いずれもその前に大地震が発生し、耐震基準に変更が加えられている。また阪神淡路大震災をきっかけとして、一九九七年に施行された耐震改修促進法もリファインを手がけるうえでは見過ごせない法規である。

なぜ建築基準法の変遷が問題かといえば、築後一〇年単位の時間が経過した建物を対象とするリファインでは、その建物がどの時期に建てられた建物かによって、補強の程度や手法が大きく変わってくるからだ。建築基準法

解体工事が完了し、補強工事の段階で行われたリファイン建築研究会の見学会

の変遷と注意点、現行の耐震基準に適合させるための構造設計の進め方については、前著『建物のリサイクル』に詳述したのでここでは省略するが、重要な点なのでぜひご一読いただきたい。

さて、ここでは八女市多世代交流館を事例として、リファインの構造設計がどのような発想と手順で進められるか、その実際を紹介しようと思う。

リファインの対象となった八女市老人福祉センターが建てられたのは一九七三年で、築後二五年以上経過した鉄筋コンクリート造二階建ての建物であった。かつての用途は高齢者のための福祉施設であり、リファイン後の用途は高齢者の健康増進および子供たちとのふれあい促進の場であるため、用途に大きな変更はなく、積載荷重の増加もない。したがって、既存部分の構造は建築確認申請の対象にはならず、増築部分のみ審査が必要であった。ただし、建築基準法との関連では、一回目と二回目の改訂の間に建てられた建物であり、耐震強度は現行基準よりもかなり落ちると推測されるため、現行基準に合わせるための耐震性能の向上を中心に構造設計を行った。

まずは既存躯体のコンクリートや鉄筋等が設計当時の強度を十分に有しているか否かを試験しなければならない。もしコンクリートの強度が落ちていれば、それに対応した補強を施す必要があり、最悪の場合使えないこともあるからである。任意の壁（通常は目に触れにくい場所）を数ヵ所選定し、コンクリートのコアを抜き出して圧縮試験器にて試験を行った結果、コンクリートは設計時の基準強度を有していることがわかった。また、中性化もさほど進んでおらず、鉄筋の目視、引っ張り試験などでも問題は見あたらなかった。

次に構造設計であるが、この計画では新耐震設計法の一次設計のルート1を満足させる設計とした。新耐震設計法には一次設計のルート1、ルート2、二次設計のルート3の考え方があり、各々の説明を以下に記す。

【ルート1】

一般的に壁や柱が多い建築物は耐震的に優れていることが知られている。これは、壁や柱の断面積の総和が耐震強度に大きく関わっていることを意味していて、建築物の重量との比較によって安全性を概算的に判定できるものである。判定式を満足すれば耐震強度は十分大きいとして、従来の許容応力度設計で各部材に生ずる応力が許容応力度以内であることを確認して安全性を判定する。

【ルート2】

壁や柱の総断面積が比較的少なく、ルート1の判定式を満足しない建築物は粘り強さで地震力に抵抗することが必要となる。そのために地震力を受けた場合の変形の制限、上下方向および、各階の平面的バランスの制限が

解体後の柱の状態

増築部分の鉄骨工事が完了した段階。北西から見た現場風景

課せられている。

［ルート3］

ルート2の変形の制限は満足するが、上下方向のバランスおよび各階の平面的バランスの制限を満足しない建築物は、大地震時に崩壊しないために必要な耐力を持っていることを確認することが必要となる。保有水平耐力が必要保有水平耐力よりも大きいことを確認して安全性を判定する。

つまりルート1での構造設計のポイントの一つは建物全体にかかる地震力を軽減することである。そのためには、できるだけ躯体を軽くする必要がある。躯体が軽くなれば、補強する耐力壁の量を減らすことにもつながる。そこで「屋根スラブシンダーコンクリート」「階段室（外に飛び出ていた分）」「コンクリート庇」「コンクリート腰壁、袖壁、垂れ壁」等、構造上不要な要素はすべて撤去することにした。こうして重量を減らした後、さらに壁をバランスよく配置・増設し、強度を持たせることによって新耐震設計法一次設計のルート1に合致するようにしなければならない。八女の現場では、短辺方向は既存の壁で十分であったが、長辺方向についてはそのルート1の壁柱量に満たなかったので増設することにした。新規の壁は地震の時のねじれを少なくするため、できる限り建物の重心位置に近い場所に設置するのがポイントだ。壁を増設するのは構造補強の一般的な方法だが、増設する位置が極めて重要である。

さて、リファインでは現場調査や試験、図面上では確認できなかった不具合が施工段階になって見つかることが往々にしてある。八女の現場でも、解体後、全体を見てまわると表からは見えなかったジャンカや爆裂、クラックなどが梁と柱に五〇ヵ所ほど発生しているのがわかった。コンクリートのコア抜き試験では良い数値が出ていたが、実際には過去にリファインした事例の中で一番悪い状態だった。これらの箇所ではコンクリートの中性化が進み、鉄筋に錆が生まれる。その錆がコンクリートを縛り、さらに爆裂化を招くのだ。そのままにしておけば建物全体のじん性（粘り強さ）が低下するので、放置できない。梁のクラックにはエポキシ樹脂を注入し、他の箇所は主に無収縮モルタルで補修、特にひどい三ヵ所の柱と一ヵ所の梁には炭素繊維を巻いて補強することにした（詳しくは「補強・補修」の項参照）。

ただし、全体としては良好な部分もあり、耐力壁として想定できる既存の壁もあったため、逆に設計段階で予定していた耐力壁の増設量を施工段階に減らした部分もある。

リファイン建築の設計は、半分は事務所で、残りの半分は現場で、というのがぼくのポリシーであるが、この

右／梁を欠いて行われていた改築当時の工事
左／亀裂が走っている大梁

ように既存躯体については施工に入って初めて判明することが多く、臨機応変の対応が欠かせない。

　増築部分については現在の建築基準にしたがって設計するだけであるからここでは特に言及しないが、既存躯体と増築部分との接合が一つのポイントとなる。それぞれを別の建物と考えて建て、既存躯体と増設部分はエキスパンションジョイントで接合するのだ。これは、既存躯体に余計な重量をかけると耐震上不利になるためであるし、さらに数十年後、既存部分を建て替えざるをえなくなったとき、増築部分まで一緒に解体しなくてもすむからである。とはいえ、仕上げでは完全に繋がっており、既存部分と増設部分の境目は指摘されなければわからないほど一体化している。

現場監理

　リファイン建築においては、新築以上に現場監理の仕事が重要である。新築は極言すれば新米の現場監督でもなんとかなるが、リファインの場合はベテランでないと絶対に無理である。なぜかというと、リファインの施工に特有の、「既存躯体との付き合い」があるからである。新築なら合わせるのは敷地だけであるから、設計図面さえしっかりできていれば施工はある意味で計画通りに進行させることが可能である。ところがリファインの場合は、既存躯体といかに合わせるかが現場監督の手腕の見せどころになるのだ。特に既存躯体との付き合いが難しい理由は、既存躯体が施主からいただく図面どおりでない場合がある、また、たとえ図面どおりだったとしても施工精度が悪い場合がある、という二点である。

　既存躯体が図面どおりでないのは、施主が保管している図面がたいがい新築段階のものだからである。二〇〜三〇年経過した建物は、通常、途中で増改築している場合が多いが、その図面が保存されていることはまれである。そのため、解体してみるとあるべきところに壁がなかったり、ないはずのところにあったり、あるいは設備関連の配管・配線が意外な場所を這い回っているといったことが起こる。また施工精度が悪い理由は二〇〜三〇年前に求められていた施工精度と現在常識となっている精度の差が大きな要因である。さらに地方の建物では地域の施工業者は経験が少なく、また施工監理が不足がちなため、これが精度を悪くする原因の一つになっている。

　そのため、現場監理のポイントは、設計段階で想定していたことと狂いが生じたときに、いかに臨機応変に対応するかである。それらを煎じ詰めると以下の三点のコントロールになる。
①工期のコントロール

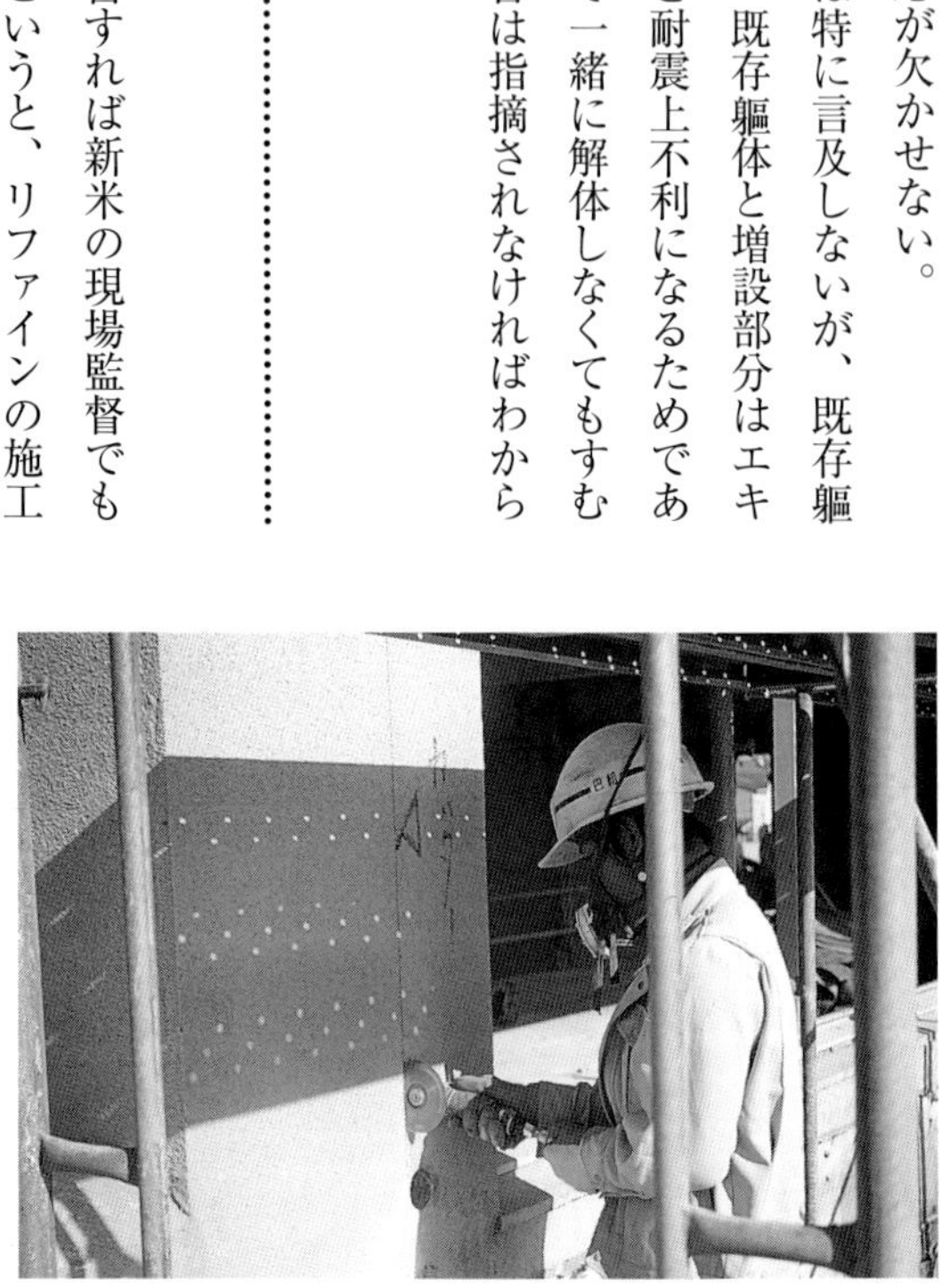
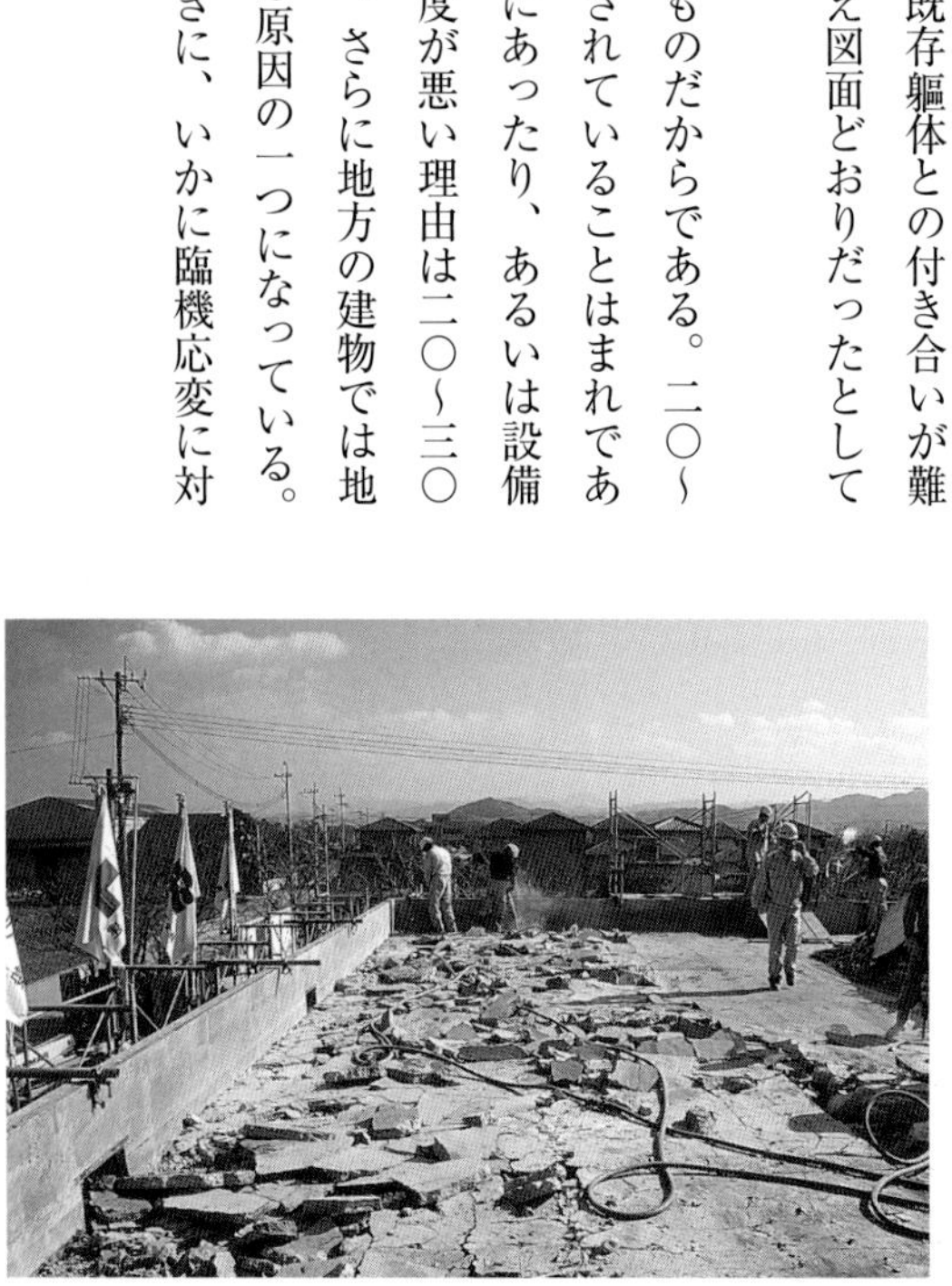

右／コンクリート壁に印された線に従って行うカット作業
左／屋根のシンダーコンクリート解体作業

②コストのコントロール
③施工方法のコントロール

八女市多世代交流館の現場を例に取りながら、既存躯体との付き合いを中心に、リファインの現場監理の実際を紹介しよう。

①工期のコントロール

リファインにおいて工期が予定どおりにいかない局面はいろいろあるが、最も工期を組みにくいのが解体の段階であろう。八女の現場でも、当初、解体の工期を一ヵ月とみていたが、実際に施工に入ってみると一ヵ月半ほどかかってしまった。これは、解体後の躯体の精度をどこまで求めるかという問題と関連が深い。すでに触れたように、既存躯体の精度は現在の建築技術が求める水準に達していない場合が多い。これを解体の段階である程度の水準に修正を加えるわけだが、解体が進んでみないとその判断を下すことができない。

リファインの解体作業は、一度壊してしまったら元には戻せないので、慎重に行わなければならない。まず設計図にもとづいて現場調査を綿密に行った後、設計の側で残す壁と解体する壁をスプレーでマーキングして指示を出す。施工業者はカッターで切ってから、ハツルという手順で解体を進めていく。当然、精度を必要とする柱・梁回りは手作業になるため、通常の解体よりもかなり時間がかかる。リファインの経験が浅いと、まずここで工期を読み違えてしまう。さらに躯体の表面を整える作業に入るが、ここで、どこまで精度を出すかで工期は大きく変わってくる。当然、高い精度を出したほうが後々の工事が楽になるのは言を待たないが、見えないところに工期とコストがかかることになる。したがってどの水準で止めるかが重要だが、これも躯体との相談とでもいいたくなるくらい、現場で躯体を見ながらの判断になるのである。

工期のコントロールは、このように読みにくい作業の段階で生じた狂いを、どうやって取り戻すかである。八女の現場では、解体に続いて増築部分の鉄骨建て方の工事に組み込んだが、無駄な時間をつくらないよう、既存部分の解体を行いながら同時進行で鉄骨の施工図を作成し、一部、土工にかかるところでなんとか工期を調整することができた。既存躯体と直接関連しない増築部分の工事を、最初からリスクヘッジとしてうまく組み込んでおくこともポイントの一つといえるであろう。

②コストのコントロール

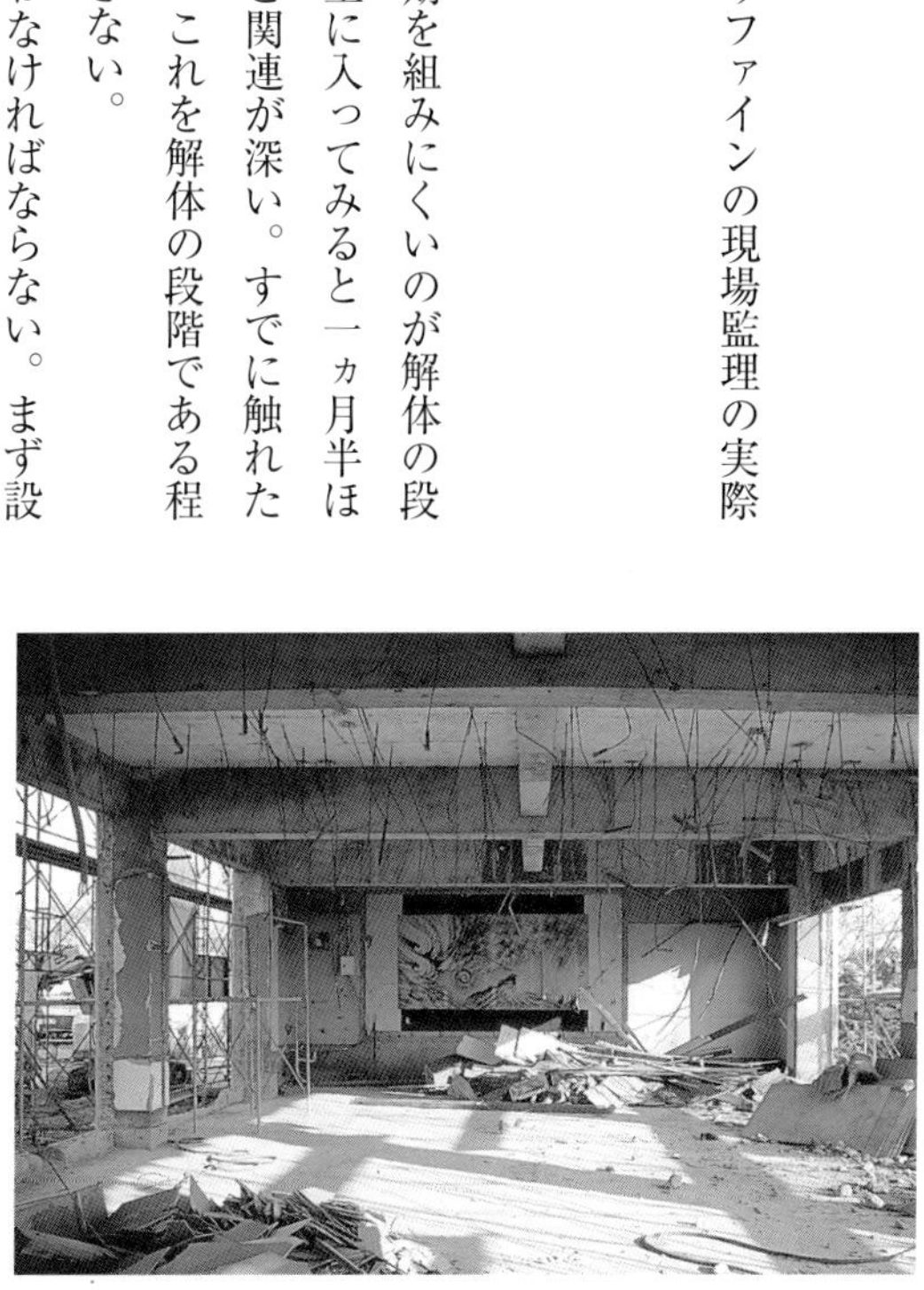
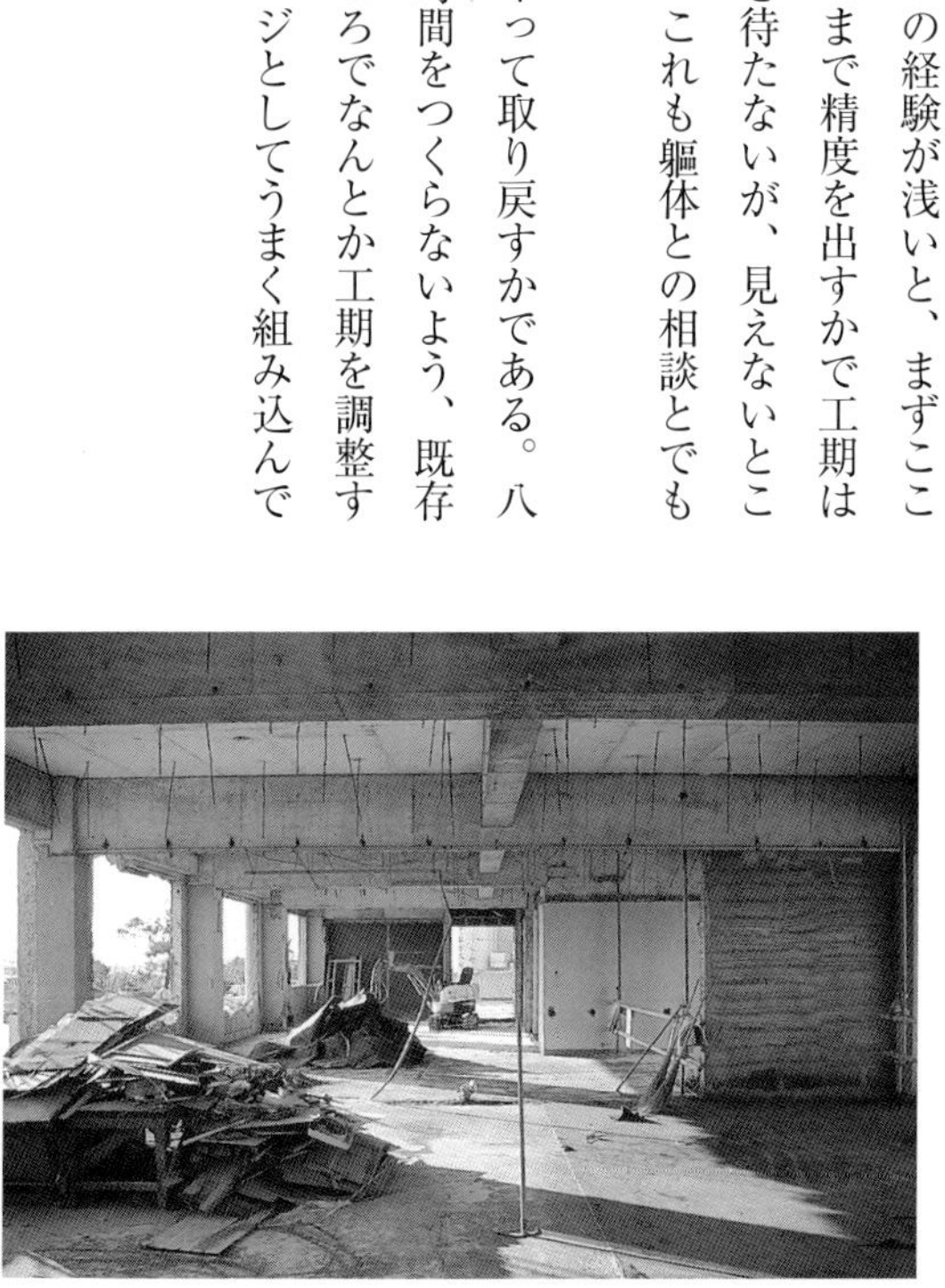

右／一階大広間の解体工事終了
左／二階の解体工事終了

これも既存躯体の仕上げを剝いでみないと、内部がどうなっているかわからないことが判断を誤らせる大きな原因となる。新築のように構造は構造、設備は設備、内外装は内外装と縦割りの予算を固定したままでは、とても対応することができない。設備の予算を構造に回したり、構造で浮いた予算を仕上げに回したりしながら、全体で予算内に収めるといった、予算枠にとらわれない柔軟なコストコントロールが求められる。これは当然、意匠や仕様、設備などに変更が及ぶわけであるから、クライアントとの協議も必要となるため、大胆さと慎重さのバランスを取ることが重要である。

　八女の現場でも、もちろん予期せぬコストが発生した。既存躯体を解体してみると、事前の構造調査から想定していた状態よりもはるかに躯体の状態が悪く、ジャンカや爆裂、クラックなどが多数見られたので、その処理のために予定外のコストが二五〇万円ほどかかってしまった。逆に設計段階では使えないと判断していた耐力壁の状態が意外に良いことが判明した箇所もあり、予算がいくらか浮いた部分もあるものの、当初組んでいた構造の予算内でこれほどのコストアップを吸収するのは困難であった。幸い、八女の現場では市より追加工事の予算が別途に出たが、通常ならば仕上げや設備の予算から回すべく悪戦苦闘しなければならなかったであろう。

③施工方法のコントロール

　工期やコストのコントロールもさることながら、リファインの現場監理がベテランでなければできない最大の理由が、実は施工方法のコントロールにある。既存躯体が図面と異なっていることが判明した場合、即断即決でまったく別の施工方法を考え出さなければならない。そのためには、工法、資材・部材、工程、コスト、技術など多方面に精通している必要がある。新築では、現場監理の打ち合わせも事務所で行われることが多いのに対し、リファインの場合は圧倒的に現場で行われることが多くなるのはこのためだ。八女の現場でもこうした変更は頻繁に起こったが、そのいくつかの事例を挙げてみよう。

　既存躯体の精度が思ったより悪かったために起こった変更の一つがサッシ工事である。コスト面の問題もあり、当初、サッシは柱梁の中に納める方法を採っていた。ところが、解体してみると躯体の精度が思ったより悪く、とてもサッシの精度に追いつかない。さらに、これ以上躯体を劣化をさせないために、風雨にさらされないようにする必要があった。そのため、鉄骨を躯体の外部に建てて、そこにサッシを組み込むことで躯体全体を覆う、いわゆるカーテンウォールの方法を採ることにした。この手法はリファイン建築を経験するうちにぼくが考案した手法であるが、サッシの枠材を鉄骨にしたことでカーテンウォールが精度の悪い躯体にも使えるようになった。

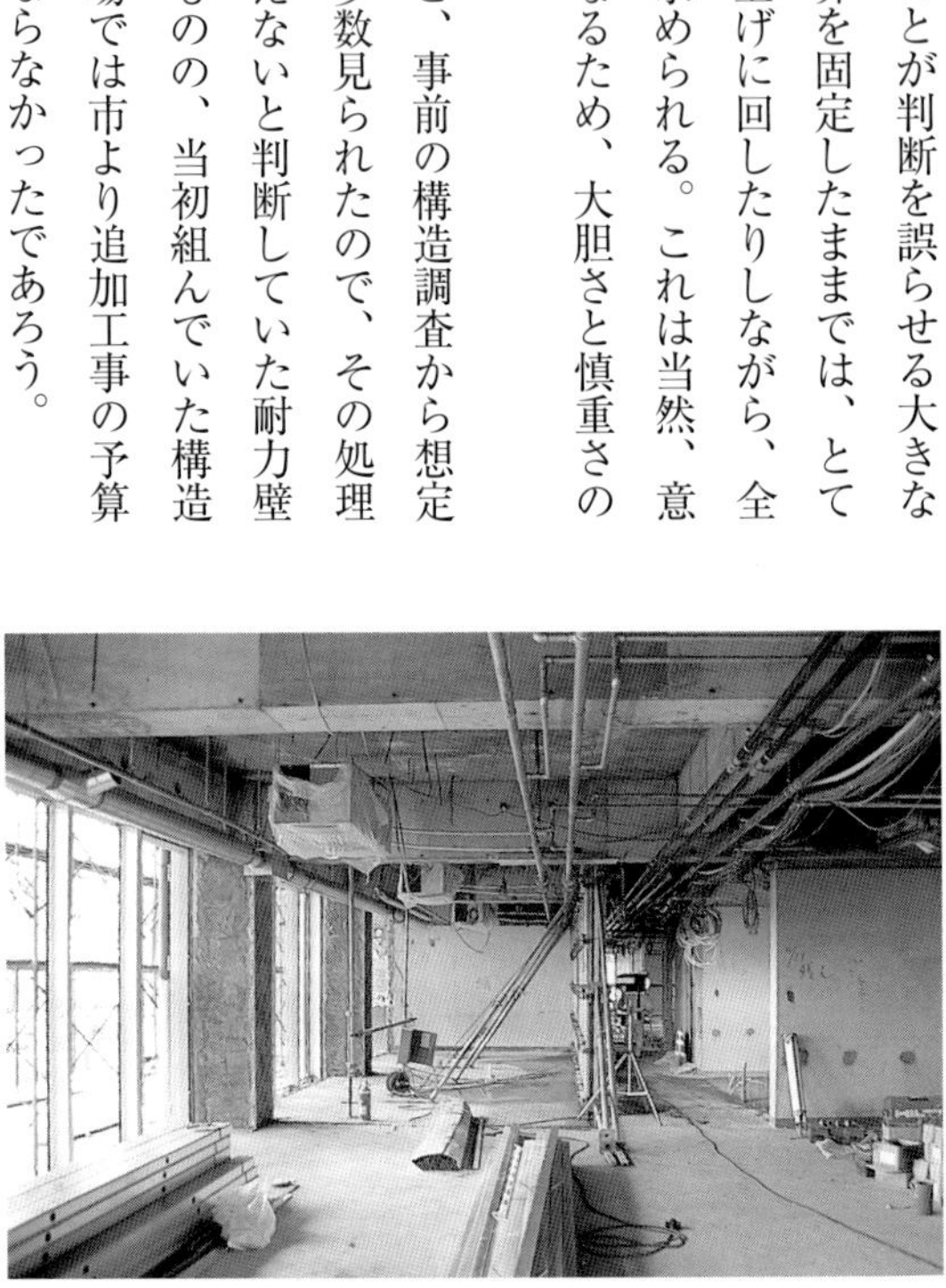

右／一階の補強工事。増設RC耐力壁
左／同、内装工事

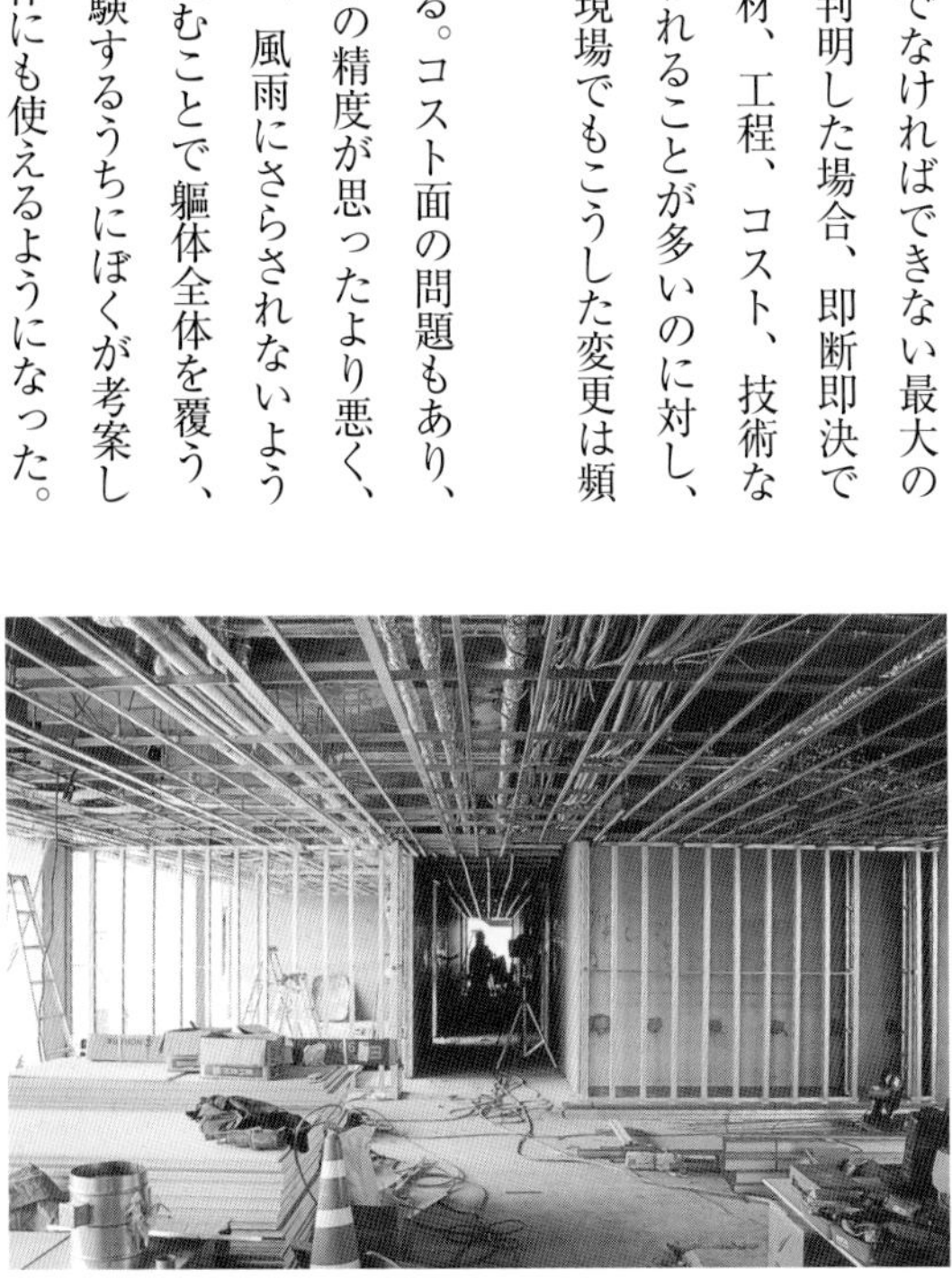

逆に既存の躯体をうまく利用するケースもある。男女の脱衣室の境にある壁は、もともと構造的に不要な雑壁であったため、当初は解体する予定であった。ところが壁の表にもう一枚軽鉄の間仕切りを設けることでパイプシャフトを取ることができたため、施工段階で急遽残すことにした。当初の設計で予定していたより配管ルートが短縮できるし、コスト面でも有利なため、この方法を採ることにしたのだ。

また、現場で設備の配管ルートを確保できないことが判明するケースも多い。新築の場合なら、梁に貫通させればすむが、リファインの場合は、既存躯体の強度を落とすことになるため、めったやたらに梁に穴を開けるわけにはいかない。しかも昔に比べて空調ダクトや換気ダクトといった径の大きな管路が増えていることも問題を引き起こす要因となっている。八女の現場でも、いくつか配管を処理できない箇所が出てきたため、天井の高さを変更せざるをえなくなった。その際、配管ルートの取り方が知恵の絞りどころである。休憩室や大広間、研修室など重要なスペースについては天井高を一〇〇ミリ下げるに留め、更衣室や脱衣室、倉庫など、それほど天井高が求められないスペースを選んで天井高を三〇〇ミリほど下げて配管ルートを処理した。

将棋で、よく手の善し悪しを損得で表現することがあるが、リファインにおける工期、コスト、施工方法などのコントロールにもそれと似たところがあるように思う。判断を求められる局面で、いくつかの手を考え出し、そのうちどの手が最も得な手であるかを、他の工程との関連も考慮に入れながら、瞬時に判断していかなければならない。ベテランでないとリファインの現場監理は手に負えないといった言葉を納得してもらえると思う。

補修・補強

建物にかかる重さには、建物自体が持つ自重と、建物内の人や物による積載荷重とがある。大地に向かって垂直に働くこれらの力を軸力、それに対して地震などの揺れが建物に及ぼす横方向の力を水平力という。コンクリートの強度試験は、躯体にこの軸力および水平力に耐えうる力があるかどうかを判断するものであり、リファインは補強によってそれが十分に満たされることが前提となる。

八女老人福祉センターの強度試験を行ったところ、数値では現状で十分と判断されたが、実際に解体してみると数多くのジャンカや爆裂などが発見された。これまで手がけたリファインにおいても躯体のこうした状態は多かれ少なかれ見られたものであり、通常はサンダーで削り、モルタルで補修し、表面処理を施すことによって対

外壁ひび割れ部補修　Uカット補修工法

①Uカット状況

②プライマー塗り状況

応している。設計段階では八女老人福祉センターでも従来通りの処置を施す予定であった。ところが、今回はジャンカや爆裂が特にひどく、建物をこれから長く使い続けていくことを考えると、見過ごすことができない状態であったため、補強することにした。

補強には大きく分けて二つの方法がある。鉄板を巻く方法と炭素繊維を巻く方法だ。炭素繊維による補強が確立されたのは一〇年ほど前であるが、阪神淡路大震災によって脚光を浴びた。鉄板を巻く方法に比べて費用は割高であるが、短期引張強度は鉄筋（ＳＤ—24）と比較すると炭素繊維は17,700kgf/cm²、鉄筋は2,400kgf/cm²で約七倍の強度となるのである。また重量をほとんど増やすことなく強度を高められる点もリファインにとっては魅力だ。炭素繊維自体は鉄板よりも安価だが、炭素繊維を構造に張り付ける粘着樹脂や下地処理などにコストがかかるのが難点である。炭素繊維による補強がなかなか一般的にならないのも、主にコスト面が障害になっている

ジャンカ、鉄筋露出、雨漏れ

③シーリング充填状況

④モルタルパウダー埋め戻し状況

ように思う。しかし、工期を大幅に短縮できること、重量を増やさずに強度を上げられることをぼくは特に評価しており、以前から導入したいと考えていたので、この現場で初めて、特にひどい箇所に限って炭素繊維補強を施すことにした。

補強は柱が三ヵ所、梁が一ヵ所であった。爆裂によって二五〇〜三〇〇ピッチになった帯筋を、現行の基準一〇〇ピッチにすることによって耐力の回復を図ることにした。まずは、ジャンカのある箇所すべてにハツリ作業を行い、無収縮モルタルによって全面、下地をつくり、養生期間として一週間放置して補修モルタルが完全に乾燥した後、炭素繊維を巻き、エポキシ塗料を塗って仕上げる。ちなみに、炭素繊維による補強を必要としない箇所については無収縮モルタルで補修した。

クラックの補修では、一般的な改修指針でクラックの隙間が〇・二ミリ以上と定められているので、これに従った。建物内部の〇・二ミリ以上のクラックにはエポキシ樹脂を注入。低圧注入といって、エポキシ樹脂入りのカプセルを機械に取り付けておけば、一晩かけて自動的にひび割れの内部に樹脂が浸透していく仕組みになっている。建物外部の〇・二ミリ以上のクラックにはUカット補修にて対応した。Uカット補修とは、ダイヤモンドカッターでひび割れに沿ってカットして、そこにエポキシ系のシーリングを充填。その上からポリマーセメントモルタルで補修する方法である。

さらに建物外部のモルタルについては、打診棒による検査を行った。モルタルの浮いているところには手動のグリスガンでエポキシを注入。ステンレスのアンカーピンによってモルタルと躯体とを固定した。この現場で行われた補修箇所は合計五四ヵ所であった。

サッシ

新築でカーテンウォールを施工するとしたら、既製のサッシを使うのが普通である。ところがリファインではそれがそうもいかない。サッシを取り付ける躯体のほうがサッシが登場する以前につくられたものであるため、ミリ単位の誤差しか許さないサッシをすんなりとは受け付けてくれないのだ。つまり、躯体の施工精度がミリ単位で出ていないため、既製のサッシを取り付けることが難しいのである。リファインでは、建物の重量を軽くすると同時に風雨から躯体を守ることを意図して、ガラスのカーテンウォールを多用することにしているが、その場合、躯体の精度に合わせるために鉄骨でサッシそのものをつくり、そこにアルミサッシの窓枠をはめ込むよう

右・左／鉄筋コンクリートの外側にサッシ工事を行う。コンクリートの表面劣化を防ぐ役割ももたせている

にしている。こう書くと簡単なようであるが、それが意外に難物なのだ。鉄骨の施工業者には精度の面で、サッシの施工業者には現場合わせの面で、いつも苦労をかけている。その辺のことは前著に詳しく書いてある。

八女市多世代交流館の現場では、既存部分についてはこれまでと同様の手法を取っているが、増築部分でこれまで取り入れたことのないサッシの施工方法にチャレンジしたので、ここではそのことに触れようと思う。その工事とは、「屏風」をイメージした北面外壁下部のサッシ工事である。設計の段階よりも施工の段階で良いアイデアに恵まれ、イメージしたとおりの仕上がりとなった事例である。

増築部分北面外壁下部のサッシは、設計当初はガラスをリブで支持するようにしていた。ガラスが取り付けられる外壁の長さは三〇メートル以上にもわたるため、リブで支持しなければ北側からの強い風圧に耐えられないためだ。ガラスと似通った素材のリブを使って、なるべく目立たないようにガラスをカーテンウォールのH鋼に固定する考えであった。ところが施工段階になって、施工者からリブを使わないほうが効率よく作業が進むとの申し出があった。われわれにとっては願ってもないことである。リブを省けば、数十メートルの長さにわたってあたかも一枚のガラスがはまっているように見える。屏風が中空に浮いているかのように見え、ガラスの効果が最大限に発揮されるからだ。そこで、ガラスの継ぎ部分に特殊なジョイントシーリングのみを使用し、六ミリ厚のガラスを一〇ミリ厚に変更することで対風圧に備えた。サッシ下部は、屏風状の外壁のアール（曲面）に沿って墨を出し、コンクリートの仕上げに備えて一〇〇ミリの逃げをとった。サッシ上部は鉄骨の枠にガラスをはめ込んだが、屏風状の外壁の仕上げに使った板金を内側に巻き込んで壁の中に収め、外部から枠が見えないようになっている。そのため一見すると、床からガラスがスッと立ち上がって、屏風の壁のすぐ下に、和風建築でいえばまるで地窓のような、開放的な空間ができあがった。外部の土面と内部の床が段差なく、同じ面に連なって見えるのも面白い。まさに理想的なデザインである。

施工者にとっては高い材料を使えるうえに手間が省け、われわれにとっては予想した以上の仕上がりとなり、双方にとって満足のいく結果となった。ガラスの厚みが増えた分、材料のコストは上がったが、施工コストが下がることによって、結果的にはコストダウンとなった点も見逃せない。

板金

リファイン建築では、既存躯体の耐震性を向上させるために、絶えず構造の軽量化に配慮する必要がある。そ

多目的ホール内装工事。左端下部は北側外壁のサッシ工事

の意味で、既存躯体に取り付ける物はもちろん、増築部分についても、軽い鉄骨やガラス、金物などをできるだけ使用することにしている。なかでも比較的自由な表現が可能な板金工事には、建物のデザイン性を向上させる面からも大いに活躍してもらっている。

八女の現場では既存躯体の経年変化を遅らせるため板金による外壁の仕上げを行った。対象となったのは既存部分東側の壁面である。解体してみると、この壁面の施工精度が特に悪く、しかも多数のクラックが見られた。補修してそのまま使用することも考えられたが、いつかまた劣化して補修が必要になることが目に見えていたので、補修を施したうえでガルバリウム鋼板（正式名称：溶融アルミ亜鉛メッキ鋼板）ですっぽりと覆うことにした。ガルバリウム鋼板は、安価でしかもデザイン性が高いからである。ガルバリウム鋼板は、従来の亜鉛メッキ鋼板に比べて耐熱性、熱反射性、耐久性に優れた鋼板である。小さなキズや小口の切り口を自己修復する作用があり、若干黒くはなるが、亜鉛メッキ鋼板の酸化ほどひどくはない。耐久性があるということは塗装をかけなくてもすむということであり、鈍い銀色をした独特の素材感をデザイン要素として利用できる点も魅力である。メーカーの一〇年保証があり、最低この期間は耐久性があるわけで、一〇年たったら上から塗装を吹き付ければさらに数十年は持つと考えている。

ガルバリウム鋼板は確かにローコストである。ローコストだから良いものができないというのは、創意工夫が足りないのに等しいと思う。確かに難しいことではあるが、そこで知恵を絞るのがデザイナーに課せられた使命だとぼくは考えている。八女の現場で、このローコストのガルバリウム鋼板を使って大きな効果を上げたもう一つの場所が、増設部分北面の屏風状の壁面である。ただし板金の施工者にたいへんな手間をかけることになった。

まず難問だったのは、屏風の曲面をいかに出すかという点である。いろいろな工法を検討したが、鉄骨曲げ加工を施したのは上弦材と下弦材のみで、後は直線部材で軸組をつくった。上部に取り付けたH鋼と同じ曲がりのH鋼を下部では逆に取り付け、曲面に合わせて野地板を張ることで、波打っているような屏風の曲面を表現することができた。野地板は、強度を持たせるには二五ミリの厚さが必要だが、曲面を出しやすくするために一二ミリ厚の板を二枚重ねで使用した。

この野地板の下地にガルバリウム鋼板を張って仕上げを施した。その際、すっきりと平葺きで仕上げ、水平のラインを強調することにこだわった。屏風のイメージを出すために、縦軸を強調するか、横軸を強調するか悩んだが、波打つような屏風の曲面を描くためには、水平のラインを流れるように出したほうがいいと判断した。通常、曲面の仕上げは平葺きでは施工できないのだが、スッキリしたシンプルな印象に仕上げたかったので、施工

増築部分の鉄骨躯体工事完了。北側に既存建物と切り離して増築。一部ドライエリアを設けてトイレの臭気抜き、ホールの採光を考えた。楕円状の二階図書室床は上から吊り一階に柱を設けない。シルバー色の部分は外気に触れる部分なので亜鉛メッキ処理を施している。

者に無理をいってお願いした。そのとき施工者から提案があったのが、三種類の異なる大きさの鋼板を織り込みながら組み合わせ、曲面で生じるひずみを調整する方法である。ただし水平のラインはしっかり出したいので、レベル出しには水盛り管を用いるなど、施工者の方々には細かく気を使っていただいた。

設計と施工両者が最も神経を使ったのは、壁面のエッジの出し方であろう。特に笠木は、通常、仕上げ材の天端を覆うように被せるのが普通だが、今回、仕上げ材をそのまま巻き込んだ。それによって、表からはいっさい余計なものが見えず、そして水の処理も問題ない。これは平葺きだからできた技で、他の葺き方では不可能だったであろう。

今回は役物を省いたが、できるだけ余計なパーツを省くのがぼくの方針だ。たとえば、一〇あるパーツを七つに、五つあるパーツを三つに、といった具合に省力化を図ることは、コストダウンに繋がるし、単純化することでメンテナンスも簡単になるというわけだ。デザイン性の向上につながるコストダウンは、ぎりぎりのコストコントロールと格闘するリファインには大歓迎なのだ。

こうした苦労の甲斐あって、当初イメージしたとおりの切れ味の良い屏風のような壁を完成させることができた。実際、イメージ通りのデザインを実現するには、ローテクな職人芸が必要とされるものだ。ぼくのおおまかなアイデアやディテールは、職人の技術的な提案によって初めて形となる。今回のようにギリギリの段階で「平葺きにしよう」と思い切った決断ができたのも、職人たちの高い能力を理解していたからである。リファイン建築の現場においては、設計者と施工者との間で地道に培われる信頼関係が特に大切だと痛感している。

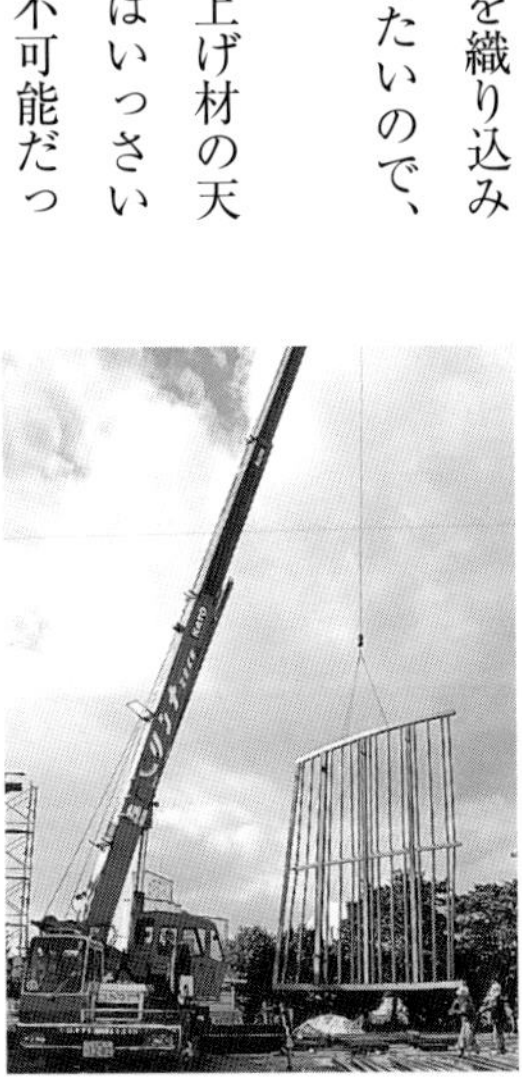

増築部分の北側外壁「屏風」の骨組み取り付け作業。北側ファサードの屏風は下地の曲げ加工を上弦材と下弦材のみとし、その他はすべて直線部材で構成。柱から片持ちで指示し浮いているように表現している。一スパン一ユニットとし、地盤面で組み立ててクレーンで吊り、本体に取り付けていった。

対談

構造家から見たリファイン建築

西澤英和（構造家・京都大学講師）
青木　茂

構造家の闘志をかき立てるリファイン建築

西澤——八女市多世代交流館の旧建物部分は元々はいつごろの建物ですか?

青木——昭和四十八年（一九七三）に建てられた老人福祉センターでした。見た目はそれほど劣化していなかったので、今までのリファインのケースよりいいかなと思っていたところ、モルタルがポロッとはがれて、中をよく見たらジャンカがあったんです。蜂の巣みたいでした。

西澤——石油ショックが起こったのが昭和四十八年ですね。工事が途中でストップしたり、資材が調達できなかったり、工事費が三倍、五倍と上がっていったという悲劇的な時期がありました。あの前後の建物はすごく差が出るんです。そして、あのころできた建物が、いま一斉に改修時期にきています。

青木——そういう意味ではちょうどいい時期にリファインをやったということですね。

西澤——そうですね。今日実際に八女の建物を見せていただいて、すごく面白いし、構造家として興味が尽きません。リファイン建築と構造は密接に絡んできますが、青木さんはそれを堂々とやっているので、魅力があります。

青木——ぼくは構造のプロではありませんし、構造については学校で習って以来、一級建築士の試験を取るため

右／旧老人福祉センターの南側外観
左／同、解体終了

にがんばった程度です。しかし、リニューアルでこれまで一般に行われてきた構造計画では、たとえばバットレスや筋交いなどを足すことで補強するけれど、重くなるのになぜそれでいいの？という不信感があったのです。その疑問に誰も正面から答えてくれなかったので、宇目町役場をやったときに思い切って引き算をする作業をして、「こういうふうにやったらどう？」と構造家に聞いたら、「耐震的には劇的に軽くなる」と。

西澤――いま、耐震改修工事は国の危機管理の中で絶対にやらなければならない事業です。小学校建築も手をつけ始めましたし、官庁建築もやっていますが、えてして構造主導になってしまいがちです。せっかくのチャンスなのに、それを生かし切れずに腰の引けたような改修工事で終わっているんですね。デザイナーが前面に出て来ないから、結局、構造家は一番楽で無難な線を選択していくことになります。ところが青木さんのリファイン建築を見ると、先にデザイン・コンセプトありきだから、構造家はそれに必死でついていかなければならない。そこがものすごく迫力があるし、構造家にとってはやりがいがあると思うのです。

ぼくは、一般建築のリニューアルが進まないのはデザインが面白くないからだと思うのです。その突破口がリファイン建築というかたちで出てきたということに、ショックを受けました。「改修」ではなく「リファイン」という言葉を使いながら、構造にも正面から向かってこられたなら、構造家も受けて立たなければしゃあない（笑）。ぼくは、これは改修事業にドライブをかけていくためのすごい切り口になると思います。

八女では元の建物のパラペットを取り払っていますね。それだけでも軽くなりますから、実は補強になっているんです。そういう、構造家がなかなかできないところを、デザインのほうから「こうするんや」というのは、すごくいいことだと思います。その点がまず大事なことです。

青木――新築の場合は、コストに関係なく、クライアントがああもしたい、こうもしたいと意気込むけれど、リファインは元の建物よりきれいになればいい、安全ならいいよというだけで、デザインに対してはノーチェックなんです。これはぼくにとって魅力です。（笑）

西澤――ある意味では元々の建物の原価消却が終わっているから、デザイン的に多少の冒険をおかしてもいいというわけですね。

構造家から見ると、二〇年、三〇年経った建物は癖がわかっている、つまり弱点が見えているわけですから、それに対処することで改善できるという安心感があるともいえるんです。つまり試作品ではない、結果の見えることをきちっとやるということは大切なことです。

改修工事とか再生というと、心の底に何か後ろめたさみたいなものを感じてやっている人が多いんですね。と

右・左／予想よりかなり状態がひどかった躯体

ころが青木さんは、元の建物とかなりずうずうしいコラボレーションをやっている。「オレはオレや」と（笑）。そこが単なるリニューアルとかリフォームとは違うところで、そのコンセプトが新しい。

今、日本のあらゆる町の「普通の建築」をキチッとすることが大事ですが、一般の人にとっては建築デザインというものが遠すぎるんですね。たとえば、ぼくらがやっているのはどちらかというと文化財の修復です。昔の良い建築を残すという、いわば麗しい世界なんです。しかし、青木さんはそれとはまったく違うかたちで、「普通の建築」のリファインを堂々とやっている（笑）。そして、構造が前面に出過ぎないようにコントロールされているところがいいなあと、ぼくは思います。外国にはそういう歴史がありますが、今までの日本ではなぜかなかったんですね。

ここまで開き直って堂々とやられると、なるほどな、と。見ていてそれが何とも楽しいですね。勇気づけられる。それが改修事業にドライブかけていくために、ものすごく大きいと思います。

炭素繊維はリファイン建築の強い味方

青木——リファイン建築でやっている軽量化の方法としては、宇目町役場でやっているように筋交いを入れる方法、野津原でやっている壁の面剛性を高める方法、そして八女では両妻側に耐力壁があるので中心にコアを設けることで剛心をつくり剛性を高め、後は炭素繊維で補強する方法を採っています。コストを別にすれば、炭素繊維を使うとデザインがより自由になりますね。ぼくは鉄筋コンクリートの建物で軸力をクリアできれば、剪断に関しては炭素繊維でほとんど大丈夫なのではないかと思っているのですが、どうでしょうか？

西澤——ぼくもフランク・ロイド・ライトの山邑邸改修工事の際に、壁体の保存に炭素繊維を使ったことがありますが、なかなかいい材料だけれど、コストの高いのが問題ですね。メーカーも、その良さだけではなくて、コストの努力をしてほしいと思います。

ぼくは、炭素繊維のパネルをつくってそれを大工さんの作業で貼り付けようかと考えたことがあるんです。別の工事が入ってくるとお金がかかるので、工場でつくってもらったものをカットして大工さんに使ってもらおうとしたわけです。十数年前のことですが、時代が早すぎてとても高くつきました。最近は鉄筋コンクリートに穴を開けて、そこから炭素繊維の束を突っこんで上と下をつなぐようなやり方とか、大阪城の改修工事でも炭素繊維を巻ききれないところは見えないように結合させるとか、四苦八苦しています。しかし、高い材料なのに隠し

炭素繊維補強工程

●コンクリート面の前処理工程

炭素繊維による補強効果を十分に得るためには、躯体が強固で平滑でなければならない。そのため、コンクリートの躯体の断面補修、表面処理等の下地処理を施す必要がある。

①既設仕上げモルタルハツリ取り
②ジャンカ部分ハツリ取り
③鉄筋ケレン
④柱表面サンダーケレン
⑤ブロアー清掃
⑥アルカリ性付与剤塗布
⑦中性化抑制剤塗布
⑧モルタルパウダー埋め戻し
⑨セメント系無収縮モルタル塗り

●下地調整工程

コンクリート表面と炭素繊維シートの間にエアー溜まりや膨れの発生を防止するために、軽微な凹凸や段差の不陸調整を行う。

⑩パテ処理
⑪サンダーケレン
⑫ブロアー清掃

●炭素繊維貼り工程

プライマー塗布は、コンクリート表面の強度を上げ、コンクリート躯体とエポキシ樹脂の接着性を向上させるために行う。また、エポキシ樹脂はコンクリート躯体と炭素繊維シートを接着させるために均一に塗布する。

⑬プライマー塗布
⑭エポキシ樹脂下塗り
⑮炭素繊維貼り付け
⑯エポキシ樹脂上塗り
⑰養生

てしまうのはちょっとおしいなあと思っています。

炭素は内部摩擦が大きいから吸振材としてもいいし、電波の吸収材などの特性もあります。ですから新素材として炭素繊維を隠さないで見せて使いたいんです。

青木――もっと安くなれば、いま小泉内閣がやろうとしている新規産業としてものすごく可能性がある素材だと思うんです。

西澤――たしかに炭素繊維は人工衛星や飛行機などで使うことを考えていて、建築ではそこまでの機能は要求しないと思われていますから高いんですね。

ぼくは高い材料は高いなりの使い方をしたいと思うのですが、今は縁の下の力持ちになりすぎているという気がするんです。それと現場施工の際に人手をくいすぎる、あるいは耐火の問題で表面に何かしないといけないとか、いろいろ問題がありますが、そういうことをしなくてもいいような使い方があってもいいし、素材感を出すほうが面白い。

青木――ルイス・バラガンのピンク色でつくるとか。(笑)

①既設仕上げモルタルハツリ取り

②ジャンカ部分ハツリ取り

③鉄筋ケレン

⑤ブロアー清掃

⑥アルカリ性付与剤塗布

西澤——そう、逆の素材感を求めるというのも一つの方法です。

青木——補強材と仕上げ材が一体になれば、一工程か二工程なくなってコストダウンになります。

リファイン建築は日本建築の考え方につながっている

西澤——八女市多世代交流館はどこか「和」の考え方につながっていると思いました。つまり、日本建築の上屋があって、外側に下屋を回して、本庇があって、庇があって、孫庇があって、という考え方に近いんです。それに日本建築の真壁に似ています。材料の良さだけで見せるのではなくて、仕事の良さをみせるわけです。それは、ある意味で安価な材料にデザインというわけのわからんもので価値を付加するわけでしょう？　それも日本美だとぼくは思っているのです。

ぼくが、青木さんの作品の中で将来使ったらいいなと思ったのは土です。日本の美意識の中には木もあるけれど、地場の土を使った土壁などもありますね。土はダンプ一台でもタダみたいなものでしょう？　伊豆の長八のように、それを水でこねて鶴とか亀をつくったら何千万もするものになるわけです。ぼくはあれが芸術だと思うんです。安い材料を知恵を働かせてうまく使うということですね。

八女の場合は、素材感というより、構造が前に出てきていますね。あれが毒々しい構造になってしまうと工場のようになる。構造家としては、八女のように堂々と構造を見せるということになると構造デザインが無骨だったら失敗ですから、おちおちしていられません。「いやなものを頼まれたなあ」と思いながら結構楽しんでやったりするわけです。（笑）

青木——実は、構造について一番考えさせられたのは、JR九州の美咲が丘駅をやったときです。JR九州の子会社が施工したのですが、構造と仕上げを比べると、構造は名人芸に近いくらい上手いんです。彼らは日頃ミリ単位の精度が要求される工事をやっているんですね。もし次に駅の仕事をさせてもらうときには、ぜひストラクチャーで建築をつくりたいと思っていて、それでできたのがJR九州神埼駅です。

西澤——神埼駅は骨組みまで徹底的に考え抜いてやっているから、ほんのちょっとした遊びだけで、無駄がない。それがホンマもんと偽物の差になって表れてくるんです。パイプの納まりも、ずいぶん気を使ってつくっていますね。

青木——これはずいぶんケンカしたんです。最初、ボルトでやるというから、「とんでもない。これが命や、絶

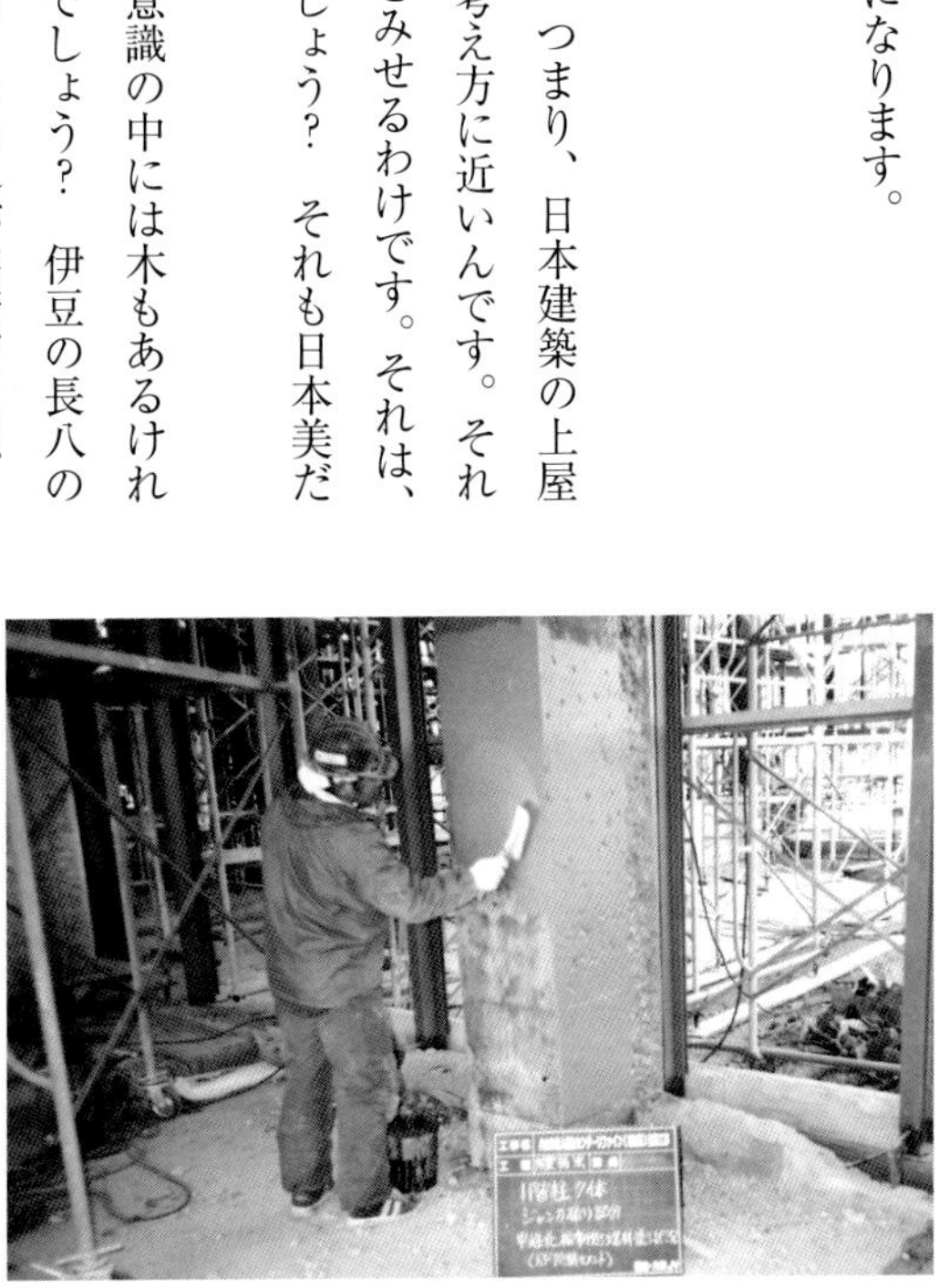

⑦中性化抑制剤塗布

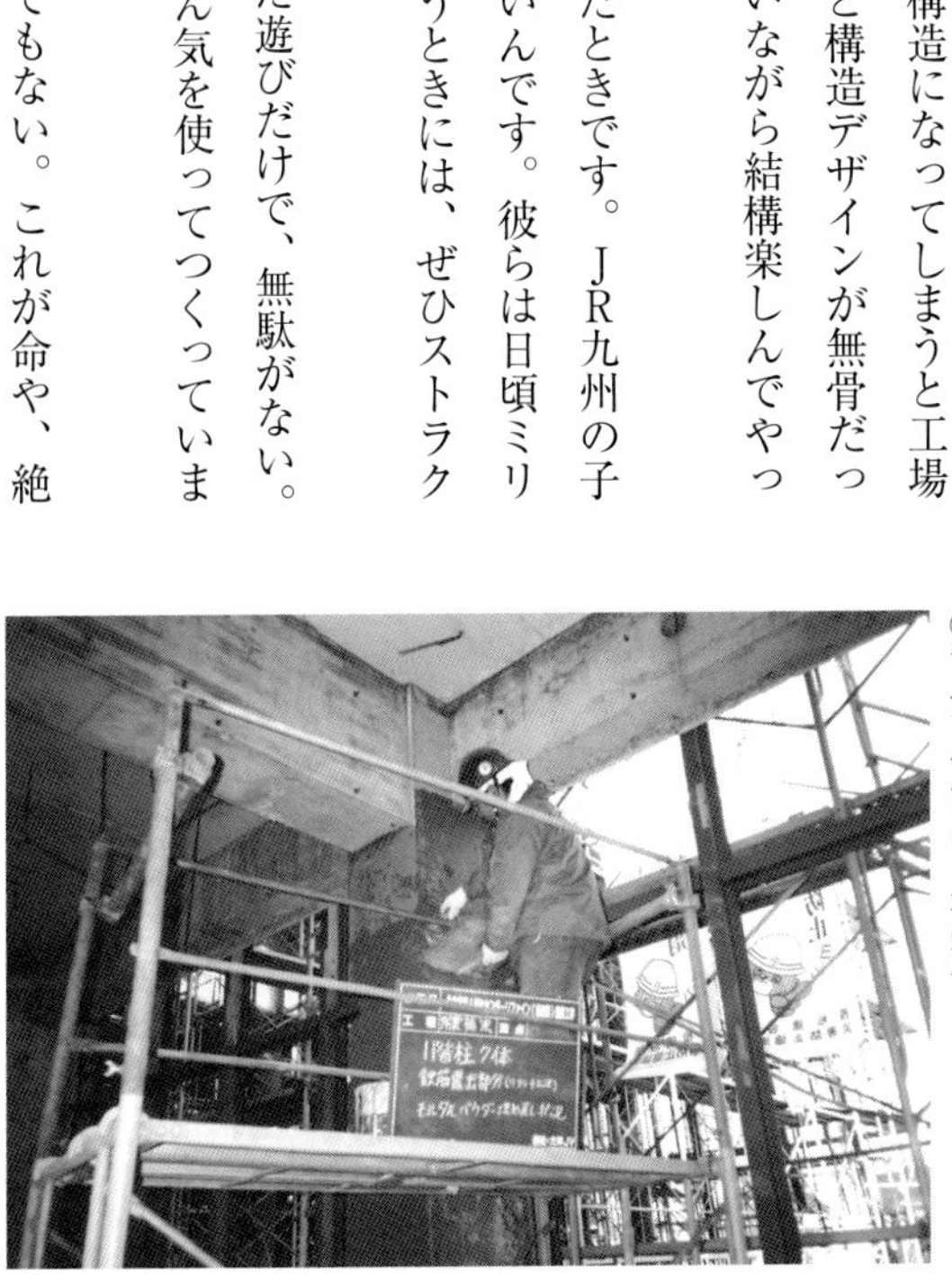

⑧モルタルパウダー埋め戻し

対譲れん！」と。この駅をやったころから、ストラクチャーに対するぼくの考え方が変わってきました。

西澤——自信をもってやっているのか、いじけてやっているのか、それが本物と偽物の違いになってどこかに出てきます。最近の建築は構造と仕上げを分離して、仕上げで納めればいいという風潮でずっときたでしょう？ それは楽なんですよ。けれども、それをやっている限り建築は良くならない。

青木——ぼくは大分で仕事をしてきましたが、大分は躯体をつくる大工さんの技術は発達しているけれど、仕上げの技術は東京や関西に及びません。それは大分は台風が多いところですから、構造がしっかりしていて台風に対して丈夫ならいい、仕上げは二の次という考え方なんですね。だったらその優れた技術を上手く活用してつくればいい、と思うんです。

西澤——リファイン建築はいったんスケルトンに戻すから、それがどうも「和」に近くなるんですね。日本建築の壁は、耐震的な機能は持っているけれども、襖、畳のたぐいと同じで造作なんですよ。日本の建築というのは基本的に、造作と軸組を一体化してはあかんのです。日本建築の融通性というのは、軸組で屋根の荷重を支えて、壁は一応構造体なんだけれども、必要に応じて自由に取ってくださいという造作的なつくられ方です。ユーティリティ回りを外側で展開して、内部の一番大事な柱に水が回らないようにする。日本の民家がなんであんなに永いこと保つかといったら、そこなんですね。大工さんはそれが当たり前になっているからなんとも思わないでやっていたけれど、現代建築はそれができなかったんです。鉄筋コンクリートは特にそうです。だから鉄筋コンクリートの建物は建て替えしかないと思われていたのが、リファイン建築でここまでやられると、「なんや！できるやないか」という感じですね。

鉄筋コンクリートだけにこだわらないで、鉄、ガラス、木、あとはどこかで土を使ってもらいたいというのがぼくの気持ちですが、リファイン建築は要するにハイブリッドでしょう？ ゼネコンは出会い帳場を嫌うから、打放し一本でいってしまうほうが楽ですが、ここではそれが打破されている。だから変幻自在でしょう？ ここまでやられると、次は何が出てくるだろうと楽しみだし、なんとでも展開できる手法を突きつけられたわけです。そして、耐震改修事業とも絡んでいる。

青木さんはリファイン建築は安くできるというから、みんな、そっちへ目が向いているけれど、青木さんは実は自分の幸せのために仕事をしているところがある（笑）。それがちゃんと辻褄が合っているというのが大事で、建築家がこういうことをどんどんやっていかれると、ぼくら構造の業界としてはすごくありがたい。改修事業にもデザイナーが入ってくれたら日本の建築はずいぶん面白くなるなあ、と思います。フランス料理だと思って入

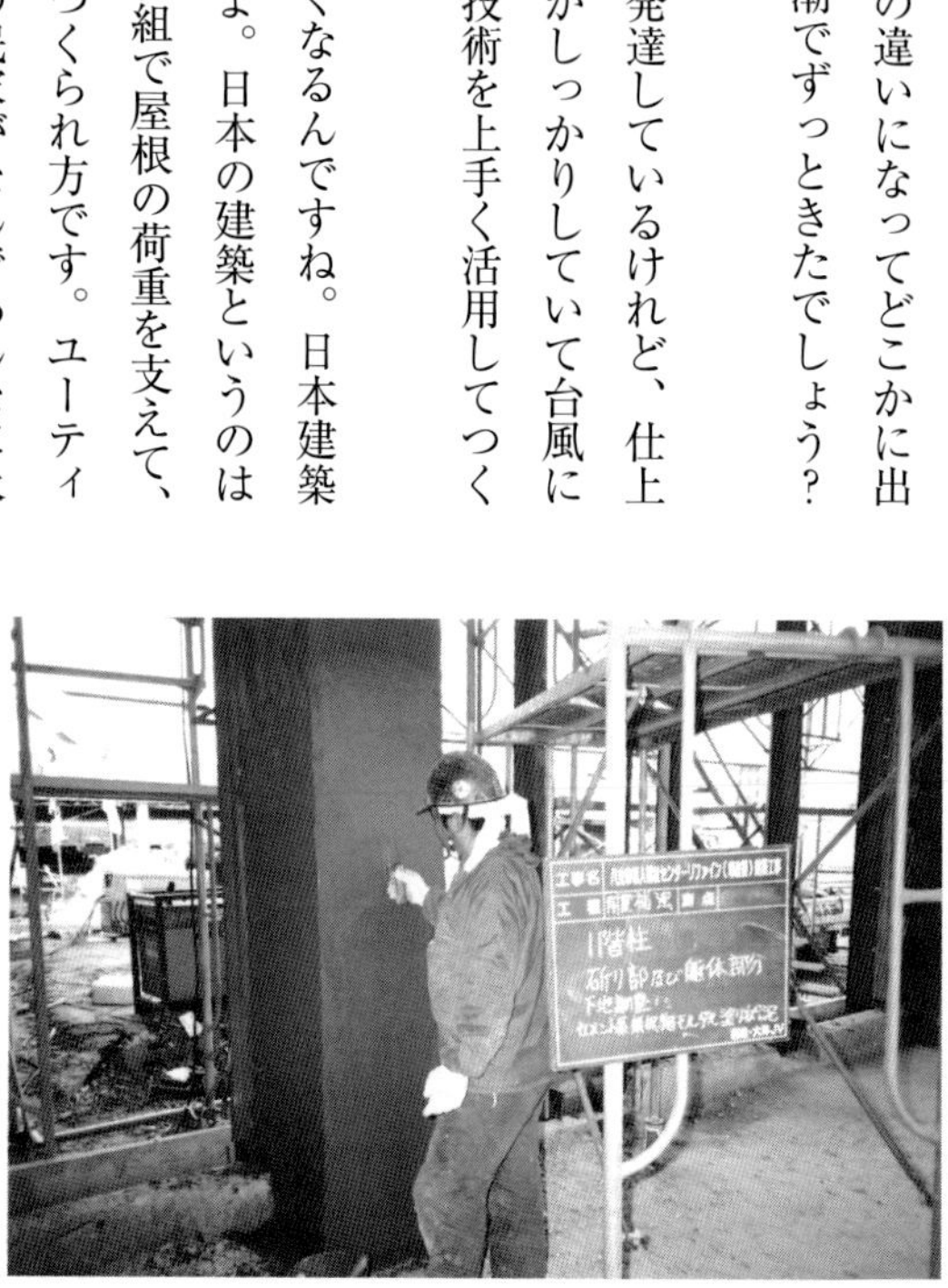

⑨セメント系無収縮モルタル塗り

⑩パテ処理

ったら中国料理店だったというような、それくらいの表現があってもいいと思います。

青木――今やっている八女市室岡公民館のプロジェクトでは、真ん前にお宮さんがあるんです。これをどうリファインできるか提案してくれといわれて、お宮さんに合わせて、薄い屋根を架けて格子状のものをつけて、和風に見せる。でも中身はハイテク建築です。屋根が浮いているのがいいんじゃないかと。

西澤――日本の建築は戦後、屋根の表現が面白くなくなってしまったから、屋根のある建物に挑戦するのはいいですね。ぼくはマンションの改修工事で本瓦の屋根を架けたいといったら、ダメだといわれました（笑）。千年持ちますといったんだけれど、なんでそんなことするのか、と。瓦屋根は、ある程度形が決まっていますが、板金だと結構自由曲面が可能ですから、こけら葺きや檜皮葺きに近い表現ができますね。

　実は今、自分とこの家で、屋根裏を書庫にするために屋根を多少なぶって、改修やなくてリファインしようかと考えてます。これやったら新築以上のものができますもん。

　八女市多世代交流館はある意味でケチケチ設計なんだけれども、ケチに見えないのがいいですね。建物の下が透けて見えるのは浮遊感があって、面白いと思いました。また、外から見ると押し出しは強いけれど、かといってそんなに巨大に見えない。そのくせ中に入ると「でかいなあ」と感じる。最近の建物は町の中では必要以上に大きく見えるのに、中に入るとチマチマしている、というのが結構多いんです。この八女の建築がバランス良くまとまっているのは、手法がいいんだと思います。

　新しく加えた部分の柱が細いのは、既存の鉄筋コンクリート部分に力を持たせているからですね。普通にやったらもっと太くなります。真ん中のコアをうまいこと利用しているんですね。だから、日本でありながら、ブラジリアかなんかみたいな感じです。

青木――柱は細くしたいと構造家にかなりいいました。

西澤――それができるのがハイブリッドの良さですね。

建築の寿命とは何か？

青木――これから、何年後にこの部分をメンテナンスしてくれという処方をサブコンさんと相談しながら出していこうと思うんです。

西澤――それをきちんとすることが大事ですね。もちろんメンテナンスは必要になりますが、どこからダメにな

⑪サンダーケレン

⑫ブロアー清掃

るか、痛むところは決まっていますから。

リファイン建築を見て、これが改修とは誰も思わないのではないですか。

青木――「どこからが既存ですか?」といつも聞かれます。

西澤――デザインの面白さがあるから、建物の価値が二倍、三倍になっている。だから設計に金出そういう気になりますもん。改修したけれど前と変わりません、では困るんですよ。それじゃあ、みんな満足がいかない。国宝の建物だったらそのままでということが決まっていますが、一般の建物はどんどん使ってナンボですから、変化が見えないと面白くないでしょうね。

ぼくはケチだから、何も引かない何も足さないという考え方ですが、青木さんは何かを引いて、何かを足すという考え方でやっている。リニューアルやリフォームは元々の建物に引きずられすぎて、どこか遠慮したところがあるけれど、リファイン建築はクリエイティブな考え方だということがよくわかります。

改修工事は建物の強度の問題と関係してきますが、しかし、構造屋さんが前に出ていかにも補強しましたということになってはダメで、それがデザインの中に組み込まれて、品がよくないと面白くないんです。

青木――長崎の元水族館をリファインする提案では、中をくりぬいて内部はガラッと変えながら、外観はそのまま残すことを考えてみたんです。水槽部分のコンクリートの爆裂が心配だというのですが、鉄板で巻いて中にコンクリートを充填すれば、重量はおそらく三分の一は軽くなります。

西澤――ぼくもそう思います。コンクリートはハゼたところで皮一枚で、内部までいっているわけではないんですね。多少ひびが入ったからといっても大丈夫だと思うし、悪くなればつぶしてもう一度やり直せばいいことですから、それをもって建築の寿命だという考え方はおかしいと思います。

あの建物は海に近いところにあるでしょう? だから結構いい施工がなされているんですよ。

青木――ほとんど痛んでいませんね。庇回りは多少痛んでいますが、石を張っている部分なんかはまったく遜色ない。水槽の部分が問題なわけですが、あの部分がかなり重いですね。

西澤――ただ、水槽はもともと設備ですから、取り替えればいいんです。

あの建物は別に水族館でなくても、図書館でもいいし、国会議事堂になってもいい。もともとモニュメンタルな建築なんですね。学校の講堂にすれば学生の意気が上がりますよ。籠城したら滅茶苦茶攻めにくい建物だと思う(笑)。大学でも、他の施設でもこういうモニュメンタルな建物は絶対に必要で、水族館としての役目が終わったとすれば、ぼくは内部を壊して別の用途に使うという考えはいいと思います。ある意味で外観保存ですが、

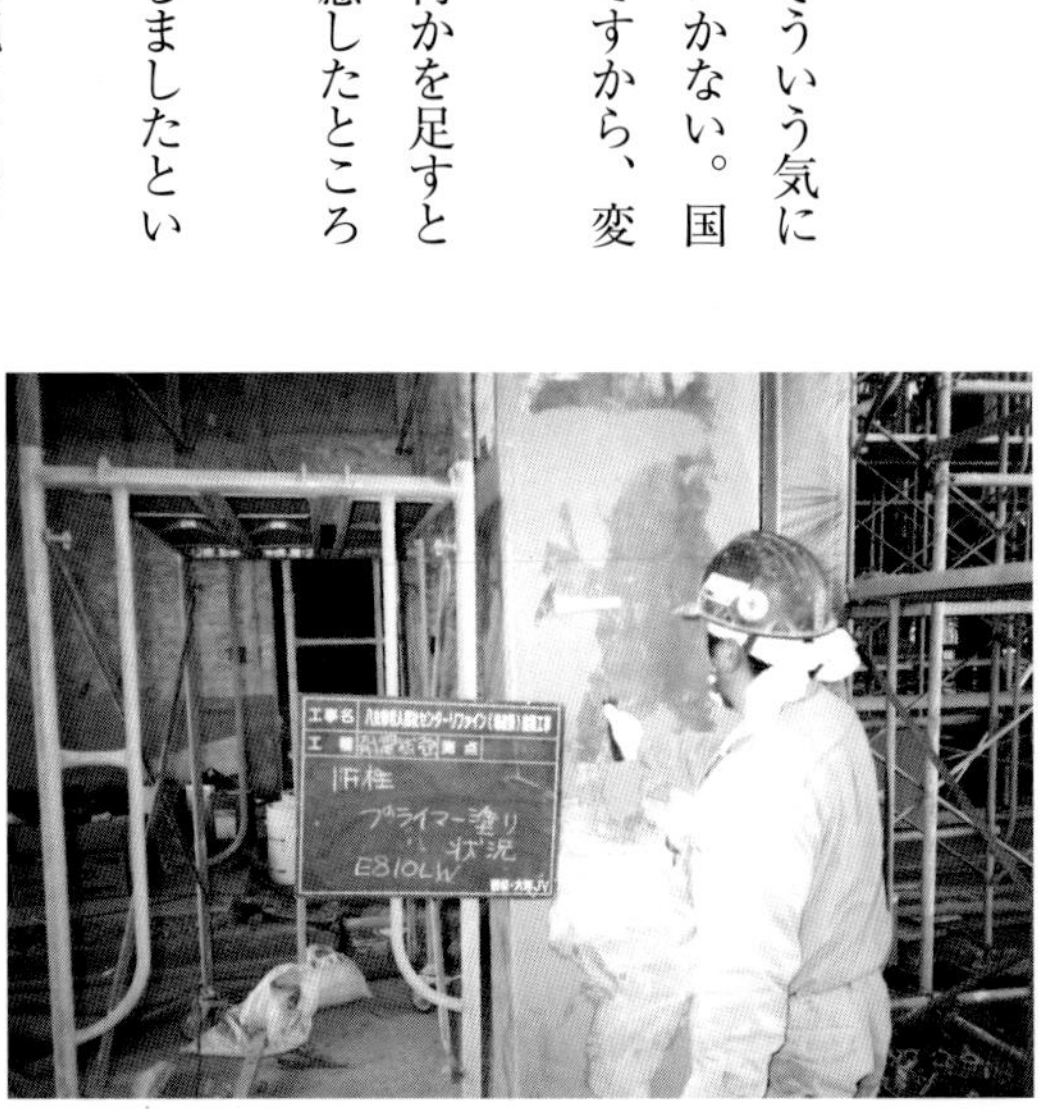

⑬プライマー塗布

⑭エポキシ樹脂下塗り

ヨーロッパ的なやり方ですね。ぼくはそれは絶対にやるべきだと思います。

長崎の場合は歴史性ということが大事なんです。建物を壊したら歴史が消えるでしょう？　もし、青木さんの提案するような形で外観を残すことができたら、みんな、拍手喝采します。たとえば千坪の建物を解体するのに五千万円かかります。無駄金です。その解体費で構造の問題を解決すればいい。

青木——水族館を半分壊して半分増築する案がありますが、これには五億円かかるんです。リファイン建築であれば四億で済むはずです。

西澤——数字として十分妥当だし、だいたい、この建物は一九五〇年だからこそできたわけで、今ならつくれません。コンクリートの型枠だって、今とは違いますよ。亡くなった九州大学の前川道郎先生にうかがったのですが、京都大学の増田友也研究室の学生だったころ、ある大きな会館の現場監理をしてこいといわれたのだそうです。前川先生は、一所懸命砂で型枠の木目を立てて、職人さんと一緒に必死でコンクリートを打設したというんです。あんな仕事を今やろうとしたら、いくらかかるかわからない。それが今はみんなツルツル、ピカピカのコンクリートになってしまった。タイルを貼ったほうがずっと安いわけです。

ぼくは、こういうモニュメンタルな建築の保存か取り壊しかという判断は、公開の場で討論して、こういうわけでこうしますということをキチッといわないといけないと思います。意志決定のやり方がちょっと問題なのと違いますか？

マンションもリファインで「自分の家」になる

青木——福岡でやっている集合住宅のプロジェクトは、ボツボツ空き室が目立ってきたし、建て替えたいといってクライアントが相談に来たんです。「リファインできるかなあ」というので、「ぜひやらせてくれ」と。いま社会問題になっている賃貸マンションだけではなくて、分譲マンションもこれから建て替えが問題になる。クライアントに、これをリファインでやればあなたは英雄になる、といったんです。（笑）

西澤——本当にそうですよ。マンションのストック化に手を出さなければならない時期です。マンションは三〇年くらい経つと大規模改修が必要になりますね。その時期にもう一歩踏み込んで構造にも手を加えないとだめなのです。

ぼくはマンションの震災復旧にだいぶ首を突っ込みましたが、改修工事は単価的には決して高いものではない

⑮炭素繊維貼り付け

⑯エポキシ樹脂上塗り

んです。構造的には坪一二、三万円で納まります。構造補強は高くつきますよ、という人がいたら、それは嘘です。

阪神大震災で最大の被害受けたマンションの修復を清水建設とやったのですが、そのときにずいぶん認識を新たにしたのは、マンションというのは全部同じもんやと思っていたら、改修後はそれぞれ自分の好みでリニューアルしている。六〇戸ほどの分譲マンションで一つとして同じ部屋がないんですよ。人の生活とはこれほど異なるものかと思いました。建物は水回りが傷みますから、ぼくは風呂に入るのがあまり好きじゃないので、風呂をなくして簡単にシャワーくらいあればいいんじゃないか、といったら、「だまんなはれ、あんた構造だけにしておけ」といわれてね（笑）。ある住戸に行ったらオジイさんとオバアさんが立派な風呂をつくっているんです。どこかへ旅行するではなく、でっかい風呂でのんびりと、を実現しているわけです。

最後にわかったことは、構造補強をすれば建物は直るし、改修することでそれぞれ自分の家になるということです。

青木――なるほど。改修することによって、マンションでもそれぞれ違う、一戸建てと同じような感覚になるんですね。

西澤――ええ。「やっと自分の家になった」というんです。

地震なんかで住宅に被害を受けると、その人は何も悪くないのに、ある意味で卑下しているようなところがあるんですよ。そういうときにリファイン建築でバーンとやって、堂々と現代的なものにできれば、周りも喜んでくれるし、住んでいる人も誇りに思える。バーンと変えてしまうといっても、元の構造は残っているわけですから。

やっぱり青木さんは切り込み隊長ですよ。半分は自分の夢を実現するために。（笑）

青木――風当たりは強いですが。

西澤――いやいや、風当たりが強いから面白いんです。波風立たないような人生はおもろうない。（笑）

コスト分析

リファイン建築のコスト考察

リファインでは新築の半分の予算でできることをうたってきたが、普通に増改築をしていてはコストは落ちず、逆に新築よりも高くなってしまうことも多い。鍵は既存の躯体をいかにポジティブに考えるかにある。躯体の解体が完了した時点は新築でいう建方完了である。配管のスリーブも以前のものが空いている。これを利用しないで新たに空けると補強や解体が必要になる。こういう無駄をなくすには基本設計の段階から認識していないといけない。ギリギリのコストで設計すると、躯体の軽量化と補強のバランス、プランや設備の無駄を、既存の建物のほうから語りかけてくる。それに耳を傾けてプランを考え、工事を行えばよいのである。

増築部分も、ポジティブに考えれば新築よりも減額できる部分はある。たとえば壁は、最低一面は既存建物に接しているわけだから、壁をつくる必要はない。

コストのバランス感覚も大切である。リファイン建築は各担当者に見積もらせているが、これはバランス感覚を身につけさせるためである。構造はどうすれば安くなるのか、躯体と仕上げの比率、設備の無駄はないかなど、見積書を読み解く力も必要だ。

◎予備費

予備費は、必要ならば使い、必要なければ使わない予算であるが、新築と違いリファインではこの概念があればうまくいくことが多いと思われる。「思われる」というのは、まだリファインの現場に導入したことがないからである。具体的な事例の一部をあげて予備費の利点と弊害を考えてみたい。

事例1「床のレベル合わせ」

二〇〜三〇年前に建てられた建物はコンクリートやブロックの雑壁が多いためか、床は部屋ごとにモルタル塗りされ、不陸や部屋ごとのレベル違いが多く見られる（宇目、野津原では最大五センチ）。これに仕上げごとの下地厚さや現場の施工等が加わり、床のレベル調整を設計時にコストに明快に反映させるのは困難を極める。設計時に既存の部屋ごとのレベルをおさえて不陸調整の方法をおおまかに決め、あとは現場で調整するしかなく、こ

こに予備費を計上する必要がある。

事例2「現場で出てくる不測の事態」

図面にない躯体がある（またはその反対）、施工不良による鉄筋の露出、改装時の勝手な設備配管による梁の貫通、時間が経つうちに土間下の地盤が下がった等々、数えればきりがないほどある不測の事態をすべて予測してコストに算入するのは不可能に近い。現況図面があり、仕上げを剝がして完璧に調査できればよいが、図面が無く、建物を使用していて調査範囲が限られると、現場に入ってからの不測の事態はよく起こる。今まで行なってきたリファイン建築では、追加予算の申し入れや現場で他の工種とのコスト調整でやってきたが、予備費があれば助かるのに、と思うことがよくあった。

個々の建物の違い

上記のことは物件をこなしていくうちに、ある程度データ化できると思われる。年代、場所、施工会社のランク等で集約されていくだろう。それによって予備費を少なく無駄のないものにできる。その一方、個々の建物にとって平均的なデータはガイド的なもので、実際のコストは上下にぶれる。このぶれもある程度は事前調査の徹底で少なくできる。予備費をいくら積んでおくかであるが、今までのリファインでは五パーセントあればだいたい足りている。

◎予備費の弊害

予備費は功罪併せ持つ。良い点は現場の潤滑油になってくれる。お金がない現場はやはりギスギスしていることが多い。自動車保険みたいなもので、監理をしている側も、不測の事態がおこっても「じゃあ予備費を使おう」で解決できてしまう。

しかしすべてこれに頼るのはよくない。今まで経験してきたリファインは、予備費がないためにみんなでギリギリまで考えた。他に無駄なところはないかと、乾いた雑巾をさらに絞るように検討してきた。そこでさまざまな知恵や知識、そしてリファイン建築に取り組む気概が身についたのである。予備費に頼ると考えることを止めてしまうのではないか？　予備費率は与えられるものでなく、設計者や施工者がデータや調査を基に緻密にはじき出し、気概をもって施主に求めるものであるべきだ。

八女市多世代交流館のコストについて

次頁の表は八女市多世代交流館リファイン工事における施工業者の請負実績金額と、施工実績金額、そして新築であった場合の工事金額の比較表である。今回、八女市、施工業者のご協力で掲載できることとなった。

まず、請負実績金額（Ａ）と施工実績金額（Ｂ）の比較であるが、施工業者とわれわれの検証により、特に「左官工事」「発注形態」という部分で金額の開きが出ていることが明らかになった。表を見てもわかるように左官工事金額、諸経費で開きが出ている。解体時、想定以上の既存躯体の状態の悪さが多数確認され、構造体力上支障ある部分の補修・補強に関しては追加工事としてみていただいたが、品質、精度を保つための補修（柱型、梁型の不陸調整、ヘアークラック程度の補修等）は施工者負担となってしまい、それが左官工事金額に表れたのだ。また、今回の発注形態が「ＪＶ」および「分離発注」というかたちをとったこともあり、それぞれに経費がかかり、そして工種を超えたトータルでのコスト調整が行えなかったため、全体的にコストアップとなってしまったのである。

次に、リファイン工事（Ａ）と新築工事（Ｃ）を比較してみよう。コストの差が出てくるのは、躯体工事、鉄骨工事、鋼製建具工事、解体工事、補修工事である。以下これらの工事種別ごとに検証する。

躯体工事に関しては、リファイン工事では増築部分のみで、既存部分はゼロであるのは明らかである。

鉄骨工事、鋼製建具工事を見ても差が出ている。通常の場合、カーテンウォールはバックマリオンまでが鉄骨工事であり、そのほか、方立はサッシ工事となる。サッシ工事の割合がはるかに多い。リファイン工事で考えたカーテンウォールはバックマリオンとガラス受けの方立までを鉄骨工事としている。ガラスを押えるためのフラットバーの取り付けはさすがに精度を要求されるのでサッシ工事とせざるを得ないのだが、たとえサッシ工事でもフラットバー押えのみとしているので、通常のカーテンウォールに比べてコストはそれほどかかっていない。通常、鉄骨工事はトン単価、サッシ工事はメートル単価（もしくは㎡）で積算するので、通常のカーテンウォール単価は鉄骨と比較にならないくらい高いということが明細書からも読み取ることができると思う。したがって、サッシ工事の割合の少ないわれわれのディテールのほうがケタ違いに安くなるのは当然である。ちなみに通常のカーテンウォールの金額は普通のグレードで約五万円／㎡であり、左表の新築金額もこの単価を採用している。いかに安価につくり、そして精度を必要とするところにはコストをかける、このバランスが品質を保つうえでも重要になってくる。

既存建物改修工事、補修工事はリファイン工事では必要であり、新築工事にはない工種なので、当然のごとくコストの差が現われてくる。解体工事はリファイン工事の場合、部分解体が大半を占め、精度を必要とする箇所もあり手間がかかるが、コンクリート廃材量が全解体に比べ、この工事では約三三パーセントしか出なかった。そのため新築工事に比べ、全体的に見ると半額に近いことが表から読み取ることができるだろう。

以上の項目をトータルすると、リファイン工事のほうが新築工事より約九、四〇〇万円の減という結果になった。

このように、今までに見えてこなかったブラックボックスの部分をオープンにし、そしてリファイン工事の理解を深めていただくという展望を見据えて、左表の大項目だけでなく、リファイン工事の請負実績金額の明細書を本書に添付のＣＤ－ＲＯＭに収録して公開することにした。

八女市多世代交流館リファイン工事　請負実績金額／施工実績金額・リファイン／新築　コスト比較表

●建築主体工事

	名称		(A) リファイン工事 請負実績金額	(B) 施工実績金額	(C) 新築工事 金額	(A)－(C) 差額	備考（新築工事の金額根拠）（単位＝円）
1	直接仮設工事	一式	4,044,766	3,600,000	4,044,766	0	
2	土工事	一式	1,343,357	1,440,000	6,830,657		6,700円／m²（積算資料より）
3	コンクリート工事	一式	2,146,723	1,920,000	3+4の合計金額		
4	型枠工事	一式	1,787,390	1,750,000	35,301,812		38,300円／m²（積算資料より）
5	鉄筋工事	一式	1,116,337	1,740,000	15,858,337	2〜6の合計差額	18,000円／m²（積算資料より）
6	鉄骨工事	一式	16,207,994	13,350,000	12,022,947	−47,411,953	バックマリオン鉄骨金額−4,498,725円
7	既存建物改修工事	一式	1,565,694	1,450,000	0	1,565,694	
8	設備基礎工事	一式	2,110,323	2,000,000	2,110,323	0	
9	既成コンクリート工事	一式	275,036	1,060,000	275,036	0	
10	防水工事	一式	4,082,486	3,880,000	4,082,486	0	
11	木工事	一式	4,892,549	5,870,000	4,892,549	0	
12	屋根・樋工事	一式	10,920,853	10,800,000	10,920,853	0	
13	金属工事	一式	2,055,943	2,018,000	2,055,943	0	
14	タイル工事	一式	758,834	700,000	758,834	0	
15	左官工事	一式	1,734,396	3,560,000	1,734,396	0	
16	鋼製建具工事	一式	10,542,915	9,554,000	44,409,039	−33,866,124	50,000円／m²（メーカー見積りより）
17	木製建具工事	一式	2,075,251	2,450,000	2,075,251	0	
18	ガラス工事	一式	4,715,096	4,000,000	4,715,096	0	
19	塗装工事	一式	4,098,600	3,100,000	4,098,600	0	
20	内装工事	一式	5,762,836	5,139,000	5,762,836	0	
21	家具工事	一式	546,629	630,000	546,629	0	
22	雑工事	一式	2,040,975	2,000,000	2,040,975	0	
23	外構工事	一式	267,314	650,000	267,314	0	
24	解体・撤去工事	一式	5,449,661	6,840,000	9,897,800	−4,448,139	12,100円／m²（業者見積りより）
25	補修工事	一式	4,183,951	2,309,000	0	4,183,951	
26	エレベーター設備工事	一式	4,688,581	4,300,000	4,688,581	0	
	直接工事費		99,414,000	96,110,000	179,391,000	−79,977,000	端数調整
	諸経費	一式	12,379,190	19,790,000	22,338,054	−9,958,864	リファイン工事と同経費率
	工事価格		111,793,000	115,900,000	201,729,000	−89,936,000	端数調整
	消費税		5,589,650	5,795,000	10,086,450	−4,496,800	
	合計		117,382,650	121,695,000	211,815,450	−94,432,800	

●リファイン建築の場合の鉄骨・サッシ工事金額

	名称	摘要	数量	単価	金額	備考
A	鉄骨工事 バックマリオン鉄骨	H-150×75×5×7 □-25×25 CT-150×75×5×7	23.1 t	181,171	4,185,047	加工副資材、その他諸経費含
	小計				4,185,047	
B	鋼製建具工事	上部水切り	64.6m	3,991	257,811	GW-1〜13、GW-A
		横スチールFB 6×75 錆止	498.8m	1,451	723,872	
		ガラス受けステンレス 25×25	249.7m	3,628	905,929	
		三方シーリング受スチール錆止	357.6m	1,209	432,466	
		リブガラス受けステンレス	22ヵ所	2,540	55,872	
		搬入費	一式	88,102	88,102	
		工事費	一式	1,269,824	1,269,824	
	小計				3,733,876	
	合計	(A)＋(B)			7,918,923	

●新築の場合のサッシ工事金額

	名称	摘要	数量	単価	金額	備考
C	カーテンウォール	アルミカーテンウォール	752m²	50,000	37,600,000	一般的な普及品
	小計				37,600,000	

リファイン建築から教えられたこと

前著『建物のリサイクル』を出版した後、リファイン建築に関して五つの賞をいただいた。そのことにより、今までまったく接点のなかった多くの人々と出会うことができた。

その中の一人に英国に留学中の時津信平君がいる。一九九九年の夏、突然連絡があり、卒論で日本の建築の再生、修復について書きたいと思って研究しているが、資料収集の段階で日本にはあまり例がないことがわかり諦めていたときに本屋で『建物のリサイクル』を見つけた、できれば会って話を聞きたい、ということだった。休みを利用して、わざわざ大分まで来てくれることになり、当初ぼくの家に一泊する予定であったが、そのあと二、三泊と、ぼくの事務所のスタッフの部屋に泊まったらしい。翌年、今度はぼくが英国を訪れて、いろいろと案内してもらった。ミレニアムブリッジのことや、工事中であったテートモダンギャラリーオブアートについてなど、住んでいなければわからない話もたくさん聞いた。

おかげでとても刺激的な、楽しい旅になった。建築をイメージするという行為は、そのときはそれほどのインパクトがなくても、数年後、ふとしたときに頭の中に浮かび上がってくるものである。このとき英国で見たものは、今ぼくが取り組んでいるリファイン計画で、既存躯体より要求されるリファイン後の規模が小さいときにどうデザインするかを考えるのに、大きく役立っている。

また、鈴木博之先生から紹介していただいた東京大学の松村秀一先生は、これまでぼくが実践してきたことをもっと掘り下げて研究されていることを知って、本当に驚くと同時に、心強い気持ちでいっぱいになった。

現場からもさまざまなことを学んだ。野津原で試みた木の使い方、設備のアフターケアの問題、夏季の日照の遮断方法、躯体の経年変化への対応など、それぞれの建物、それぞれの現場での取り組みが常にぼくに何かを教えてくれる。八女では耐震診断の結果をふまえて設計したが、実際にコンクリートの躯体や柱のジャンカを目にしたときはショックだった。建物が「まだまだ修行がたらん。甘く見たらあかんで」といっているようであった。

そんなとき、必死に考えていると必ず救いの手が差し出されるものだ。新しい工法や技術に出会うことができ、いろんなことを教えられるのである。天狗になりがちなぼくにとって、リファイン建築は自分自身の修行の場であると心得て、仕事を進めている。

オアシス・マキ春日　福岡県春日市／二〇〇一年

リファイン建築でユーザーサービスを徹底

【リファインのポイント】
①既存部分の活用を図りながら、動線、機能、空間の一新を図る
②コストをかけずにテナントスペースをつくり出す
③既存部分の壁を利用して三層吹き抜けのエントランス空間を実現

オアシス・マキは会員制のスイミングスクールである。オーナーである眞木さんのご子息が経営する住宅メーカー「マキハウス」のショールームをぼくが設計したことが、今回のリファインのきっかけとなった。

既存の建物は、西側がプール、東側の二階建ての棟が受付、フロント、更衣室などだった。会員は北側の階段を上って二階で受付を行い、内部の階段を下りて更衣室で着替えてプールへ出る。施主としては、既存施設に隣接した東側に新しく土地を購入したので、こちらに施設を新設し、既存施設は取り壊したいという意向であったが、ぼくは既存施設をテナントスペースとしてリファインすることを提案した。なぜなら、リファイン部分に関しては坪単価を抑えて、なおかつテナント収益を得ることができるうえに、飲食関連のテナントが入れば会員はスポーツとともに喫茶や食事も楽しめるので、施設の魅力がさらに向上すると考えたからである。

ぼくの提案は好評で、さっそく既存施設はリファインし、東側に新規施設を増築するプランで設計を行うことになった。フィットネス業界の常識を破るような、斬新な企画を盛り込んだが、設計案は驚くほどすんなりと了承していただいた。しかし、必要数の駐車スペースを確保できないなどの問題が生じたため、既存のプール棟をリファインしてテナントスペースとする予定は、二階建ての事務所棟のみをリファインする計画変更となった。だがそれ以外は、提案どおりの設計で進められることになった。

リファイン前の建物。手前の低い部分がプール（西側）。奥の二階建て部分（東側）にフロント、更衣室などがあった

上／増築部分外観。道路に面した二階に屋外ジャグジーがある。道行く人に楽しげな声が届く
下／プールは外光が入ってくるので明るい。手前は水中エクササイズに好評の歩行用プール

既存部分のリファイン

既存部分は築一九年。ぼくがこれまでリファインしてきた例からすると非常に新しく感じられた。構造的にもリファインとしては初めての鉄骨造であった。スイミングスクールの性質上、プールの水質浄化に使用する塩素による腐食、錆び、傷みはあったが、鉄骨そのものの傷みはほとんどなかった。フレーム自体は頑丈につくられており、H鋼はすべて鉄板で巻かれていたので、構造計算をしてみるとかなりの強度があった。既存部分屋上の降下タンクや重量級の設備等を取り除けば、耐震補強は必要がないと判断した。既存軀体に手がかからない、リファインとしては今までに例のないほどまれなケースである。

既存部分二階は、受付とスタッフルームの壁を取り除き、多目的ホールとテナント用の大きな空間にした。また一階についても更衣室はテナントスペースにあて、屋外の機械室は子供用送迎バスの駐車スペースに転換した。トイレは近い位置で再びトイレとして改築した。

三層吹き抜けのエントランスフロア

増築部分の約四分の一を占めるのが三層吹き抜けのエントランスフロアである。ここはフィットネスクラブを訪れた人を最初に迎える場として贅沢な空間構成を行った。日常から非日常へと気分をシフトできるようなエントランスロビーや吹き抜け空間が、フィットネスクラブにも必要だと考えたからだ。

また、来た人を驚かせるような仕掛けがここにほしいと思った。現代スポーツはぼくに近未来のＳＦ映画を思わせる。昔なら野山を駆け巡って肉体を鍛えていたものが、現代ではトレーニングマシンと精密なプログラムによって筋肉をつくり変える。その筋肉はまるで合理的で金属的な機械仕掛けの筋肉だ。そのイメージをフィットネスクラブのエントランス部分に表現したいと考えた。それが結実したのが機構部分がすべて剝き出しとなった、まさに機械そのものの姿をしたエレベーターである。

更衣室

人間はいったん狭いところに閉じこめられた後に解放されると、空間を何倍もの広さに感じるものである。エントランスホールと更衣室、プールの構成はこの効果を計算に入れて設計した。受付を終えた会員は、三層吹き抜けの開放的な空間を見上げながらエレベーターに乗る。降りた正面には男女それぞれの更衣室がある。この間、あえて一度もプールを目にすることがないまま、閉ざされた空間へと導かれる。閉鎖的な更衣室で着替えを終え

北側外観

自然光が入る明るいプール

た後、再び明るく開放的なプールへ踏み出すとき、気分は高揚し、最高のコンディションでその日のトレーニングを始める……といったぐあいに、一連のドラマチックなストーリーを演出したのである。

子どもと大人の動線を完全分離

オーナーの要望で、子供と大人の動線を完全に区分した。夕方四時ごろに子供のスイミングスクールと大人のプール利用が重なるためである。送迎バスで来た子供は建物の後部の入り口から入り、子供用の受付で鍵をもら

上／三層分吹き抜けのエントランスフロア。右側はリファイン部分。二層分の壁は既存壁を利用し、その上にガラスの開口部を設けた。フロントの右側奥に既存部分をリファインした応接室などがある
下右／黄色く塗られている部分はエレベーターの装置。天井高の高いエントランス空間にアクセントを与えている
下左／エントランスフロアの吹き抜け上部。左側がリファイン部分の壁で、ここから入る太陽光がエントランスフロアとトレーニング室を明るくする

い、階段を上って二階の子供用更衣室へと入る。大人は正面から入り、大人用の受付から階段、エレベーター等を利用して更衣室へ。法的にも階段は二つ必要なので、それぞれを活用することにしたが、フロントを二ヵ所にするとそれぞれにスタッフを配置しなければならず、コスト増となるので、フロントは一つにして子供用、大人用に分割して使用するようにした。ちなみに、女性用洗面所には鏡とドライヤーだけのパウダーカウンターを併設し、順番待ちを気にせずに、ゆっくり髪を乾かしたり化粧直しできるように配慮した。

プールゾーン

歩行専用プールはオーナーからの要望である。最近、トレーニングとして水中歩行を行う人が増えている。通常のスポーツクラブではロープで仕切られたコースの一つを当てているケースが多いが、水中歩行にはコースの幅が狭く、歩行者はやや肩身の狭い思いをする。そこでコストはかかるがあえてプールを二つに分け、幅の広い歩行専用プールを設けた。泳ぐことと歩くことでは運動量が異なるので、歩行用プールの水温は水泳専用プールより一度高く設定してある。

大型ビジョンの設置

水泳やスポーツジムでのトレーニングは案外単調で退屈なものである。歩行者用プールや三階のトレーニング室からも映像が見えるように、プールゾーンの二カ所の壁面に一二〇インチの大型ビジョンを設置した。大型ビジョンのメーカーにとっても今までにない試みだったことから、コスト面での協力を得ることができた。フィットネスクラブの従来のイメージと違った、近未来的なムードを付加することにも貢献していると思う。

露天ジャグジー

屋外のジャグジーはぼくの提案である。スイミングスクールでは、五～二〇人一グループでインストラクションを行う。時間にすれば三〇分～一時間。トレーニング後、インストラクターの話を聞いたり、仲間同士で情報交換をしたいところであるが、通常のプールには適当な場所がない。採暖室やジャグジーなどがその役目を果たすのではないかと思った。以前、ぼくはあるスポーツクラブに通っていたとき、室内のジャグジーを利用するのをためらったことがある。それはまるで自宅の風呂のようで、スポーツ後のいい気分を台無しにしかねないものだったからだ。そこでここでは七×二・五メートルの特注の大型ジャグジーを設置して、露天風呂感覚で楽しめ

リファイン前

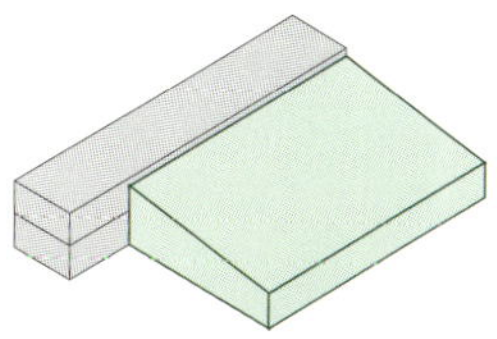

増築

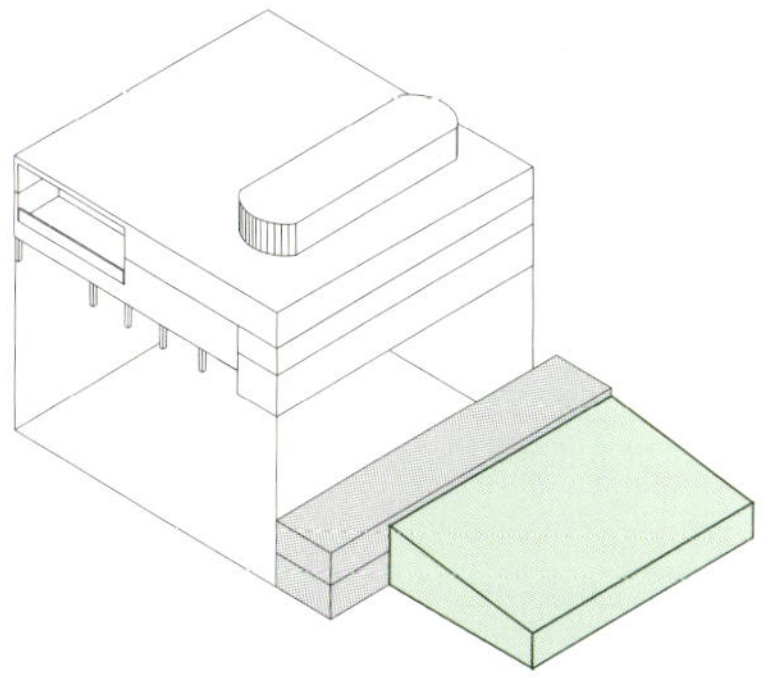

るようにした。大通りに面して外部にジャグジーを設置したことから、楽しげな声が通りに漏れ、それだけで多少の宣伝効果も期待できると計算した。案の定、このジャグジーは会員の社交の場となっているようである。

既存施設の屋上利用

既存施設の屋上にあたる三階屋外は、すでに触れたように積載荷重を軽減するため、高架タンクなどの設備機器を撤去したが、特に用途も見いだせないままになっていたので、そこにデッキを敷いてテラスとして使用することを提案した。通常、フィットネスクラブには憩う場所がほとんどない。オアシス・マキは街の中心部を外れた住宅地に近い所にあるため、サロン的な使い方ができるのではないかと考えた。夏の天気の良いときはテラスで小さなパーティーをすることもできる。

増築コストの削減

増設部分に関しては、いかに設備費を抑えるかを検討した。最もコストがかかるのは消防設備である。そこで施設を小さな建物の集合体にすることよって屋内消火栓と粉末消火器の設置を免除してもらうこと考えた。まず三層の吹き抜けとなっているエントランスフロア、更衣室やスポーツジムのあるフロア、そしてプールを三つの大きなブロックとして設定し、さらに更衣室やスポーツジムのあるフロアを耐火構造の壁で区画し、各部屋のドアはすべて鉄の扉として、全部で五分割の区画とした。また同様にコスト削減のために、蓄熱空調システムを取り入れ、給湯・空調については深夜電力でまかなうこととした。

◎クライアント・インタビュー――眞木秀行さん（オアシス・マキ専務）

オアシス・マキ春日の施設は「ジャパンエース・スイミングスクール」として一九年前に建設されました。当時は子どもを対象としたスイミングスクールが急激に増えたころで、その九年後には志免町にもスイミングスクールをオープンしました。六、七年ほど前、両施設の経営が前オーナーから私どもに変わり、そのころから志免町の施設にはスイミング以外にテニスクラブやフィットネスなども取り入れて総合的なフィットネスクラブへの転換を図ったのです。しかし春日のほうは、スイミングスクールとして建てられた施設なので、スポーツジムに当てるスペースがありません。建物自体も古くなり、雨漏りもする始末でした。プールの上に建て増しして一、二階を駐車場にしようかとも考えたのですが、それで

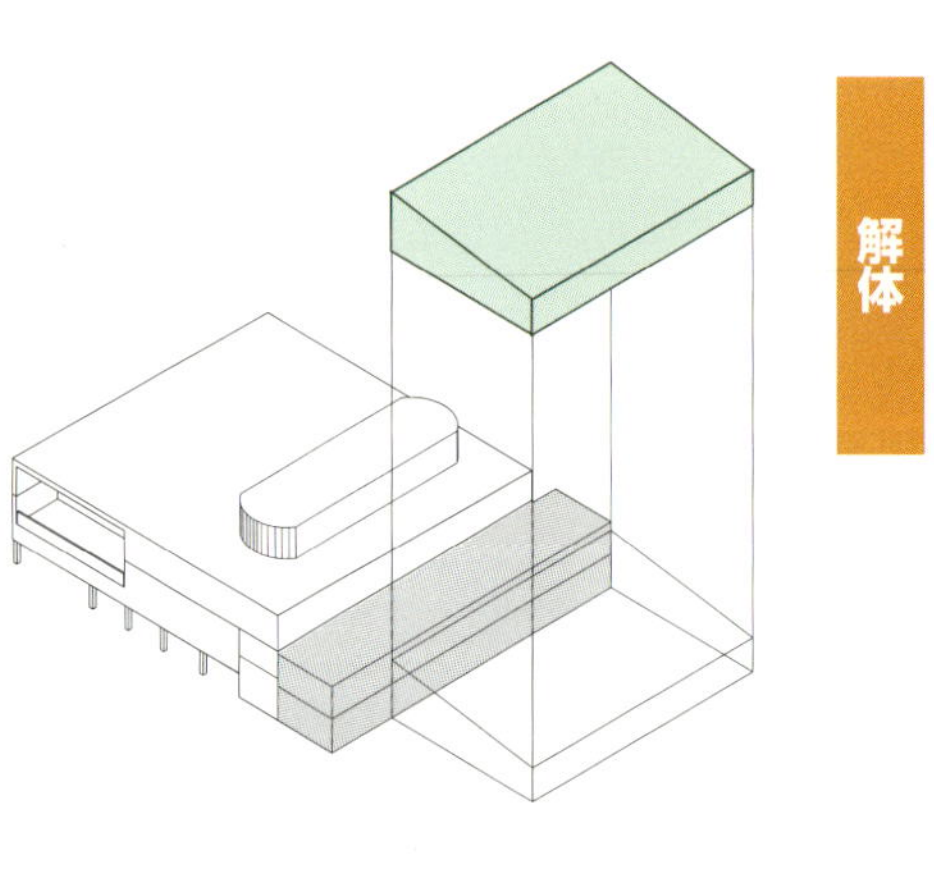

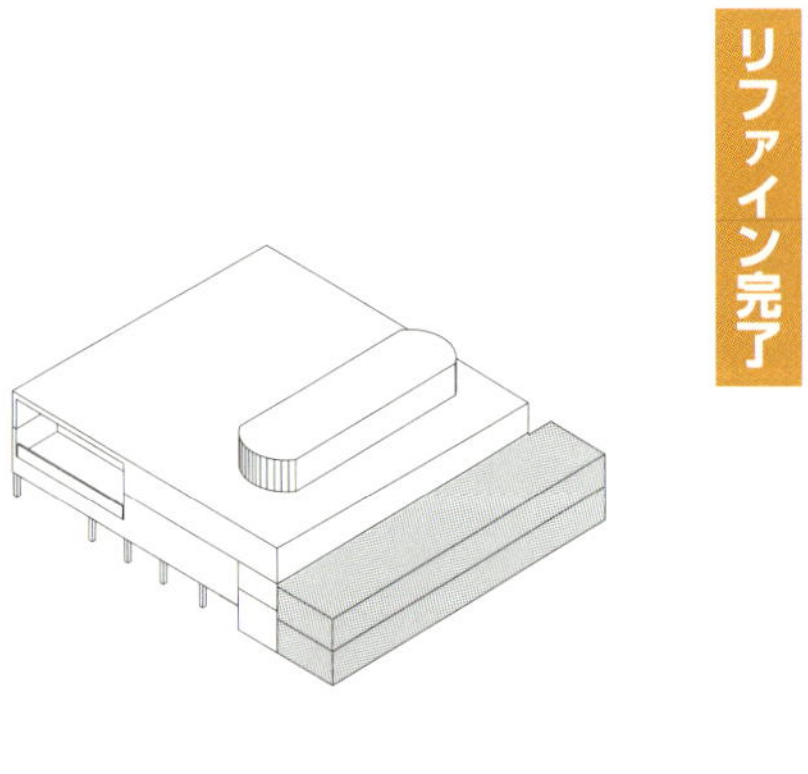

は長期間にわたりスクールが運営できなくなり、会員様に迷惑がかかります。そんな折り、隣に五〇〇坪の土地を購入することができて、そこに新たに施設を建設することになりました。青木さんとご縁があったのは、ちょうどそのころです。

当初は新しい施設が完成した後、古い施設は解体しようと考えていたのですが、青木さんから、今ある施設の躯体は頑丈だからリファインしてテナントスペースにしたほうがいいと強く薦められました。事業として考えた場合、安く施設を建てることができ、定期的な収入を見込めるのは魅力的です。社長と検討してリファインすることに決断しました。施設の設計にあたってはとにかく「さわやかなイメージで」とお願いしました。施設に対するこだわりとして、人がごみごみしていたり、狭苦しくて窮屈なのは嫌だったのです。とはいうものの自分自身、いったいどんなものができるのだろうという不安な思いもありました。しかし、図面をいただくと一発で気に入りました。さらに工事が進むに連れて不安は一掃され、期待へと変わっていきました。

昔の建物をリファインしてテナントを入れるという発想もそうですが、増築した部分についても私たちの業界では考えられない数多くのアイデアが取り入れられています。リニューアルオープンがちょうど連休の時期に当たりましたので、近隣にチラシを入れて見学会を行ったのですが、それはお客様の反応にも顕著に現れていました。まずエントランスホールの吹き抜けと、黄色いエレベーターに驚かされます。そして広々とした廊下、トレーニングルームから望む白いプールと大型ビジョンには「広々として開放感がある」「気持ちがいい」といったご意見を多数いただきました。また、更衣室から明るく開放的なプールへ出るときの感動を計算したという青木さんの狙いどおり、そこでお客様の表情が変わり感嘆の声があがりました。見学会の案内コースのなかでもそこがクライマックスの一つで、案内する私たちスタッフの楽しみにもなっていました。

提案していただいて良かったと思うのは露天のジャグジーです。春日の施設は中高年層をターゲットとしていますし、女性の方は利用しづらいのではと正直不安を感じていたのですが、今では会員様のたまり場になっているようです。レッスン終了後、インストラクターも一緒にジャグジーに入って一〇～一五分、みんなで楽しくおしゃべりしています。露天のジャグジーは絶好のミーティングルームであり、まさに「水の応接間」のような役割を果たしています。もちろん一番の売りであるプールについても申し分ありません。特に歩行者専用プールは人気も高く、多いときは一度に三〇人以上の会員様が利用しています。中高年層で泳げない方々は意外と多いんです。「ここでは泳いではいけません」という前提があるからこそ利用しやすいのでしょう。ちなみに、リファインされたテナントスペースには計画どおり飲食関連のテナントが入居し、テナント収入が得られるだけでなく、会員サービスがより充実したものになったと満足しています。

欧米のように自分の身体を自分で管理するという流れは、近い将来日本にも広がっていくと思います。フィットネスクラブといえば若者が集まっているかのようなイメージですが、本当にフィットネスが必要とされるのは実は中高年層です。私たちはフィットネスクラブ業界とは少し趣の違う、中高年層の方々にゆっくりとくつろいでいただける施設、システムをと考えていました。その意味で、オアシス・マキ春日のリファインは、大成功だったと感謝しているところです。

右／二階屋外につくられたジャグジー
左／自然光が届くトレーニング室
左頁上／プールが見えるギャラリーはお母さん方に好評

リファイン後

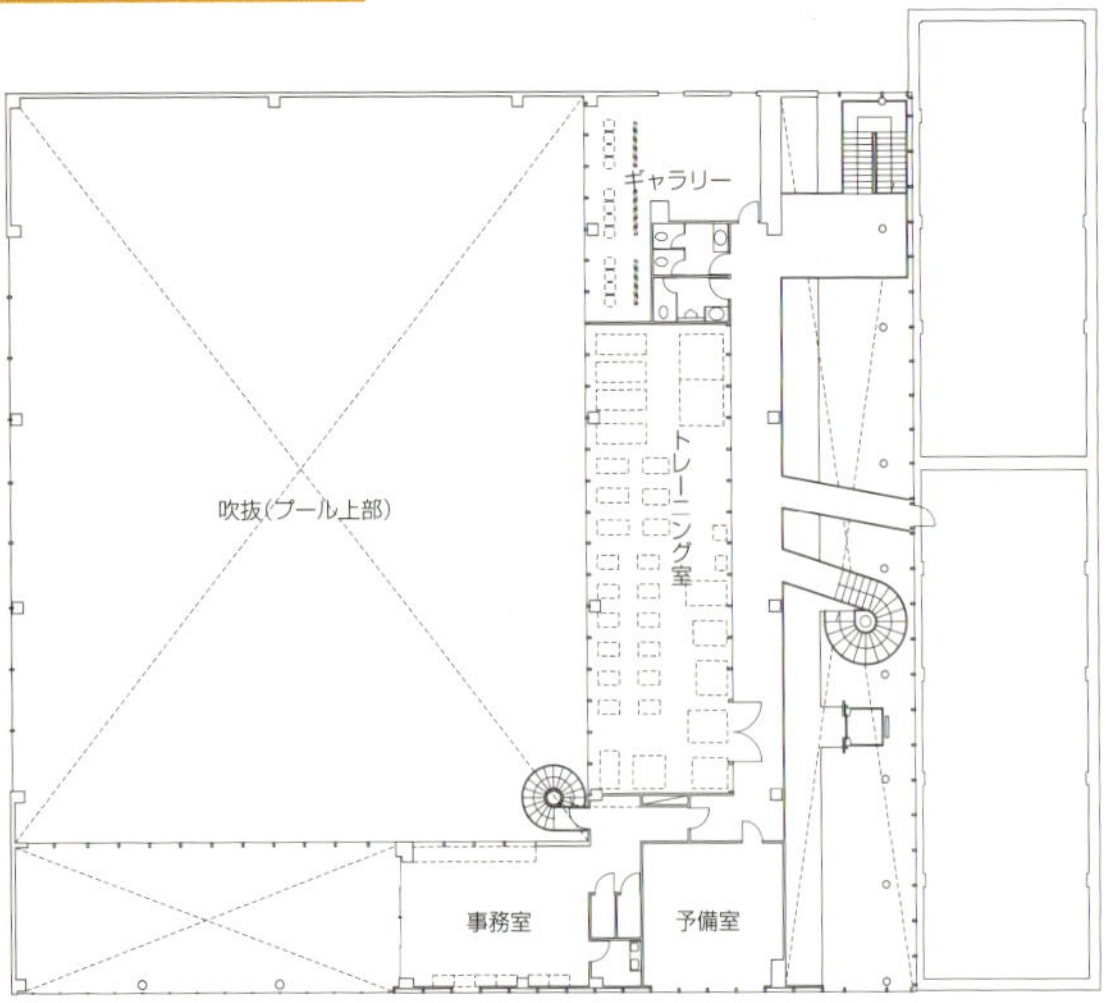

3階平面図

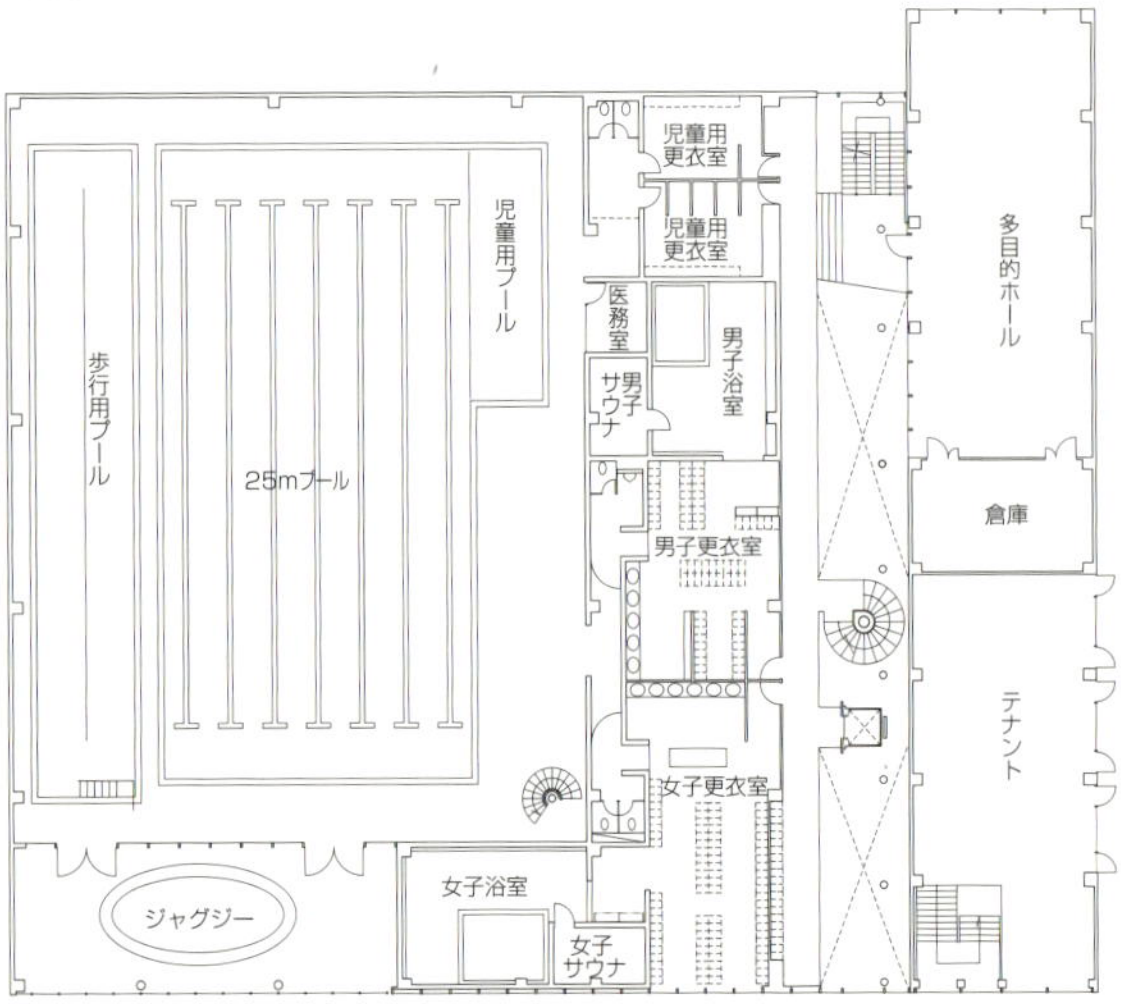

2階平面図

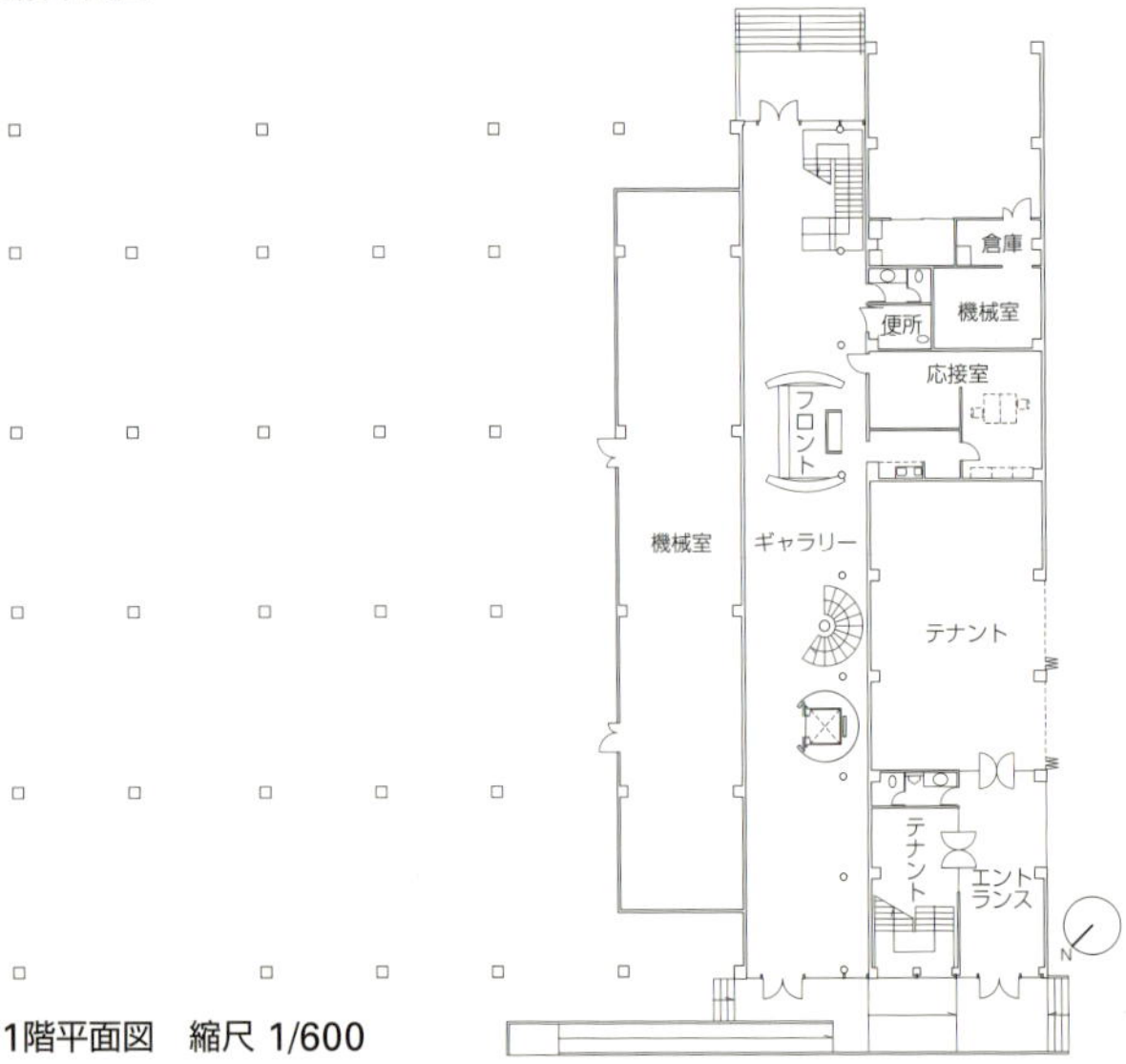

1階平面図　縮尺 1/600

リファイン前

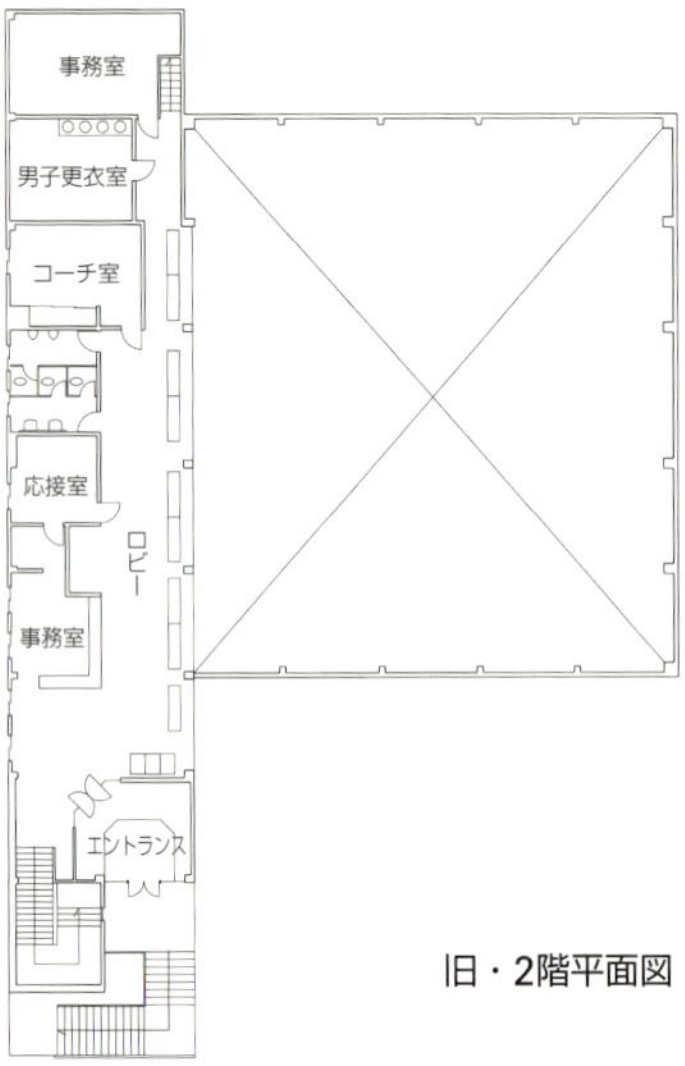

旧・2階平面図

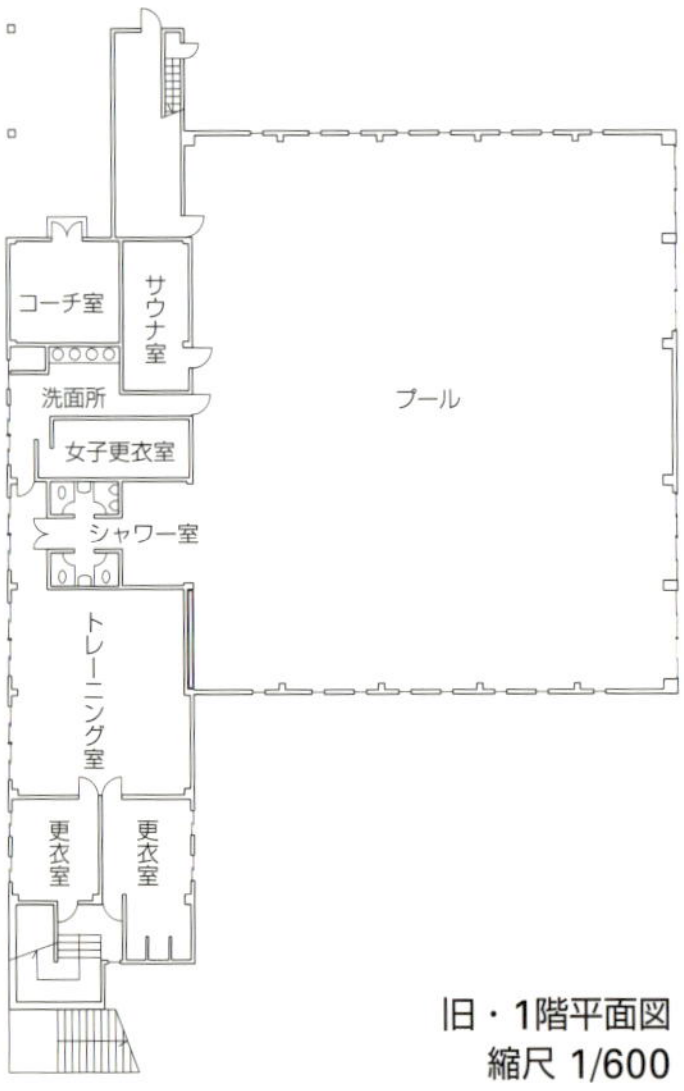

旧・1階平面図
縮尺 1/600

野津原町多世代交流プラザ　大分県大分郡野津原町／二〇〇〇年

老朽化した母子センターを転用 明るい交流の場を生み出す

【リファインのポイント】
①三案のプレゼンテーションの中からクライアントとの打ち合わせで実施案を絞り込む
②既存サッシを撤去し、ガラスのカーテンウォールで全体を覆う
③外断熱、直射日光を防ぐルーバーで省エネを図る

野津原町は県都・大分市に隣接する緑豊かな町である。野津原町多世代交流プラザは、町のほぼ中央を貫く国道四四二号線沿いの野津原町役場裏手にある。

野津原町多世代交流プラザは、築後三〇年あまりが経過し時代の変化によって用途を失った母子センターをリファインしたものであるが、当初から増改築が計画されていたわけではなかった。野津原町役場庁舎が新築移転したことを耳にしたぼくが、以前から懇意にしていた町長を訪問したことから、プロジェクトが始まった。

ちょうど、そのころ手がけていた宇目町役場のリファインが竣工段階にまでこぎ着けていた時期だったので、ぼくは野津原町の旧庁舎も有効利用できるのではないかと提案したのである。しかし旧庁舎は特に必要な用途も見あたらないということであったが、別の建物について相談を持ちかけられた。それが旧庁舎の裏手に建っていたコンクリート二階建ての母子センターであった。母子センターは一九七〇年に建てられた建物で、三〇年あまりを経過してかなり老朽化が進んでいた。また最近は利用者も少なくなったので、母子センターを廃止し、高齢者から幼児までを対象とする新たな福祉施設を設ける計画があった。しかし、現在の建物を解体して建て替えるか、それとも別の場所に新築するか、職員の間でも意見が分かれていた。そこでとりあえず、現場を案内してもらい、新たな福祉施設に必要な面積などをヒアリングしたうえで、リファインしたらどうなるかをプレゼンテー

野津原町
面積／九〇・七四㎢
人口／五、四一九人（平成一二年七月現在）
特産物／七瀬柿、イチゴ、ニラ、椎茸、むぎ焼酎
標高五〇～八〇〇メートルの地勢にある大分県大分郡野津原町は、森林面積が町の七七パーセント以上を占め、大分県立平成森林公園の中核施設が町内にある。古くから農業が盛んで、米を中心に施設野菜や椎茸など多くの特産物が生産されている。
江戸時代は肥後と豊後を結ぶ参勤交代の宿場町として栄えたところで、歴史的遺産が当時をしのばせる。その中の一つ、「今市石畳」は参勤交代道路だった肥後街道の一部で、長さ六六〇メートル、幅二メートルの石畳が今も残っている。

リファイン前

上／ガラス張りの部分が増築された多目的ホール。奥にかつて母子センターだった建物の骨格が見える
下／二層分吹き抜けの多目的ホール。天井には直射日光を調整するための木製ルーバーを取り付けている

ションさせてもらうことになった。

プレゼンテーションの経緯については、前著『建物のリサイクル』で詳しく触れたので、ここでは省略するが、デザインコンペの形式で行われる新築のプレゼンテーションとはずいぶんと趣が違ったものであり、リファインを効果的に進めるうえでかなり重要な部分でもあるので、関心のある方はぜひ前著をご覧いただきたいと思う。

プレゼンテーションでは三案を提示したが、ここでは打ち合わせが進み、三案の中からB案に絞られたところから話の続きが始まる。

（A案）既存の建物の二階部分を一部建て増しする
（B案）既存の建物はそのままにして、必要な面積を新たに建て増しする
（C案）既存の建物の平屋部分に構造的に独立した二階部分をかぶせる

B案は最もオーソドックスな増築の案である。既存部分の構造補強を最小限にセーブできるため、コストは抑えられるがデザイン的にはやや面白みに欠ける案であった。三つの案をプレゼンテーションした際、用途や条件について時間をかけて施主と確認しあったが、B案に絞られてからもさらに詳細にフリーディスカッションを重ねていった。ほぼ週に一度のペースで五回の検討会を行い、六回目を終えたころに、野津原町多世代交流プラザのリファイン設計案がまとまった。度重なる検討会で全体的なデザインは、前著に掲載した当初の設計案からはかなり変わってしまったが、増築部分が二層分の開放的な吹き抜け空間になったり、事務所スペースの位置変更にともなって建物のフォルムが面白くなったりといった、結果的にはプラス方向への変更となった。

また、これまでのリファインではガラスや鉄骨などを主たる素材として活用してきたが、今回のリファインでは初めて木という素材にチャレンジした。リファイン後の建物に与えられる新しい用途が、お年寄りや子供を対象とした福祉の場だったからである。木はガラスや鉄、コンクリートとは異質な素材であるだけに、どのような形で取り入れるかずいぶん頭を悩ましたが、ループ状の調光ルーバーを天井に設けるというアイデアを得て、木の特性を十分に生かしながら他の素材とも調和する、やさしく、暖かい空間を実現することができた。

母子センター建設時の図面が保管されていなかったため、躯体を完全に把握することができず、施工段階での柔軟な対応を前提として、やや余裕を見ながら設計を行った。増築部分の坪単価が約六五万円であるのに対し、既存部分の坪単価は約四〇万円。今回のリファインは増築部分の割合がほぼ五〇％で、これまでの施工実績のなかではもっとも高い割合を占めたが、それでも新築した場合と比較すると解体費用なども含めて約三、〇〇〇万円ほどのコストダウンに成功した。工事費は増築部分を含めて約一億円余りに抑えることができた。

解体完了

増築部分鉄骨建方

構造躯体

母子センターは築後三〇年を経過しており、当初、躯体の老朽化が心配されたが、調査の結果、コンクリートの劣化が比較的少なく、積載重量の増加がなければ一般的な耐震補強によって躯体を再利用できることがわかった。母子センターから多世代交流プラザへの転換であれば、建築基準法上の用途変更にはあたらないため、荷重面から見た構造補強は必要なかった。まず構造上不要な部分を既設躯体から撤去し、躯体の軽量化を図ることにした。機械室になっていた屋上の塔屋（ペントハウス）には分電盤が設置されていたが、機械は入っていなかったため撤去した。さらに、構造上必要のない庇と腰壁を撤去。また、垂れ壁、腰壁がとりつくことで短柱の状態となり、柱のせん断破壊の原因となるので、垂れ壁と腰壁は軽量化も兼ねて撤去の対象となった。

軽量化の後、補強としては、X方向に対しては鉄骨耐震ブレースを、Y方向には耐震壁の増設を行った。耐震ブレースは全部で三カ所。建築計画上、支障のないところにバランスを考慮しながら入れた。耐震壁については、既存躯体に数カ所あった不要な開口部を塞ぐかたちで設置した。

また、既存のサッシ類はすべて撤去するとともに、外部空間と直接触れることになる既存躯体北側の部分は、ガラスのカーテンウォールですっぽりと覆っている。これも既存のコンクリートの劣化を押さえるための、耐震補強とは別の意味の補強手法である。

増築部分

既存部分の南側に、既存部分とほぼ同面積の多目的ホールを増設した。全面ガラス張りとし、明るい開放感のあるホールは、奥にかつての母子センターの面影をかいま見せながら、まったく異なる建物に生まれ変わるのに大きな効果を上げた。

この多目的ホールは、当初の設計では二階を設けて緩やかなスロープで上がるようしていたが、増築部分については平屋にしたいとの施主の要望があり、二層吹き抜けの空間に変更した。しかし、この変更によって天井の高い心地よい空間を確保することができ、またコスト面においてもずいぶんと楽になり、よい結果となった。

増築部分に応接室が欲しいとの要望があり、当初既存部分に設けていた事務室を増築部分に移し、事務室と隣接するエントランス脇に新たに応接室を設けることにした。その結果、増築部分西側に事務所部分が張り出す形となり、その事務所スペースを強い西日から遮るために設けた木製の外壁によって意匠的にも面白い変化が生まれた。

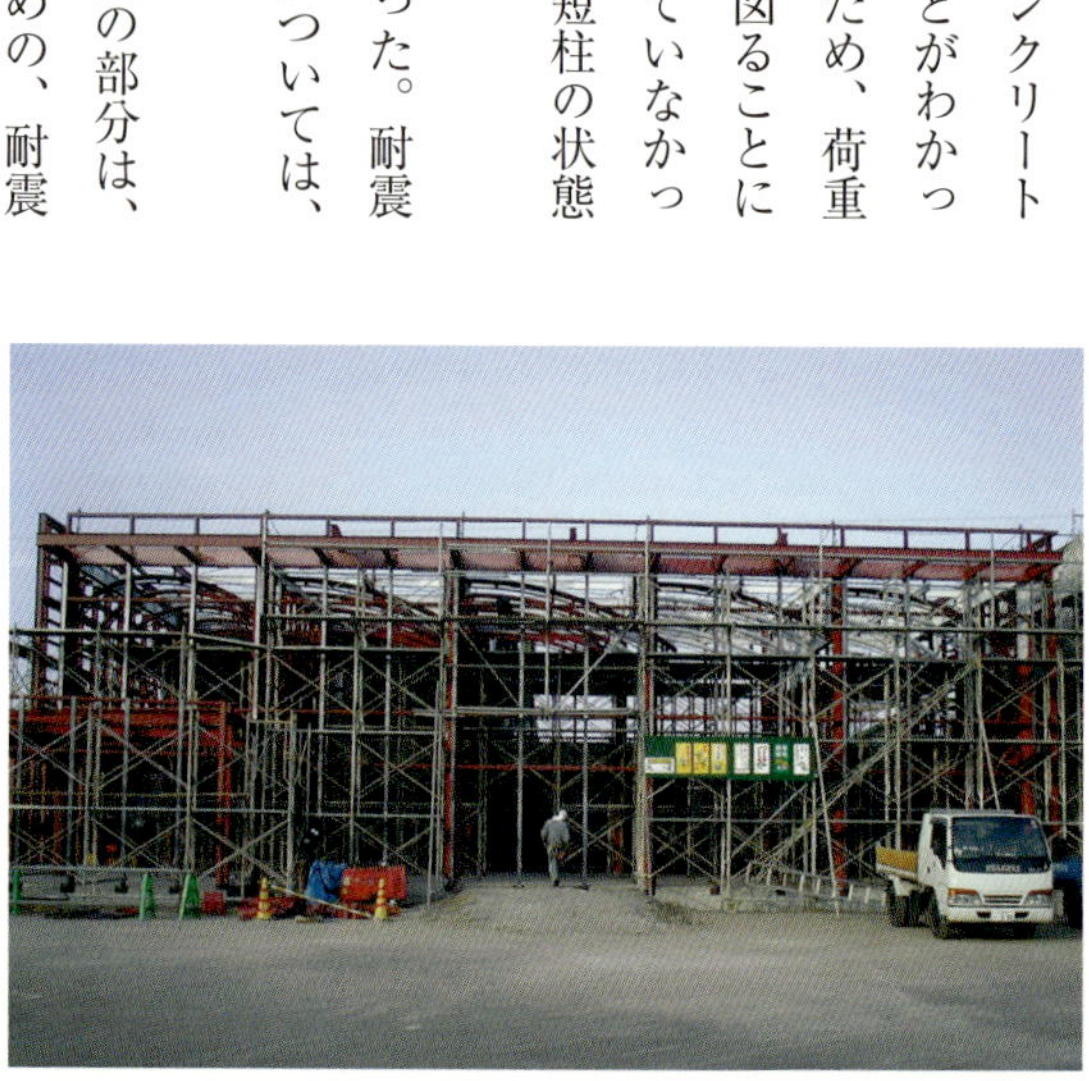

鉄骨サッシ受け完了

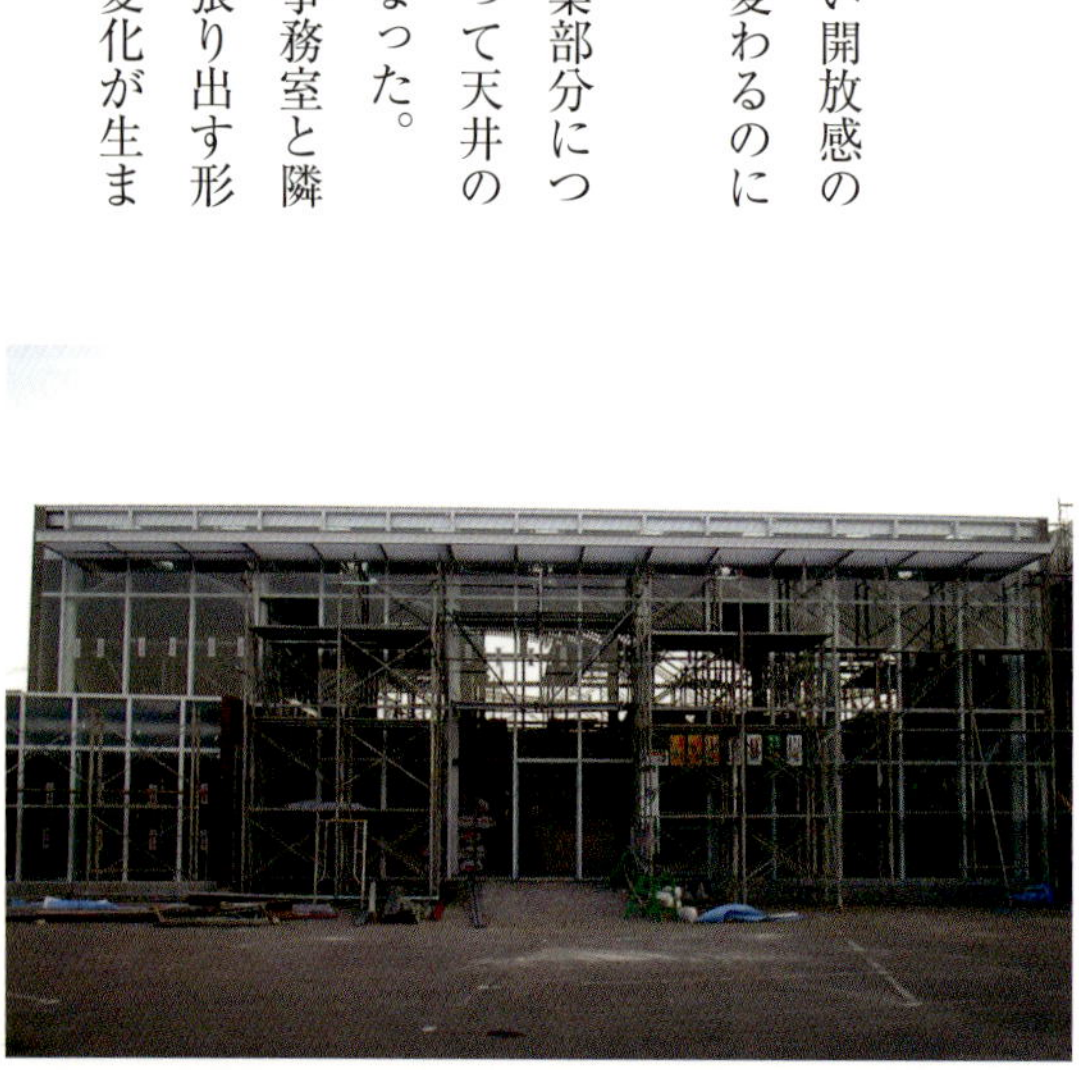

ガラス施工

木の使用

木については施主からの要望もあり、当初から使用することが決まっていたが、機能的にもデザイン的にも重要なファクターとなることから、新たなリファイン要素としてチャレンジすることにした。結果的に、内外壁の仕上げと調光ルーバーに使用することにしたが、特に増築部分の天井に設けた調光ルーバーは、機能と意匠を両立することに成功。いくつものループ状の調光ルーバーを押し寄せる波のように重ねて設置したのだが、ルーバーがつくり出す柔らかな局面が木のやさしい質感をさらに高める効果を発揮し、西日を軽減するとともに、増設した多目的ホールを心地よい空間に仕上げることに大きく貢献した。

外断熱

地球温暖化の兆候でもあるのか、最近は大分でも夏になると気温が三五度を上回る日も多くなってきたので、

リファイン前

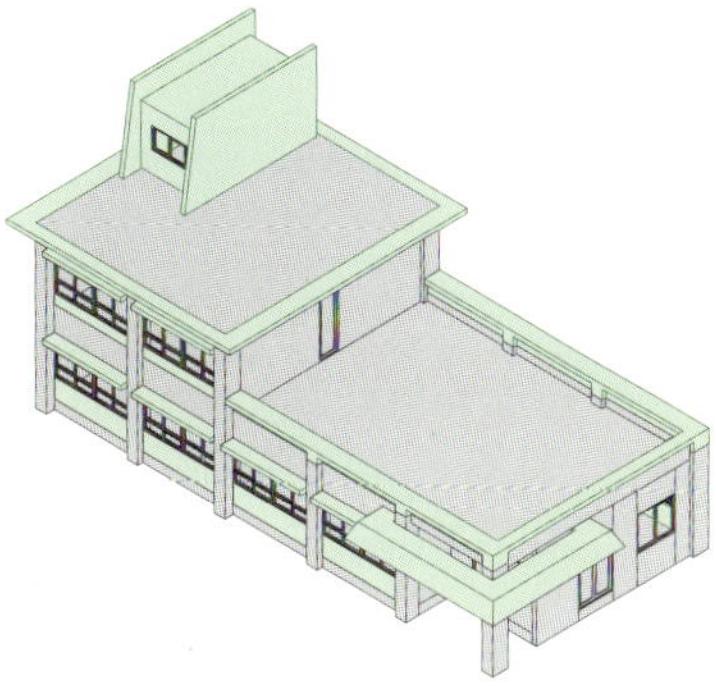

解体・撤去

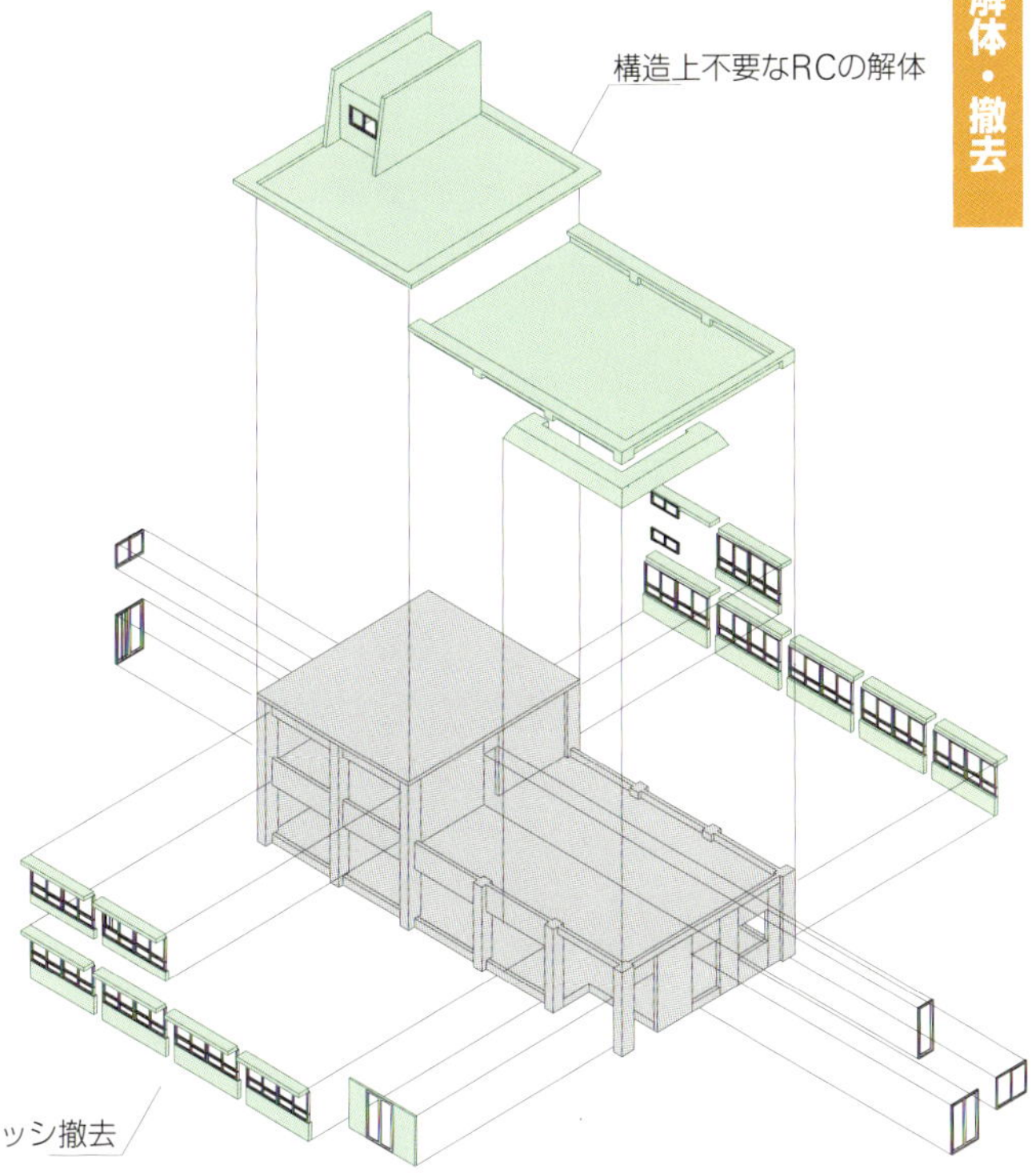

西側外観

全面ガラス張りとなる増築部分については、夏季対策を重視した。屋根は折板を二重張りにし、空気層をつくることによって外断熱している。その天井には一部バンポーライトとガルバリウム鋼板のルーバーを設置して直射日光の侵入を防いでいる。強く差し込む西日に対しては、デザイン的な意味もかねて、ファサードのルーバー庇とホール内の木製ルーバーで調光を行っている。

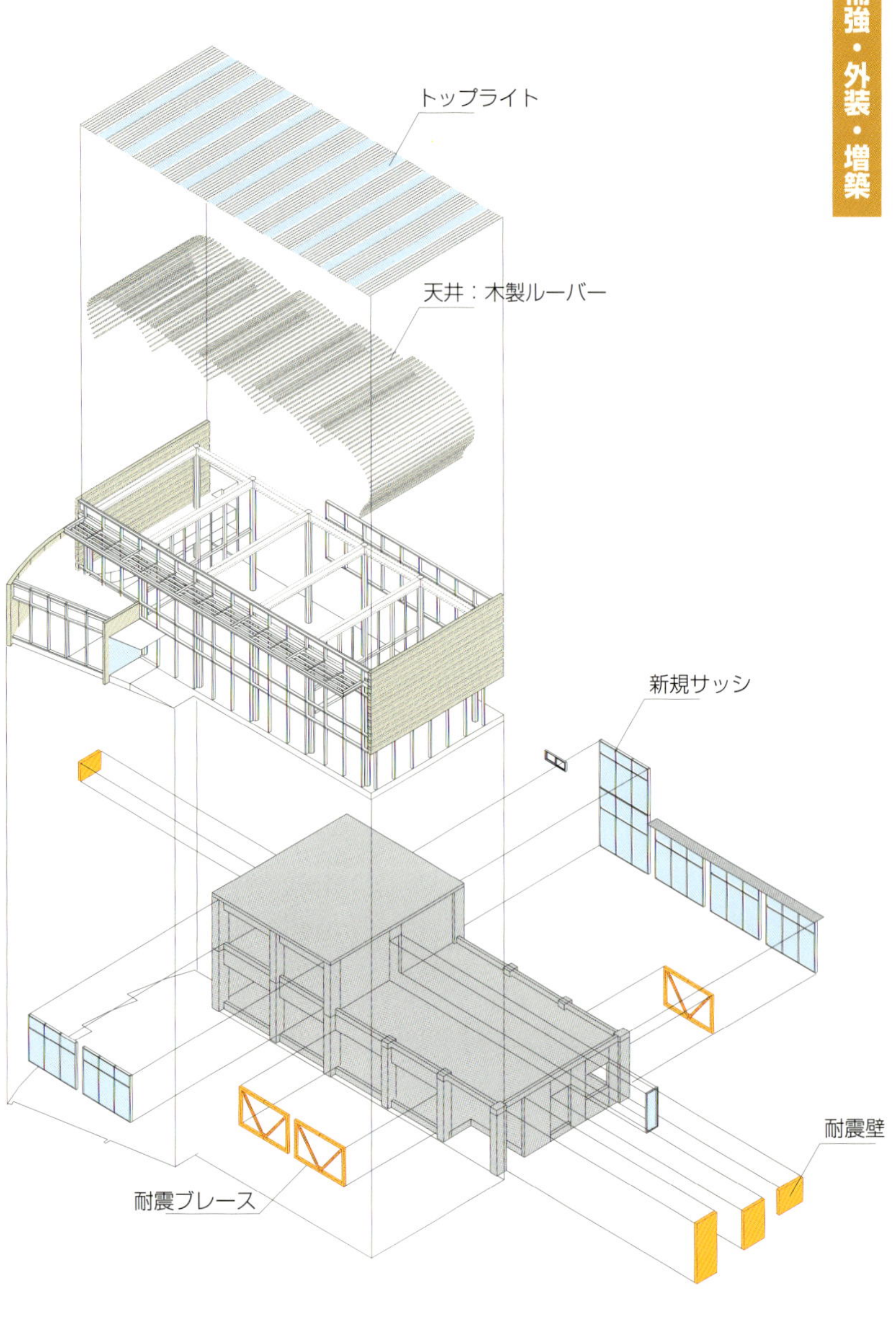

設備の集中

既存と増築部の接合部については構造的に切り離し、増築による既存部分への応力負担をなくしている。そして接合部には、建物の揺れを吸収するとともに、水切りとして雨水を処理するエクスパンションジョイントを使

リファイン完了

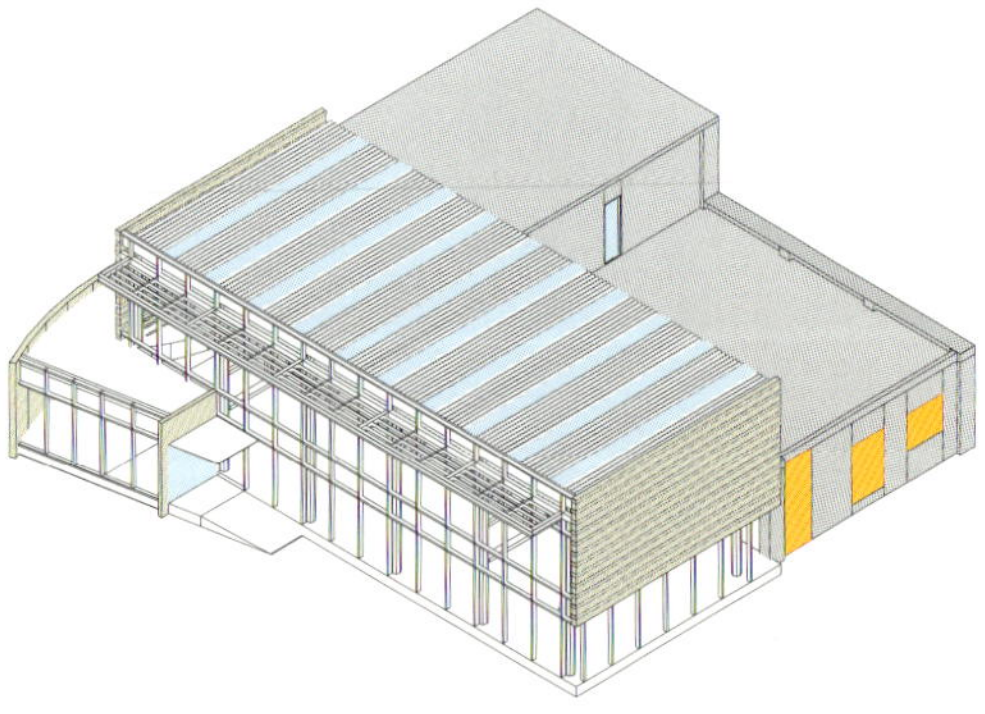

用した。

増設によって設けた柱と既存部分との間は、中途半端なスペースとなってしまいがちであるが、今回は多目的ホールの内部にこのスペースが生じてしまうことから、逆に人が通れるほどの寸法に設定することにした。既存部分の基礎に増設の柱を載せないためには構造上は四〇〇～五〇〇ミリの余裕があれば十分だが、それではまったく使いようのないスペースとなるため、柱の芯と既存壁の芯間を一八二五ミリとした。有効スペースは一一〇〇ミリとなり、車椅子でも十分通れる広さである。

既存部分の柱と柱の間に生じた不要な空間に多目的ホールの空調設備を設置したが、既存部分と増設した柱によって生じたスペースには床下ピットを設け、これらの空調設備の配管を集中させ、メンテナンスしやすいようにしている。

空調はこの場所に横並びに集中させることで配管の短縮化をはかり、水回りについても既存の位置からほとんど動かさないことによって、ローコストを実現した。

◎クライアント・インタビュー――秋吉和行さん（野津原町役場）

今は「野津原町多世代交流プラザ」として見違えるようになった母子センターですが、この建物を何かに有効利用しようという計画が最初からあったわけではなく、諸々の条件がタイミングよく重なり合って実現した、幸運なリファイン事業だったように思います。

母子センターが建てられたのは一九七〇年で、当初は入院施設を完備した、どこの町村にでもあるような助産施設でした。ところが、一五、六年ほど前から産婆さんの手を借りて出産する時代ではなくなり、施設自体もほとんど使われなくなっていました。役場が手狭になって困っていた野津原町では、福祉健康課を母子センターに移転させ、隣接する国保の診療所と連携しながら町民の健康相談などを行う場として活用してきました。一九九九年一月、野津原町役場の新庁舎が完成し、福祉健康課は新庁舎へと戻ったため、代わりに社会福祉協議会が入居することとなりました。

佐藤前町長と懇意にしていた青木さんからリファイン建築の提案があり、当時、総務課の企画担当に配属されていた私が話をうかがうことになったのはちょうどそのころでした。青木さんが手がけられた宇目町庁舎については、私たちも報道等を通して聞いていました。青木さんの提案は、当初、「新築移転によって使われなくなった旧庁舎をリファインしては」というものでした。しかし、旧庁舎については特別な用途を見いだせなかったこともあり、私はかわりに母子センターについて、新たな福祉施設としてリファインが可能かどうかをうかがいました。折しも介護保険制度のスタートを翌年に控えた時期で、野津原町にも高齢者の憩いの場所が必要だと検討を重ねていたのです。

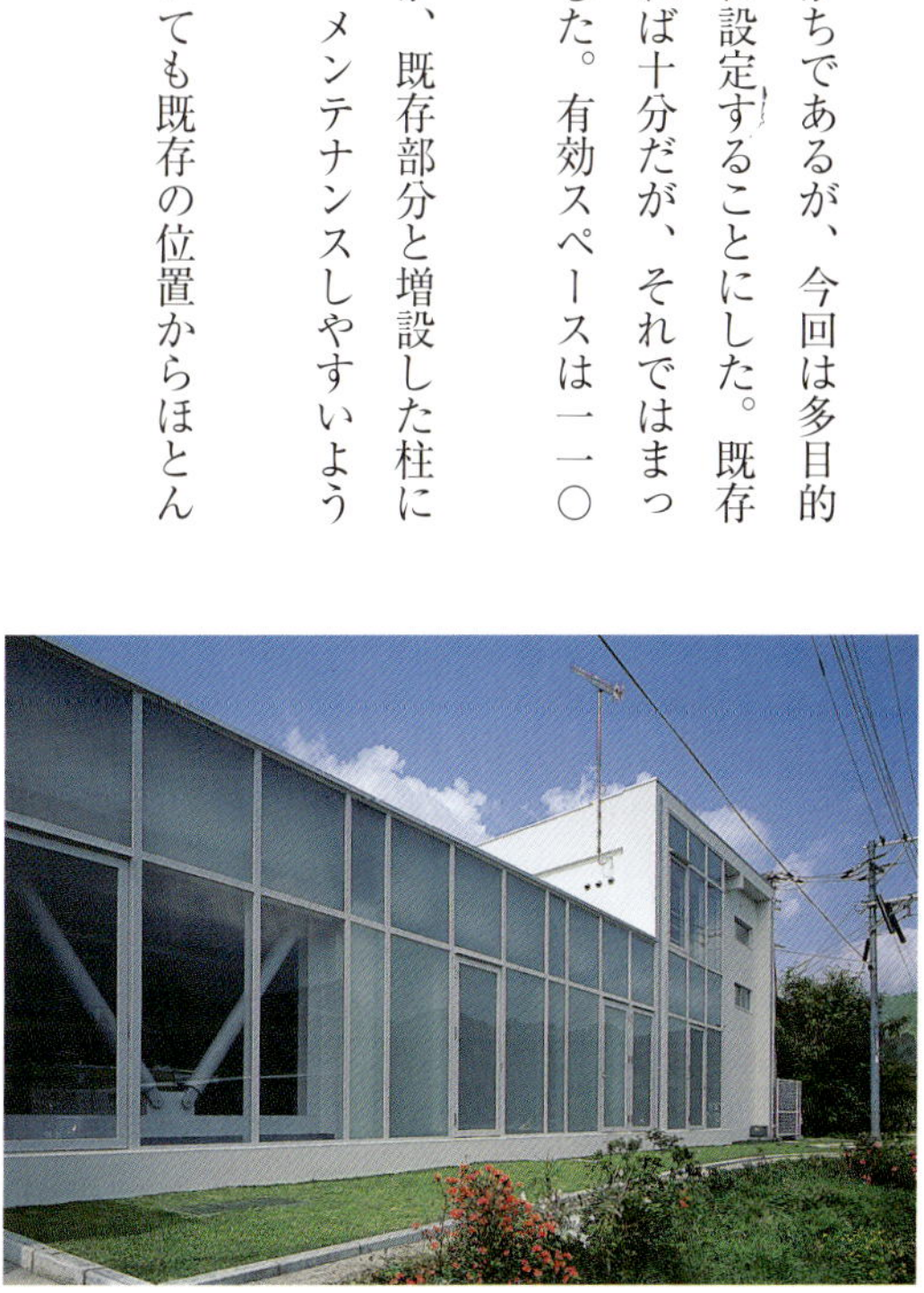

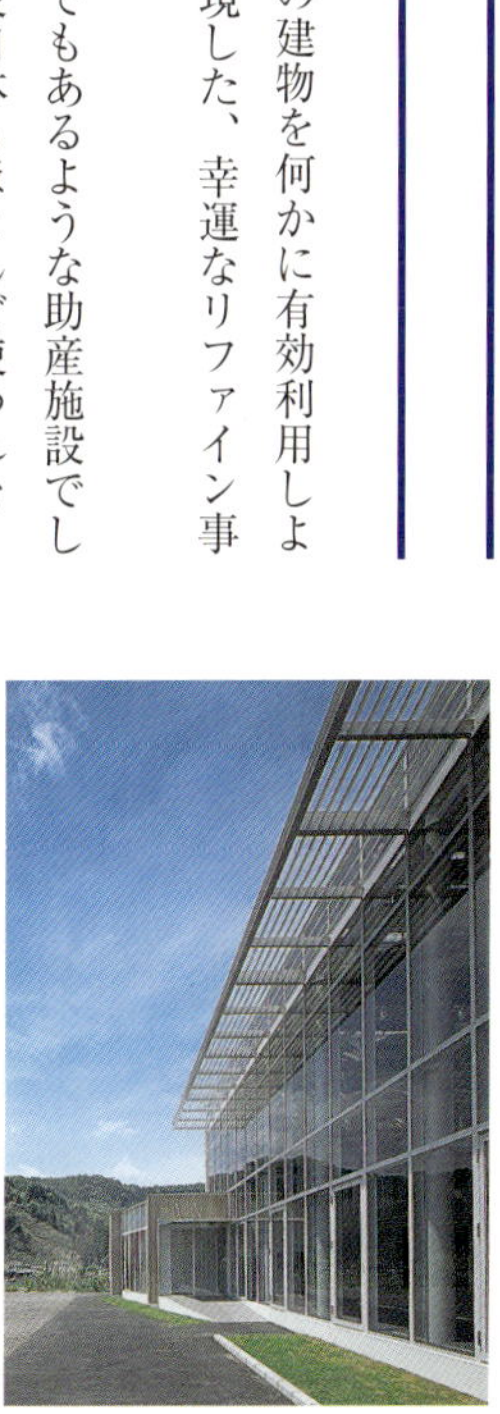

右／北側外観。既存躯体の耐久性を確保するために新たにサッシを取り付けた。一部に構造補強のために鉄骨耐震ブレースを設置した
左／南側外観。調光のためにルーバー庇を取り付けた

現地を見てもらったところ、新築すれば何億円もかかるが、リファイン建築なら一億円程度ですむだろうとのこと。その程度の費用でこの施設がよみがえるならということで、母子センターのリファイン事業が急に動き出したのです。

資金的な面でもタイミングよく「地域ふれあい交流支援事業」という大分県の新設補助事業が対象事業を募集していました。この事業は、廃校となった学校など遊休公共施設の有効活用を目的として一九九九年に設けられたもので、母子センターリファイン事業にはまさに打ってつけの事業だったのです。さっそく計画書を提出したところ、本事業は採択第一号となりました。ちなみに補助金の額は一、五〇〇万円、他の資金は地域総合整備事業債で賄えましたので、母子センターのリファイン事業については、一般財源からの持ち出しはいっさいありませんでした。

また当時、野津原町が属する大分郡では、環境管理についての国際認証であるISO一四〇〇一の所得へ向けて取り組んでいる最中でした。建物を壊して新築するより、より環境的な負荷が低い改築という手段を選択することは、役場の職員はもちろん、町議会の議員や地域住民を含めて、賛同を得られやすい環境にあったのです。

野津原町が母子センターを多世代交流プラザにリファインする計画を打ち出したのは一九九九年五月で、その年の九月には議会に提出されました。事業は元気な高齢者のケアと児童の健全育成をともに実現するものであり、環境重視の姿勢と資金的な好条件などプラス要因が追い風となって、議会の反応もたいへん良好で、即時可決されました。その後、同年一〇月に工事着工、翌二〇〇〇年三月には外構工事などを残しつつ竣工を迎え、五月に多世代交流プラザとしてオープンしました。時宜を得た事業とはこうしたもので、近年では珍しく、まさにフルスピードで実現できた施設となりました。

工事にあたっては、既存の図面が残っていなかったこと、リファイン後はガラスが多く使われることから光熱費などの運営コストはどうなるのかなど不安な点もあったのですが、何度も検討を重ねた甲斐があり、素晴らしい施設が完成しました。管理と運営は社会福祉協議会に委託していますが、スタートした介護保険の相談やケアなどはすべてこの施設で行われています。また元気な高齢者の生き甲斐対策事業の場ともなっており、現時点で一番多く使われているのはお年寄りの方々を対象にした「生きがい教室」です。もちろん「多世代交流」のテーマどおり、毎週水曜日になると、幼稚園が終わった午後から町内の未就学児童たちが「元気っ子教室」へと遊びに来ます。また、生涯学習の一環として、若い夫婦を対象にした家庭教育や子育て支援活動なども行われています。そのほか、地区のさまざまな方のふれあいの場としても活用していただいており、役割を終え用途を失っていたかつての母子センターの面影はどこにもありません。

ところで、大分郡に属する四町共同で取り組んでいたISO一四〇〇一ですが、一年がかりで準備を進めた結果、二〇〇一年三月、無事に取得することができました。郡として取得するケースは全国でも珍しいということで、今さまざまなメディアが取材に訪れています。この多世代交流プラザはさまざまな条件が重なり合って実現した幸運な事業だったと言いましたが、いま振り返ってみると、ちょうど時代の潮流が変わり始めた時期に当たっていたのかもしれません。現在、率先して環境に配慮することは自治体の責務となってきています。今回、リファインした母子センターは、全国どこの自治体にもある施設ですし、同様な公共の遊休施設はまだまだ他にもたくさんあります。こうした遊休施設に、ハード、ソフト両面で新しい命を吹き込むことが、今後、自治体の重要な施策となってくるのではないでしょうか。

多目的ホール。天井の木製ルーバーがガラス張りの空間に柔らかな表情を加えている。天井は折板を二重張りにして外断熱を行っている

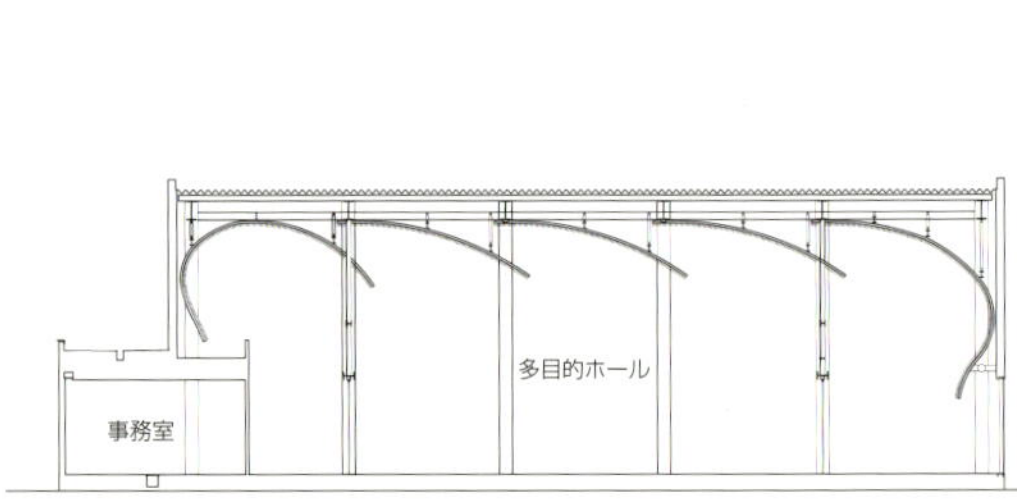

多目的ホール断面図

野津原町多世代交流プラザ

(旧母子センター)

敷地面積　1,487.80 m²
既存面積　293.63 m²
増築面積　309.84 m²
機能　既存部分：多目的室、調理室等
　　　増築部分：多目的ホール、事務室（デイケアセンター）
建設費　95,800,000円（524,000円／坪）
（内訳）既存部分　39,900,000円（449,000円／坪）
　　　　増築部分　55,900,000円（596,000円／坪）

内訳	円	%
共通仮設費	1,802,748	1.7
＜建築＞		
直接仮設	2,379,354	2.3
土工事	730,665	0.7
コンクリート工事	—	—
型枠工事	1,044,301	1.0
鉄筋工事	7,48,352	0.7
鉄骨工事	11,643,704	11.3
グラウト圧入工事	2,055,584	2.0
組石工事	117,135	0.1
防水工事	1,544,085	1.5
石工事	—	—
タイル工事	562,603	0.5
屋根、樋工事	3,002,184	2.9
金属工事	3,357,957	3.2
左官工事	242,842	0.2
木工事	3,627,305	3.5
金属製建具工事	5,326,025	5.2
ガラス工事	4,018,907	3.9
木製建具工事	2,451,690	2.4
塗装工事	4,484,417	4.3
内装工事	4,403,932	4.3
雑工事	3,808,348	3.7
家具工事	190,000	0.2
EV 設備工事	—	—
解体・撤去工事	4,049,734	3.9
補修工事	1,331,333	1.3
小計	61,120,457	59.1
＜電気設備＞		
受変電設備工事	2,531,566	2.4
発電機設備工事	—	—
幹線動力設備工事	1,312,270	1.3
電灯コンセント設備工事	854,700	0.8
照明器具設備工事	3,334,880	3.2
電話配管設備工事	228,314	0.2
TV 共聴設備工事	295,053	0.3
放送設備工事（機材別途）	35,050	0.0
インターホン設備工事	—	—
自動火災報知設備工事	739,480	0.7
トイレ呼出設備	307,760	0.3
撤去設備	66,000	0.1
小計	9,705,073	9.4
＜給排水衛生設備＞		
衛生器具設備工事	1,842,876	1.8
給水設備工事	901,672	0.9
排水設備工事	2,377,030	2.3
給湯設備工事	886,462	0.9
ガス設備工事	182,114	0.2
浄化槽設備工事（撤去含む）	3,344,000	3.2
小計	9,534,154	9.2
＜空調設備＞		
空調機器設備工事	7,561,966	7.3
換気設備工事	2,215,760	2.1
小計	9,777,726	9.5
＜外構＞		
駐車場工事	116,875	0.1
植栽工事	9,840	0.0
その他の外構工事	2,117,754	2.0
小計	2,244,469	2.2
工事監理費	4,137,307	4.0
諸経費	5,056,709	4.9
値引	—	—
合計	103,378,643	100.0

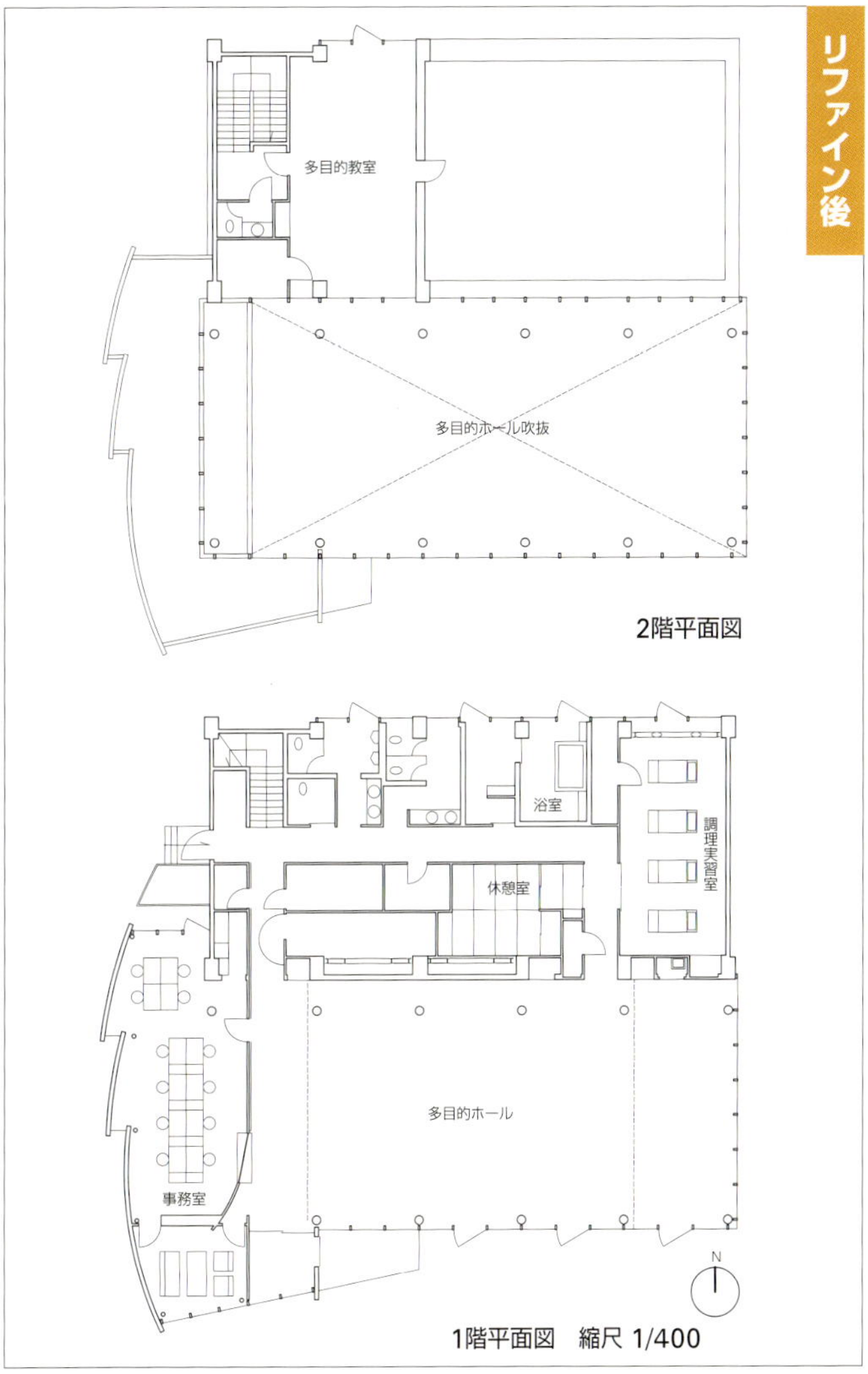

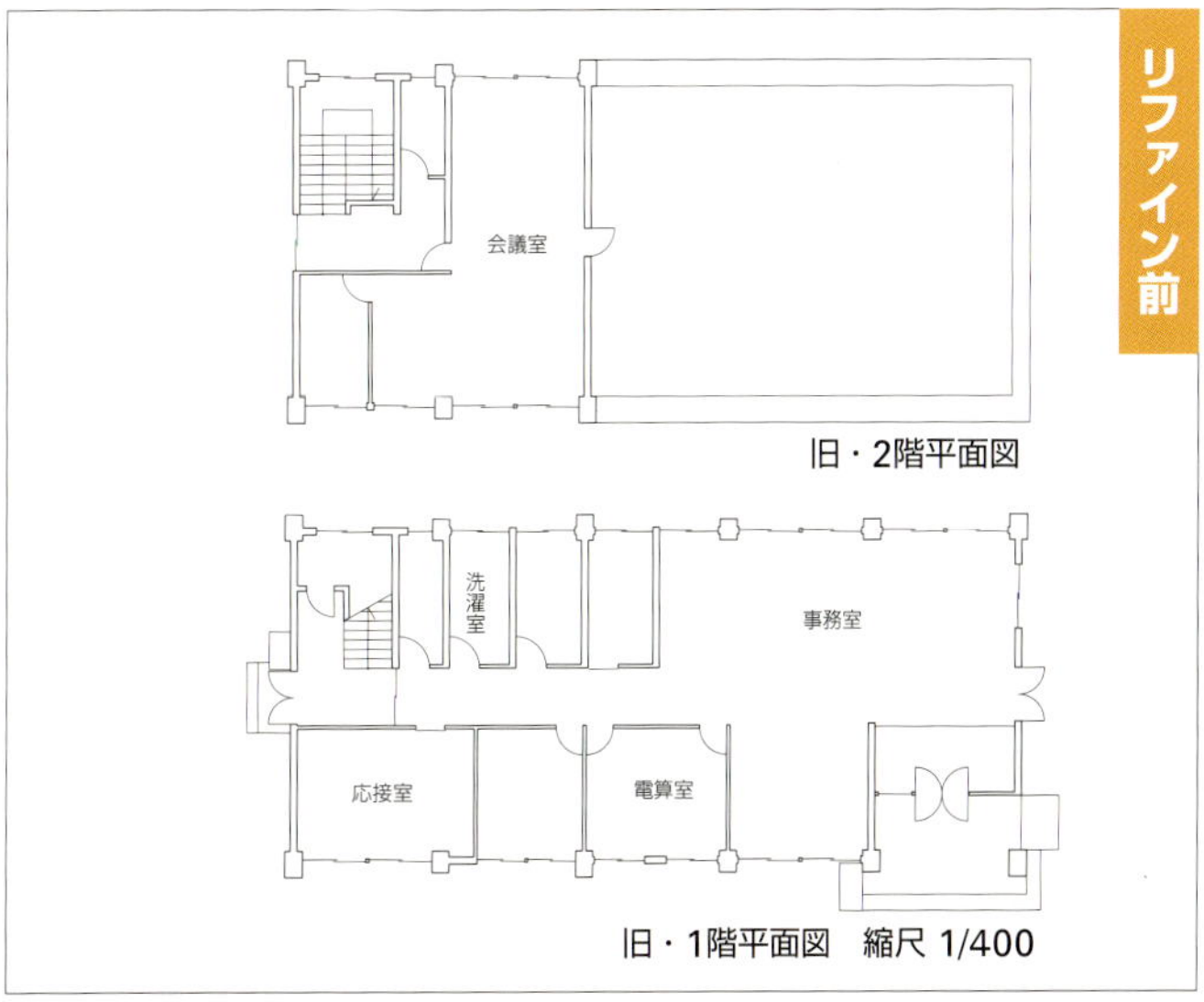

宇目町役場庁舎

大分県南海部郡宇目町／一九九九年

個性のない建物に新しい庁舎の顔をつくる

［リファインのポイント］

①増築部分のエントランスホールに予算を集中、建物に個性を与える
②鉄骨ブレースで耐震性能を現行の耐震基準に適合させる
③既存建物のイメージを一新し、庁舎としての使い勝手を向上

宇目町庁舎のリファインは、町長が旧庁舎隣接地にあるグリーンセンター（林業研修宿泊施設）を改装して新庁舎にすることを選挙公約としたことから始まった。選挙後、設計コンペが行われ、ぼくたちの提案が選ばれた。

既存の建物は鉄筋コンクリート造三階建てのこれといった特徴のない建物で、宿泊施設を庁舎へ、という建物用途の変更、また新潟地震以前の建物で、現在の耐震基準にまったく合致していないという問題があった。

予算は公約により上限が決められていて、それを坪単価に直すと約五〇万円。必然的に増築部分は最小限に抑えなければならなかった。しかし、庁舎としての顔がどうしても必要だ。そこで町民が最も利用するエントランスホールを増築し、ここに予算を集中させることにした。増築部分は壁と天井が一体となったヴォールト状とし、全面ガラス張りの壁面をデザイン的なポイントとした。内部には町民ホール、多目的に利用される大会議室、エレベータが設けられている。三層吹き抜けのホールは採光・通風の役割も果たしている。

耐震補強のための鉄骨ブレースは多く設ければ構造的な強度は増すが、同時にコストアップにつながる。厳

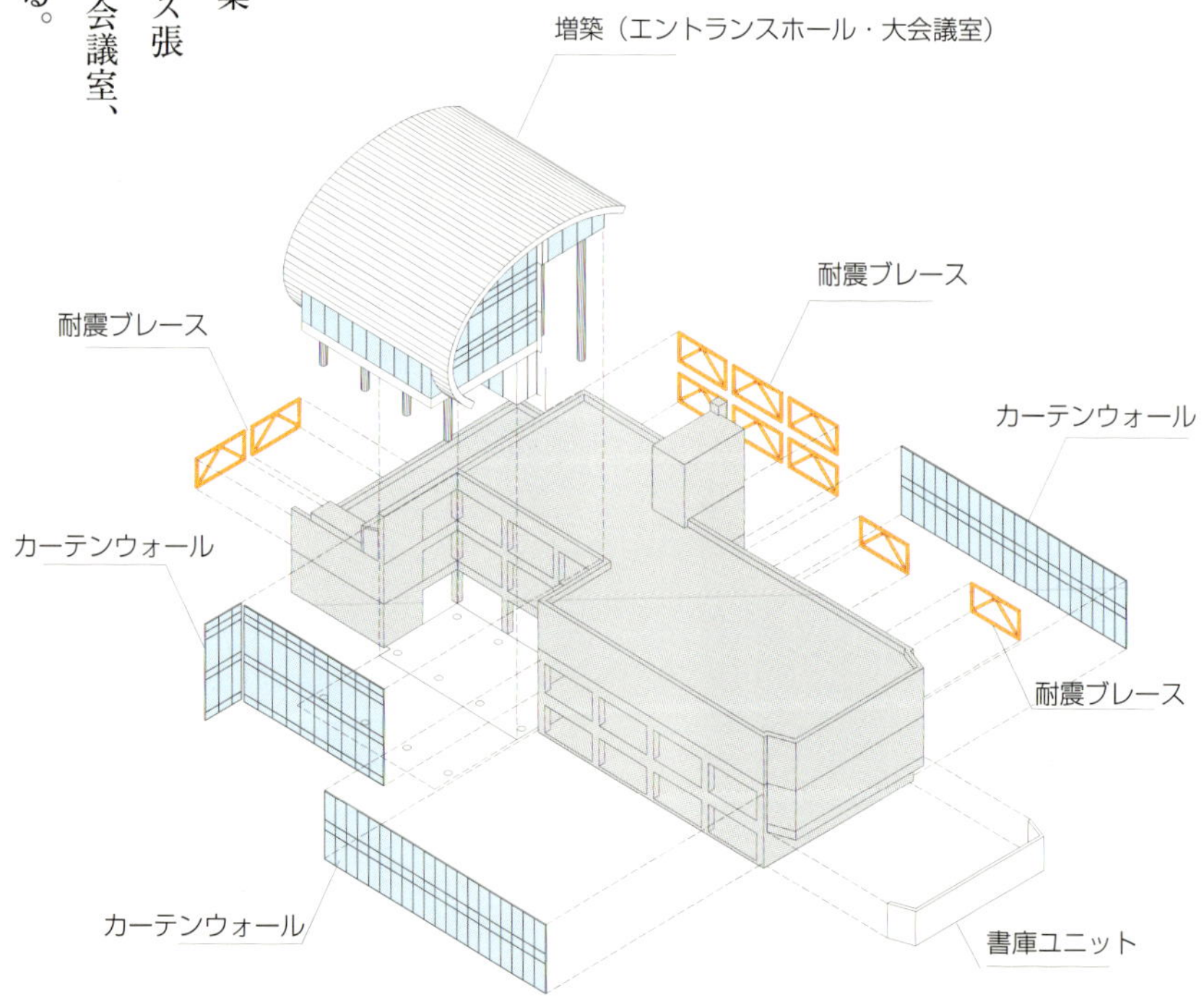

密な構造計算を行って、必要最低限の箇所に設置することがポイントである。また、これをあえて隠すことをせず、その力強いデザインをデザイン的に見せることとし、必要に応じて設置した場所が町長室であったり、応接室であったりしたため、いろいろな見え方が出てきて、結果的に面白い仕上がりになったと思う。

リファイン直前の施設（林業研修宿泊施設）

柱、梁、壁の一部を残して解体された状態

鉄骨ブレースを入れ躯体補強

右／議場となる部屋の補強および改装
左／増築部分の鉄骨骨組み

上／既存建物にヴォールト状の部分を増築した
下／ヴォールト状の内部は多目的に利用される大会議室。左側の吹き抜けはエントランスホール

リファイン後

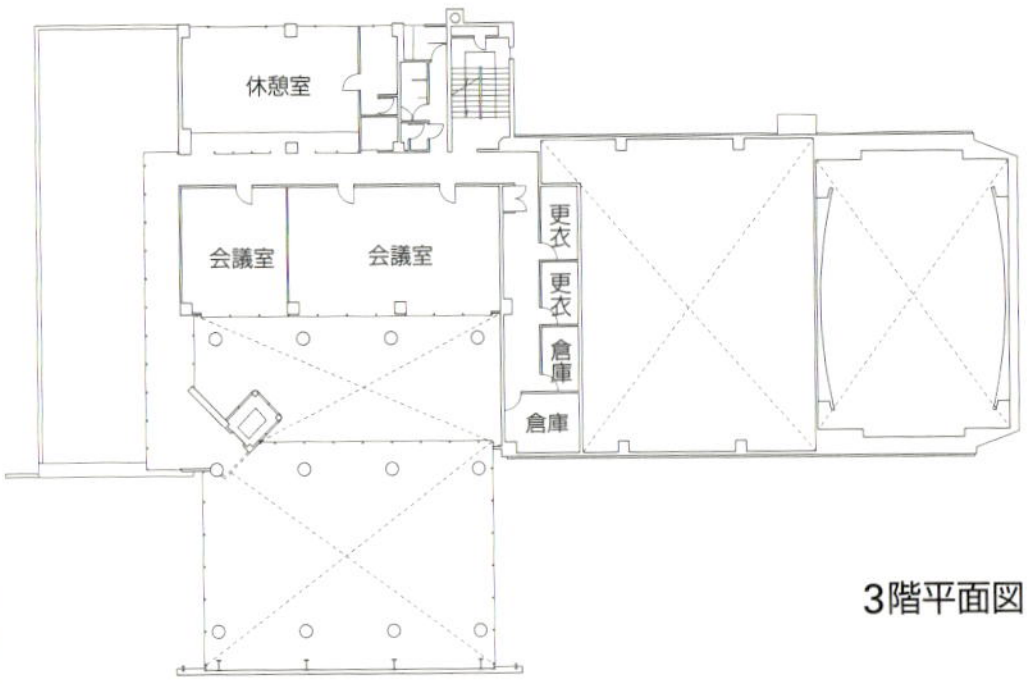

3階平面図

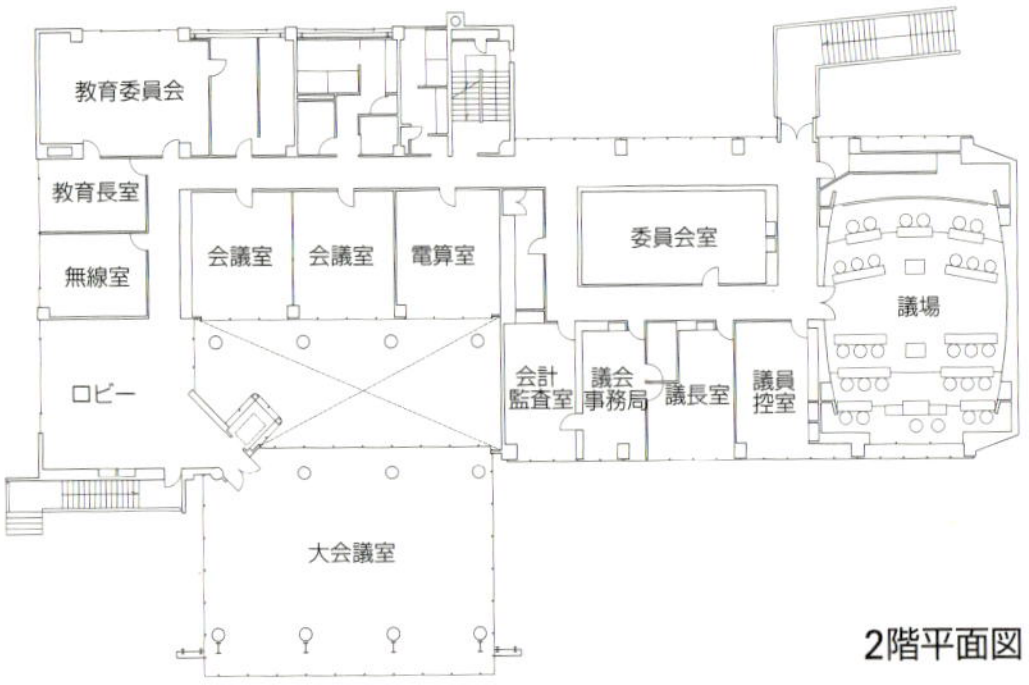

2階平面図

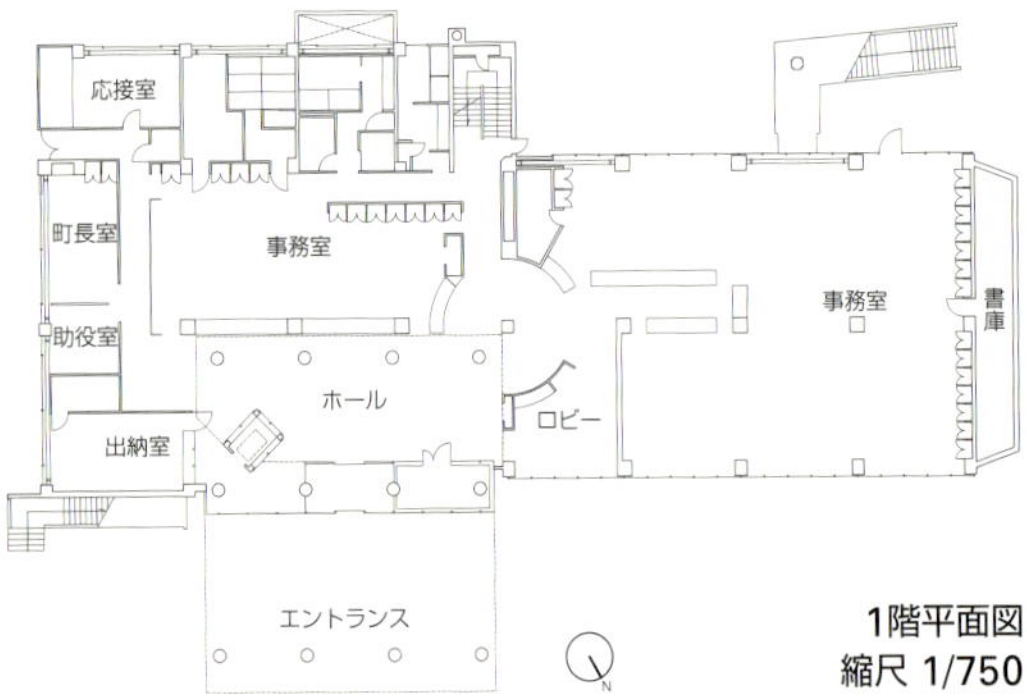

1階平面図
縮尺 1/750

リファイン前

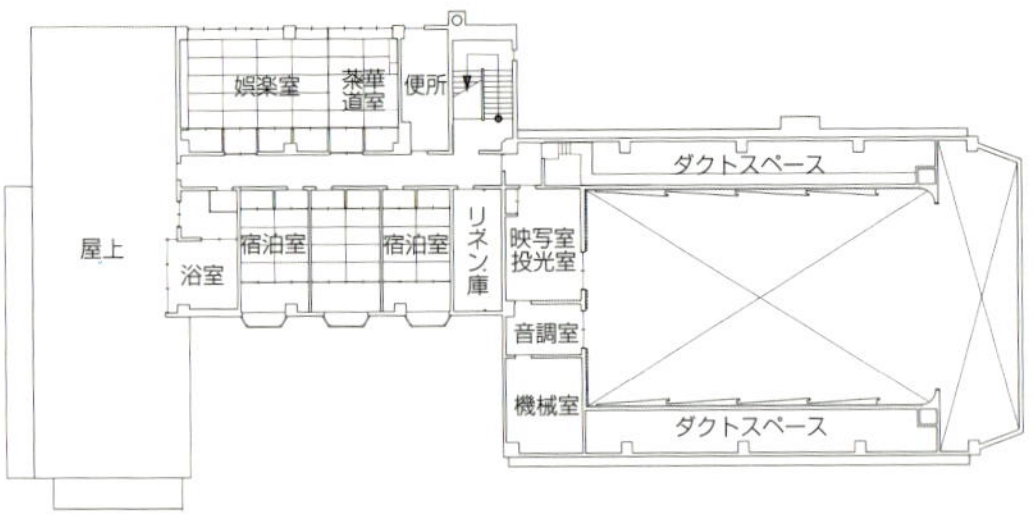

旧・3階平面図

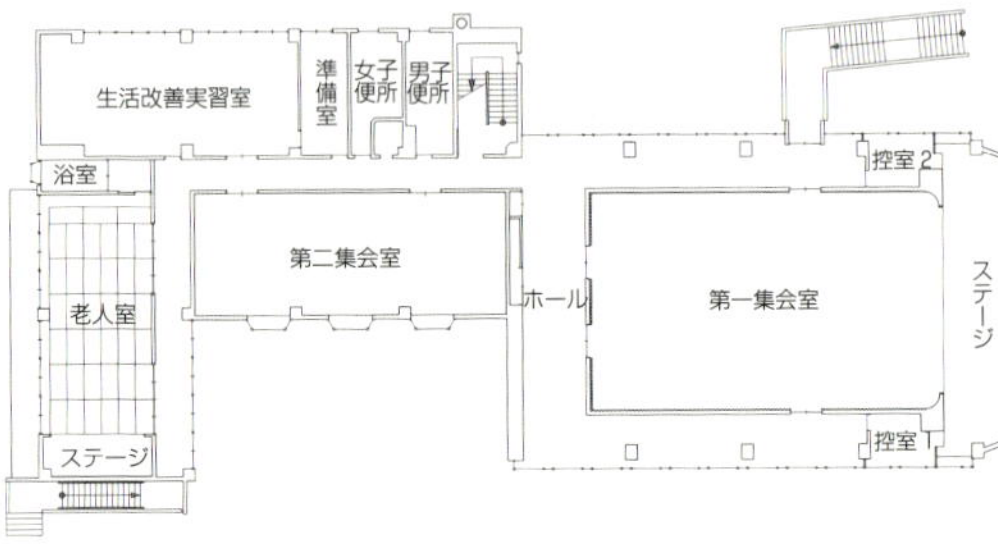

旧・2階平面図

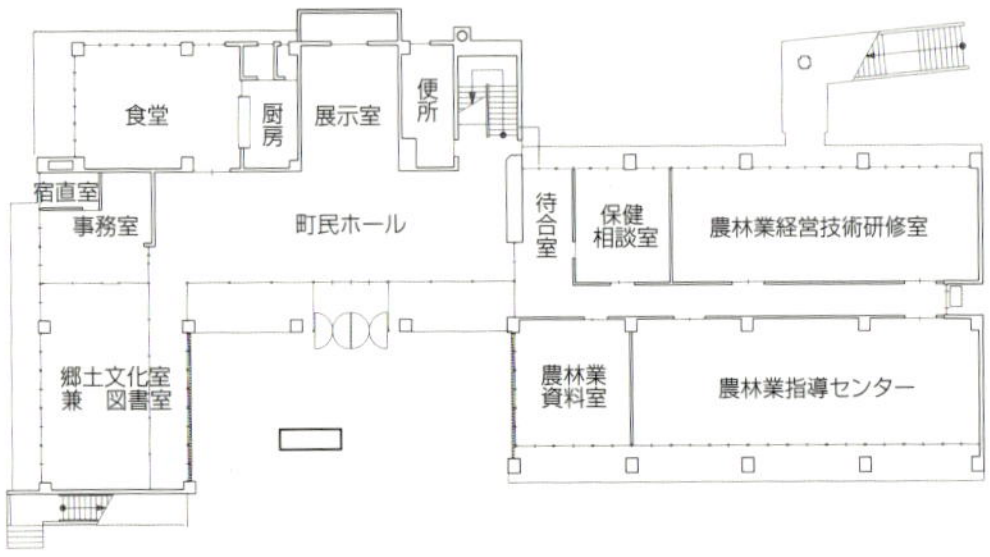

旧・1階平面図
縮尺 1/750

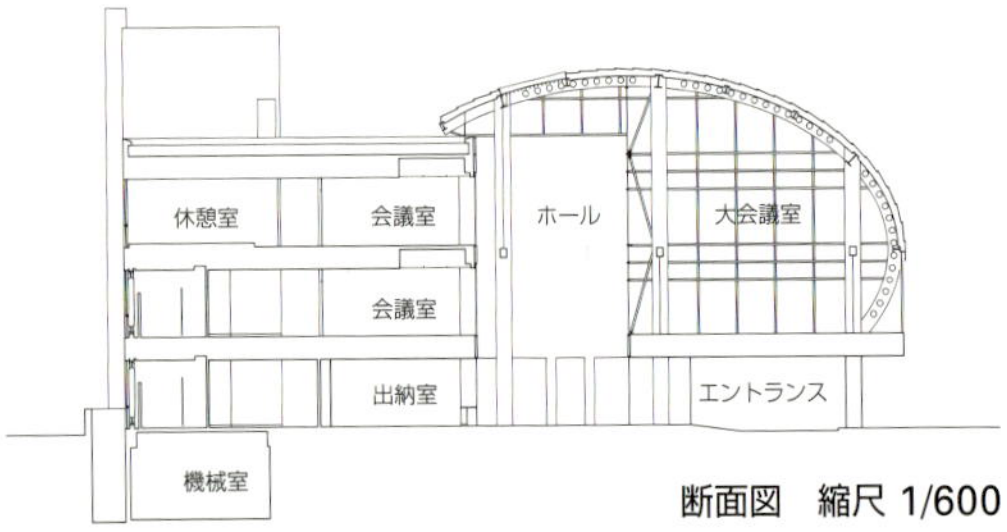

断面図　縮尺 1/600

右頁／既存部分（右側）と増築部分の間は三層吹き抜けのエントランスホール。右手一階は事務室

右／吹き抜けに面した既存部分の諸室はガラス張りの会議室

宇目町役場庁舎（旧林業研修センター）

敷地面積　4,555.54㎡
既存面積　1,927.08㎡
増築面積　450.57㎡
機能　既存部分：執務室、会議室、議場等
　　　増築部分：エントランスホール、会議室
建設費　347,587,000円（479,000円／坪）
（内訳）既存部分　—
　　　増築部分　347,587,000円（479,000円／坪）

内訳	円	%
共通仮設費	4,750,000	1.4
＜建築＞		
直接仮設	9,124,500	2.6
土工事	779,300	0.2
特殊基礎工事	2,941,300	0.8
コンクリート工事	3,446,300	1.0
型枠工事	2,644,600	0.8
鉄筋工事	1,763,200	0.5
鉄骨工事	48,063,200	13.8
組石工事	—	—
防水工事	7,128,300	2.1
石工事	2,394,300	0.7
タイル工事	300,000	0.1
屋根、樋工事	—	—
金属工事	22,438,600	6.5
左官工事	4,067,000	1.2
木工事	3,956,200	1.1
金属製建具工事	15,444,000	4.4
ガラス工事	18,675,300	5.4
木製建具工事	4,378,400	1.3
塗装工事	11,273,300	3.2
内装工事	19,418,000	5.6
雑工事	5,105,900	1.5
家具工事	4,918,900	1.4
EV設備工事	5,247,000	1.5
解体工事	15,316,500	4.4
その他（移設工事）	6,615,000	1.9
小計	215,439,100	62.0
＜電気設備＞		
受変電設備工事	4,634,800	1.3
発電機設備工事	2,870,000	0.8
幹線設備工事	5,486,600	1.6
動力設備工事	1,588,700	0.5
電灯コンセント設備工事	5,667,500	1.6
照明器具設備工事	11,890,400	3.4
電話配管設備工事	1,326,400	0.4
TV共聴設備工事	336,500	0.1
放送設備工事	2,368,800	0.7
インターホン設備工事	290,600	0.1
自動火災報知設備工事	2,868,700	0.8
その他（議場設備工事）	3,750,900	1.1
小計	43,079,900	12.4
＜給排水衛生設備＞		
衛生器具設備工事	4,861,100	1.4
給水設備工事	3,671,000	1.1
排水設備工事	2,665,600	0.8
給湯設備工事	1,256,500	0.4
ガス設備工事	—	—
浄化槽設備工事	9,827,000	2.8
小計	22,281,300	6.4
＜空調設備＞		
空調機器設備工事	16,545,400	4.8
空調ダクト設備工事	16,607,300	4.8
換気設備工事	3,589,700	1.0
小計	36,742,400	10.6
＜外構＞		
駐車場工事	—	—
植栽工事	—	—
その他の外構工事	—	—
小計	—	—
工事監理費	12,247,200	3.5
諸経費	13,047,100	3.8
値引	—	—
合計	347,587,000	100.0

上より、議場、会議室、補強された開口部をもつ部屋

宇目町
面積／二六五・九九㎢
人口／四、〇九八人（平成七年）
特産物／ナス、スイートピー、ホオズキ、栗、椎茸

大分県南海部郡宇目町は、面積の約九四パーセントを山林が占める。町の西部から南部にかけては一二〇〇～一六〇〇メートル級の急峻な山々がそびえ立ち、その裾野には広大な原生林が広がっている。現在、宇目町では手つかずの自然や里山のもつ豊かさを生かした都市との交流や、自然が本来持っている浄化能力を生かした有機栽培など、自然と共生する地域づくりに取り組んでいる。

社会福祉法人博愛会通勤寮　大分県大分市／一九九六年

住環境の向上と地域交流の場を手に入れる

【リファインのポイント】
①四人部屋を二人部屋に
②別棟として鉄筋コンクリート三階建てを増築
③新旧の建物の間に鉄骨造の建物を挿入し、地域交流ホールにする

博愛会通勤寮は、軽度の知的障害者が共同生活をしながら、勤務先へ通勤するための寮である。既存の寮は一九七〇年に建てられた鉄筋コンクリート造二階建ての建物で、老朽化し、住環境や設備が現状の福祉施設の基準に適合しなくなったこと、地域交流のためのスペースをつくる補助事業が適用されることになったことなどから、増改築したいという依頼があった。

既存の寮は四人部屋で構成されていた。それを不要な間仕切り壁などを取り払って内部空間を広くし、二人部屋に改造した。また、増築した新館は既存の建物に対して四五度振って建てることにした。これは寮生を日当たりと眺めの良い場所で生活させてやりたい、というクライアントの思いを尊重したためである。

新旧二つの建物の間にはちょうど一層分の地形的な段差がある。そこにL字型の建物を挿入した。内部は二層分吹き抜けの空間で、地形的な段差を利用して、催し物の際には観客席にも使える階段を設けた。ここは地域との交流ホールとして使われ、またエントランスホールも兼ねている。

年齢や性別、生い立ちなどが違う多様な人たちが集まって暮らしているので、新旧の建物全体は小さな建物が寄り集まって見えるように構成した。寮生に健常者と同じ生活をさせることで、早く独り立ち出きるようにしてやりたいというクライアントの思いをいかに建築に反映させるかを考え続けた設計作業であった。

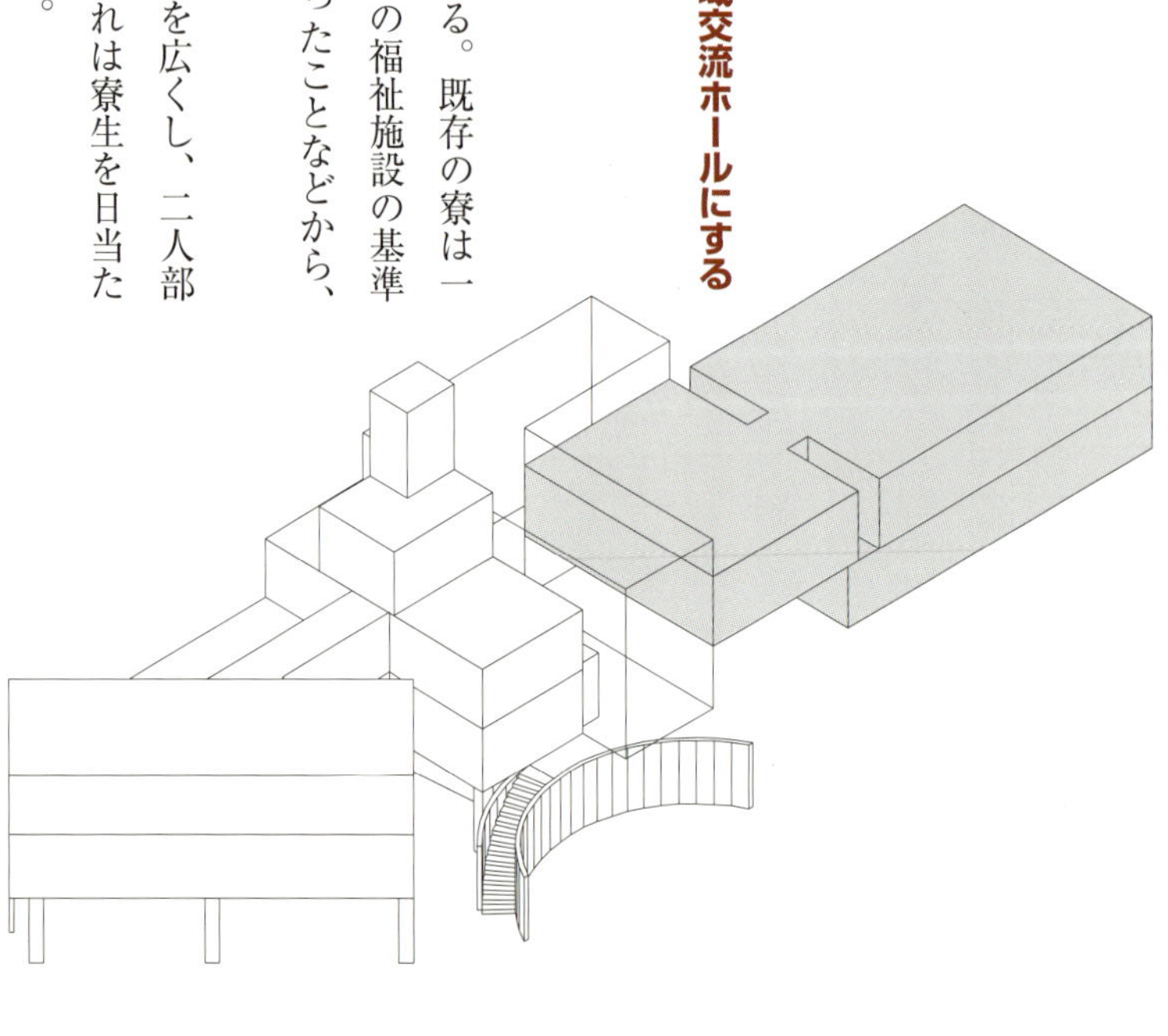

上／右奥は大改修された既存建物。左側の建物が増築された寮室ブロック。新旧の建物を結ぶ中央部分も増築で、内部は交流ホールになっている
下／新旧建物の結節部分。らせん階段の左手の二層が既存建物部分

社会福祉法人博愛会知的障害者厚生施設
博愛会通勤寮

敷地面積　1,166.86㎡
既存面積　457.00㎡
増築面積　829.57㎡
機能　既存部分：寮室
　　　増築部分：エントランスホール、寮室
建設費　187,224,000円（480,000円／坪）
（内訳）既存部分　　58,700,000円（424,000円／坪）
　　　増築部分　128,524,000円（511,000円／坪）

内訳	円	%
共通仮設費	4,780,000	2.7
＜建築＞		
直接仮設	6,162,504	3.4
土工事	1,462,700	0.8
特殊基礎工事	—	—
コンクリート工事	5,164,360	2.9
型枠工事	12,785,288	7.1
鉄筋工事	7,584,677	4.2
鉄骨工事	6,217,449	3.5
組石工事	209,670	0.1
防水工事	2,445,398	1.4
石工事	—	—
タイル工事	303,334	0.2
屋根、樋工事	—	—
金属工事	6,735,386	3.8
左官工事	2,577,377	1.4
木工事	5,274,095	2.9
金属製建具工事	11,160,787	6.2
ガラス工事	2,575,787	1.4
木製建具工事	2,728,000	1.5
塗装工事	5,879,874	3.3
内装工事	10,990,557	6.1
雑工事	3,129,260	1.7
家具工事	—	—
EV設備工事	7,820,000	4.4
解体工事	5,257,880	2.9
その他（移設工事）	—	—
小計	106,464,343	59.3
＜電気設備＞		
受変電設備工事	2,505,989	1.4
発電機設備工事	—	—
幹線設備工事	2,272,281	1.3
動力設備工事	—	—
電灯コンセント設備工事	1,629,762	0.9
照明器具設備工事	2,521,000	1.4
電話配管設備工事	436,992	0.2
TV共聴設備工事	880,993	0.5
放送設備工事	—	—
インターホン設備工事	178,000	0.1
自動火災報知設備工事	1,581,990	0.9
その他（議場設備工事）	539,010	0.3
小計	12,546,017	7.0
＜給排水衛生設備＞		
衛生器具設備工事	6,311,998	3.5
給水設備工事	4,321,991	2.4
排水設備工事	5,774,849	3.2
給湯設備工事	2,253,998	1.3
ガス設備工事	2,345,154	1.3
浄化槽設備工事	7,120,000	4.0
小計	28,127,990	15.7
＜空調設備＞		
空調機器設備工事	9,027,997	5.0
空調ダクト設備工事	2,180,996	1.2
換気設備工事	2,037,000	1.1
小計	13,245,993	7.4
＜外構＞		
駐車場工事	—	—
植栽工事	—	—
その他の外構工事	—	—
小計	—	—
工事監理費	—	—
諸経費	14,335,659	8.0
値引	—	—
合計	179,500,002	100.0

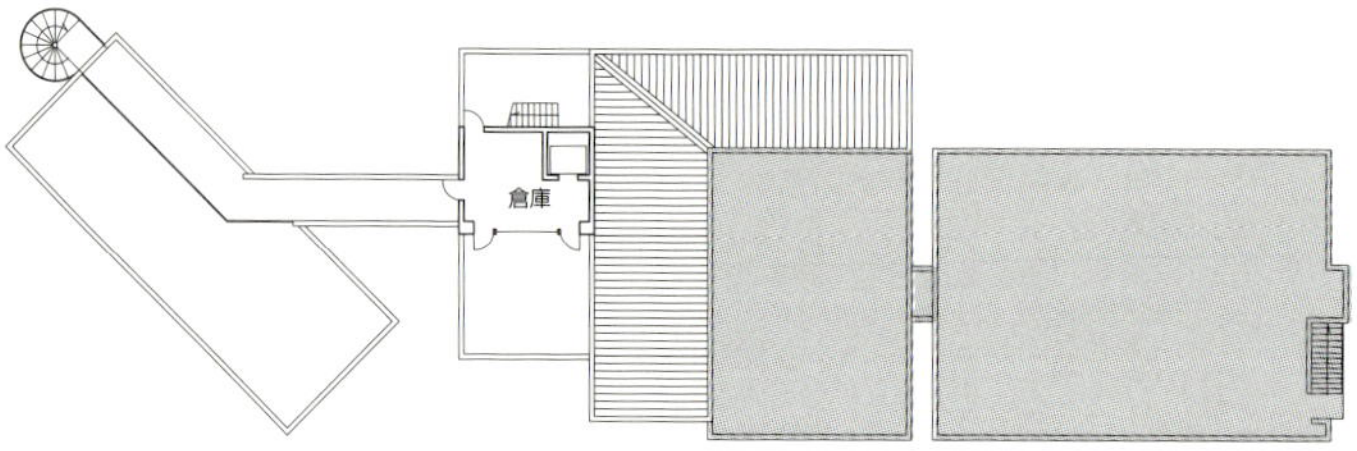

3階平面図

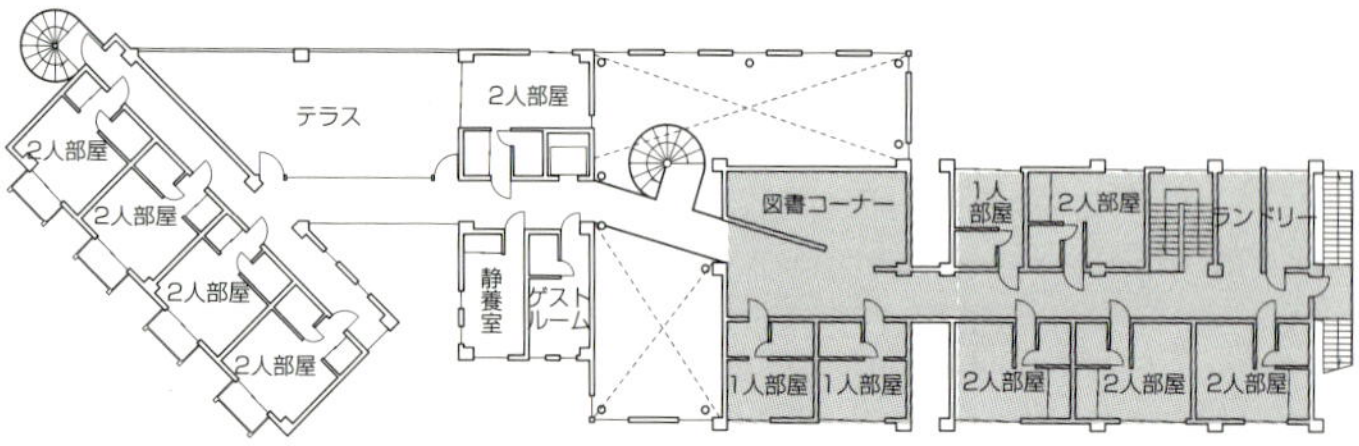

2階平面図

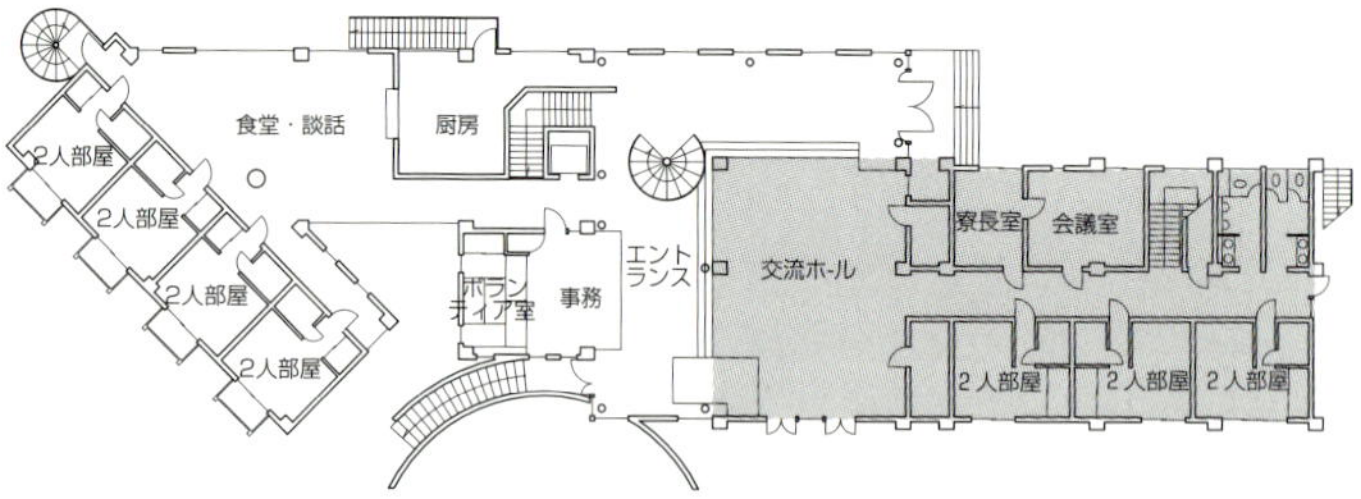

1階平面図
縮尺 1/600

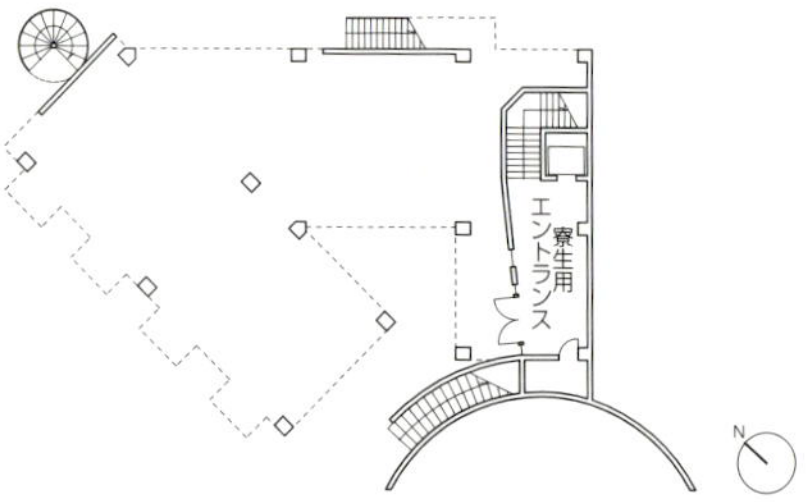

地階平面図
（アミ目は既存部分）

リファイン前の旧状

緒方町役場庁舎

大分県大野郡緒方町／一九九五年

新旧の建物を分離して長期的運営を可能に

【リファインのポイント】
①ローコストで三層吹き抜けのアトリウムを設ける
②新旧の建物を構造的に分離することで将来の増改築に備える
③高齢者・身障者対応としてエレベータを新たに設置

既存の庁舎が築後三五年を経過し老朽化が著しく、また事務空間が手狭になったことから、庁舎の設計コンペが行われた。

全面的建て替えをするほど十分な予算が確保できない状況だったので、既存の建物は残して改修、七・三メートル離れた場所に新しい庁舎を増築し、新旧の庁舎の間に屋根を架けてアトリウムを設けるという提案をした。

増築部分とアトリウムは既存部分と構造的に完全に切り離されているため、将来既存部分に構造上の限界がきた場合には既存部分のみ建て替えることが可能である。

通常の増改築では、新旧の建物を構造上一体化してしまいがちだが、それを分離することで大きなメリットが生まれる。今回、既存部分はまだ十分利用できると判断して改修したが、将来いよいよ寿命が尽きたときには、そこだけを建て替えればよい。増築部分の限界がきたら、またそこだけ建て替えるという具合に交互に建て替えていけば、半分ずつの支出で済む。予算に合わせた事業運営が可能という長期的メリットがある。

今回のリファインでは、各課がどこにあるのか一目でわかるアトリウム（町民ホール）や、高齢者・身障者の利用を考えたエレベータなど、旧庁舎で必要とされていた新たな機能を盛り込むことができた。

緒方町
面積／一四七・九六㎢
人口／六、九三五人（平成七年）
特産物／米、里芋、小ネギ、菊、カボス、畜産

大分県大野郡緒方町は、「緒方五千石」と称される穀倉地帯として栄えてきた。昔から「緒方に水涸れなし」といわれた豊かな水が、農業水路によって平野の隅々にまで行き渡った。今も石組の水路が町中を走り、河川や水路にかかる石橋とともに緒方の景観を特徴づけている。水の緒方を印象づけるものに「大分のナイアガラ」の別称を持つ「原尻の滝」が観光名所としてある。

リファイン前の旧緒方町庁舎

上／旧庁舎は骨格のみ残して大改修し、その南側に増築した。リファイン建築初期の典型例
下／増築部分は既存建物から七・三メートル離して建てられ、新旧建物の間にできた三層分の吹き抜けに屋根をかけている。右側が既存部分

緒方町庁舎リファイン計画の考え方

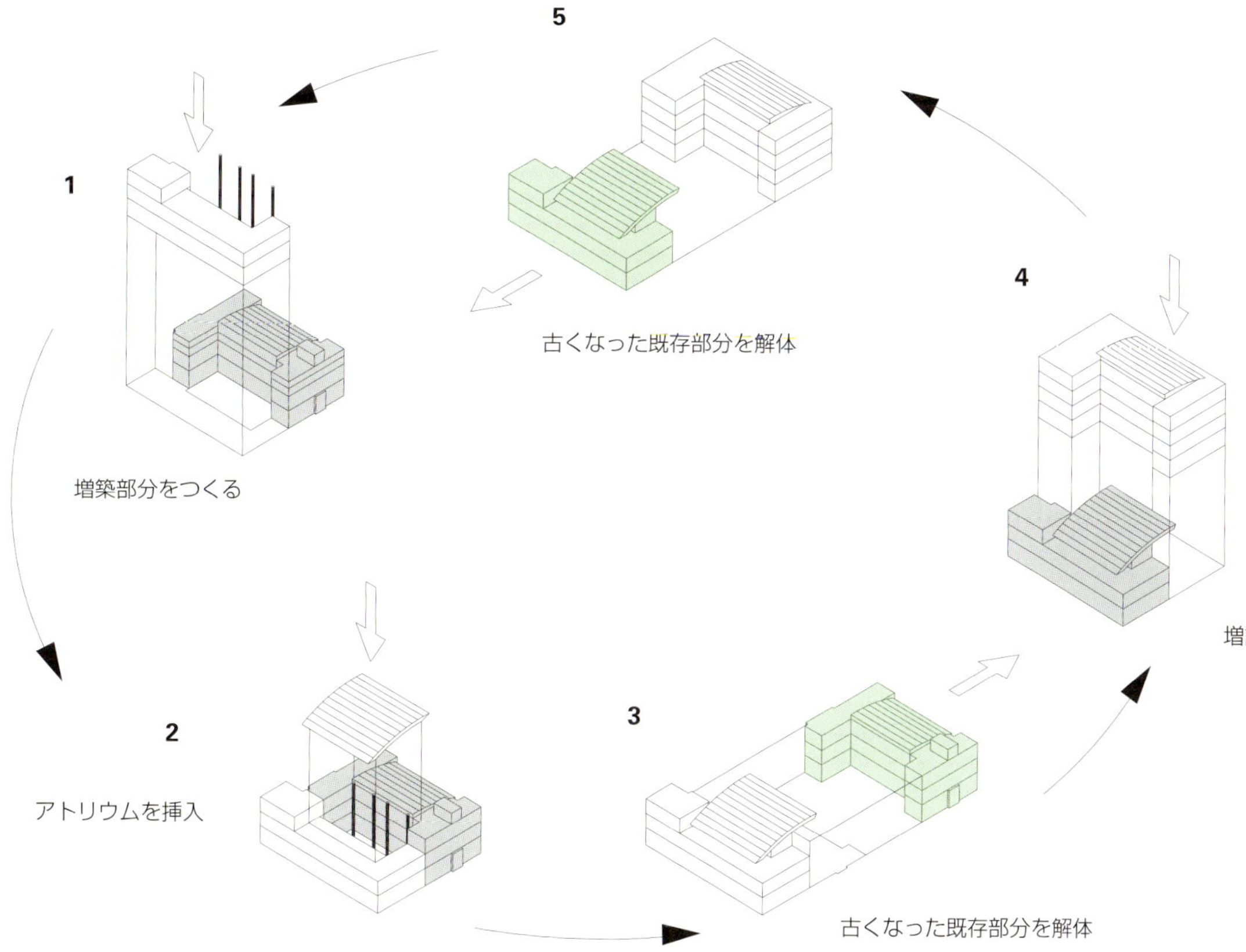

右／アトリウム
左上／旧議場
左下／新議場

緒方町役場庁舎

敷地面積　4,192.36㎡
既存面積　1,110.87㎡
増築面積　1,137.43㎡
機能　既存部分：執務室、議場等
　　　増築部分：エントランスホール、執務室、会議室等
建設費　355,000,000円（490,000円／坪）
（内訳）既存部分　140,000,000円（416,000円／坪）
　　　　増築部分　215,000,000円（624,000円／坪）

内訳	円	%
共通仮設費	2,200,000	1.8
＜建築＞		
直接仮設	1,893,000	1.6
土工事	1,300,000	1.1
特殊基礎工事	3,300,000	2.8
コンクリート工事	4,323,500	3.6
型枠工事	12,676,500	10.6
鉄筋工事	5,050,000	4.2
鉄骨工事	—	—
組石工事	2,000	0.0
防水工事	1,930,000	1.6
石工事	20,400,000	17.0
タイル工事	7,250,000	6.0
屋根、樋工事	—	—
金属工事	5,770,000	4.8
左官工事	3,338,000	2.8
木工事	3,979,000	3.3
金属製建具工事	13,590,000	11.3
ガラス工事	2,500,000	2.1
木製建具工事	3,040,000	2.5
塗装工事	2,428,000	2.0
内装工事	8,504,000	7.1
雑工事	8,081,000	6.7
家具工事	3,940,000	3.3
EV 設備工事	—	—
解体工事	—	—
その他の工事	305,000	0.3
小計	113,600,000	94.7
＜電気設備＞		
受変電設備工事	—	—
発電機設備工事	—	—
幹線設備工事	589,000	0.5
動力設備工事	—	—
電灯コンセント設備工事	1,666,000	1.4
照明器具設備工事	2,716,000	2.3
電話配管設備工事	79,000	0.1
TV 共聴設備工事	363,000	0.3
放送設備工事	—	—
インターホン設備工事	513,000	0.4
自動火災報知設備工事	584,000	0.5
その他の設備工事	990,000	0.8
小計	7,500,000	6.2
＜給排水衛生設備＞		
衛生器具設備工事	1,416,000	1.2
給水設備工事	483,000	0.4
排水設備工事	1,786,000	1.5
給湯設備工事	246,000	0.2
ガス設備工事	69,000	0.1
浄化槽設備工事	—	—
小計	4,000,000	3.3
＜空調設備＞		
空調機器設備工事	5,100,000	4.2
空調ダクト設備工事	1,556,000	1.3
換気設備工事	1,344,000	1.1
合計	8,000,000	6.7
＜外構＞		
駐車場工事	1,320,000	1.1
植栽工事	730,000	0.6
その他の外構工事	—	—
合計	2,050,000	1.7
工事監理費	—	—
諸経費	4,000,000	3.3
値引	-21,350,000	-17.8
合計	120,000,000	100.0

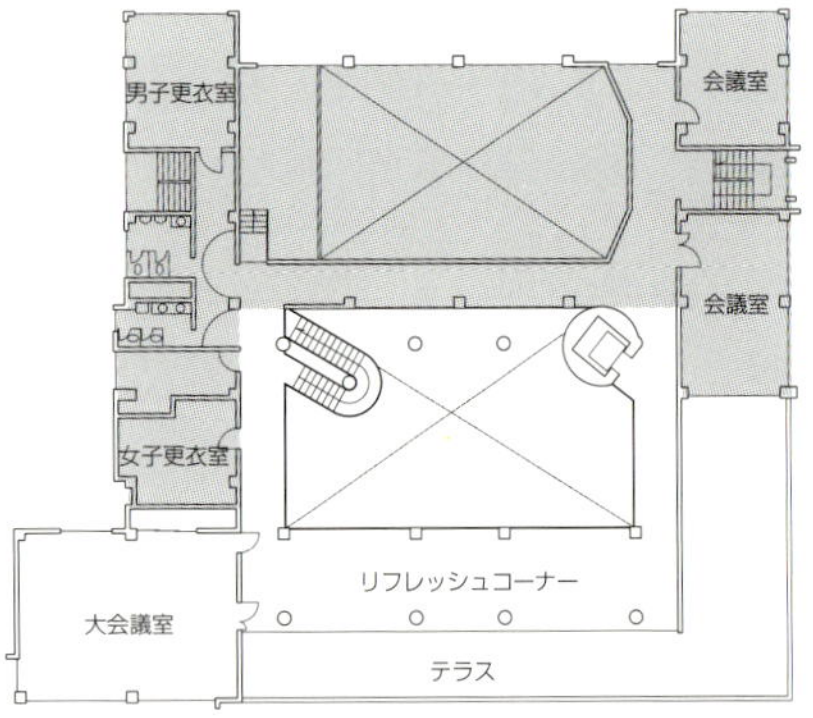

3階平面図

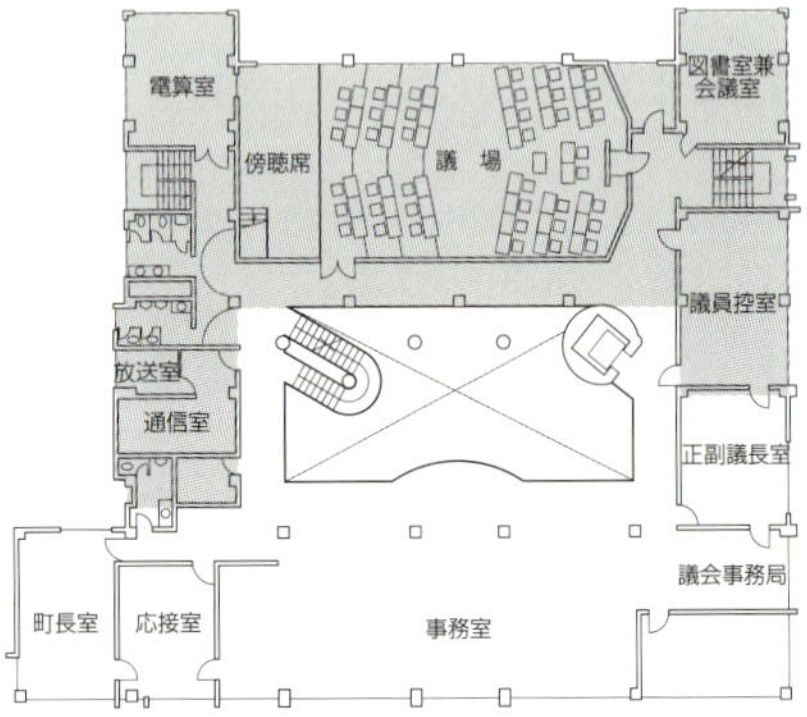

2階平面図

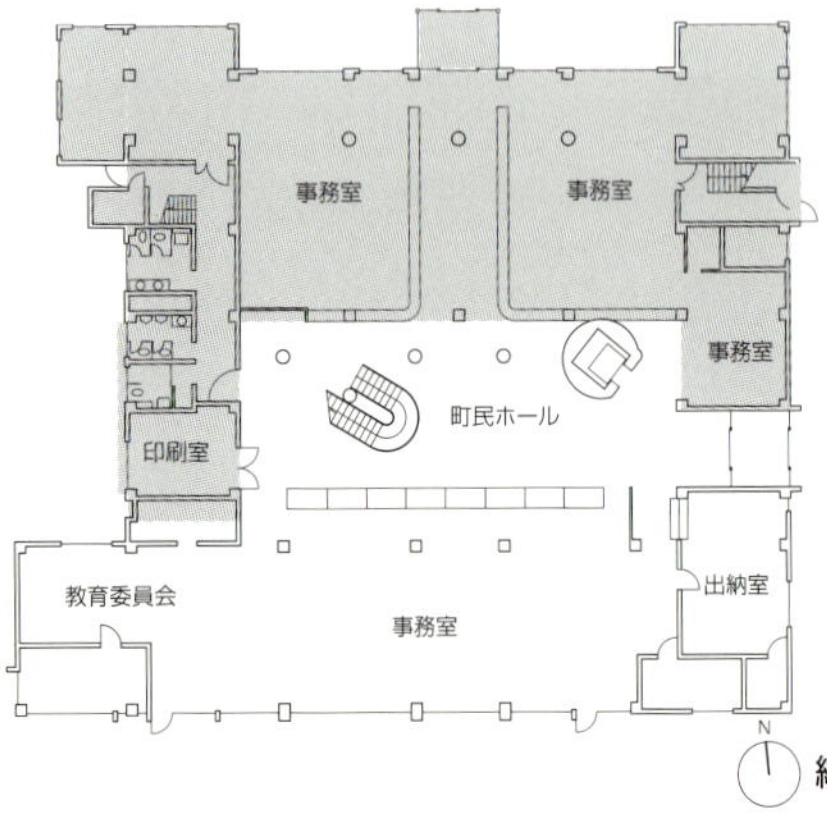

1階平面図
縮尺 1/600

（アミ目は既存部分）

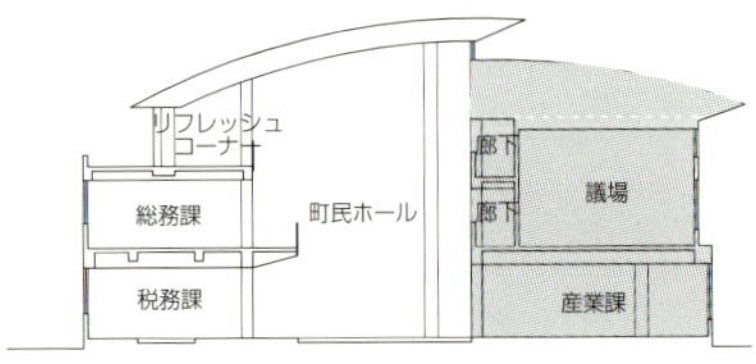

東西断面図
縮尺 1/600

アートホテル石松　大分県別府市／一九九一年

増改築を重ねてきた歴史に個性ある顔と空間をプラスする

【リファインのポイント】
①創業当時の唐風門構えを残して歴史性を継承
②木造部分は木造で補強
③新旧二つの建物を離して建て、その間をラウンジに

アートホテル石松の前身である石松旅館は、大分国体が行われた一九六六年、先代社長が四国・琴平から別府に新天地を求めて開業した。現社長に代替わりした後、一九八五年ごろ鉄骨造七階建ての別棟を増築したが、木造部分の老朽化、客室数の不足などから増築計画を依頼された。

石松旅館には先代社長がわざわざ四国から宮大工を呼んでつくらせた唐風の門構えがあった。クライアントは保存にはこだわっていなかったが、ぼくはこれが大いに気に入り、旅館の顔として残したいと考えた。結局、木造部分は外観を変えずに内部を一度取り払って大改修を行い、結婚式やパーティなどのエントランスとして利用することにした。通常、木造の建物を構造的に補強する場合、鉄骨で補強する方法が一般的だ。しかし、木と鉄の継ぎ目の相性が悪く、時間が経過するうちにトラブルの原因になることが多いため、補強と意匠を兼ねた木製の加工を組んで内側から外壁を支えることにした。

また、鉄筋コンクリート造五階建ての新館は、鉄骨造七階建ての旧館と少し離して建て、二つの建物の間にできた空間に屋根を架けた。旧館と新館の壁面を利用し、三層分の高さに鉄骨を組んで、そこにガラスとテントの屋根を架けたことで、ラウンジとして利用できる広々としたホールをそれほど大きな費用をかけずにつくることができた。屋根は増築部分と結合しているが、独立した柱によって支えられているので、既存の建物には荷重が

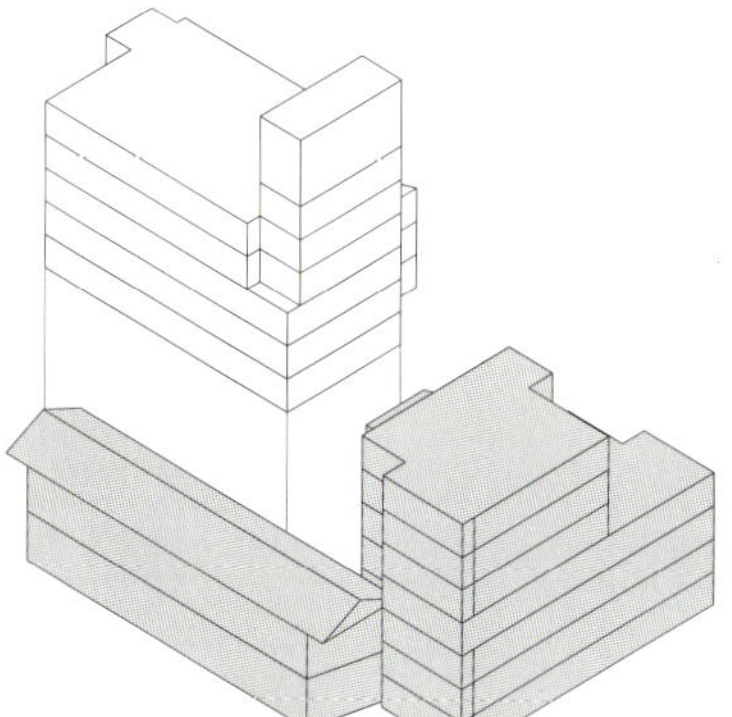

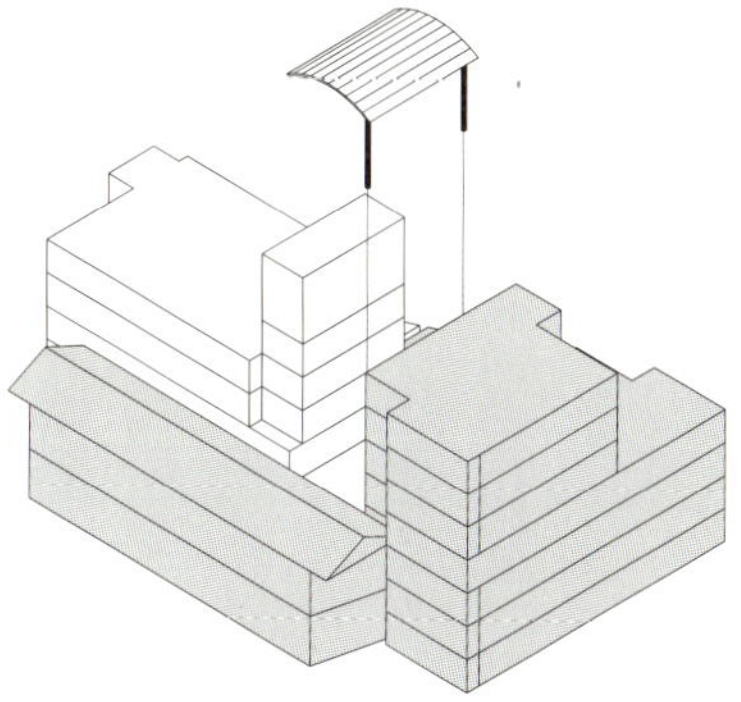

右／既存部分（アミ部分）から少し離して増築
左／既存部分と増築部分の間に屋根をかける
左頁／既存部分（右側）と増築部分の間につくられたラウンジ。屋根は三分の一がガラス、三分の一がテントで構成されていて明るい

男子大浴場
林千太郎

かかっていない。これは二つの建物の建設時期が異なるため、将来のメンテナンスを考慮したためである。

その建物が持っている歴史性を強調すること、そして既存施設と増築施設を離して建て、これに屋根を架けるというリファイン建築の手法へと至るきっかけとなった仕事である。

上／ロビーからホールへ。既存部分をリファインした空間
下／手前の低層部分が既存建物。キャノピー付きのエントランスは新築

（アミ目は既存部分）

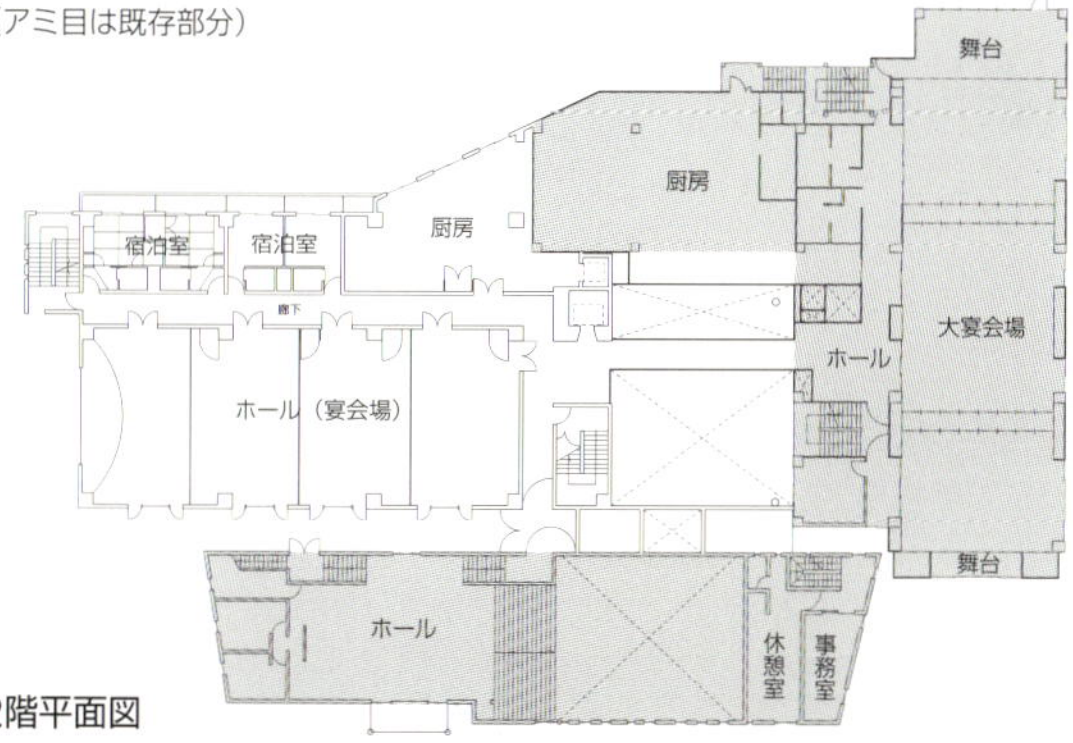

2階平面図

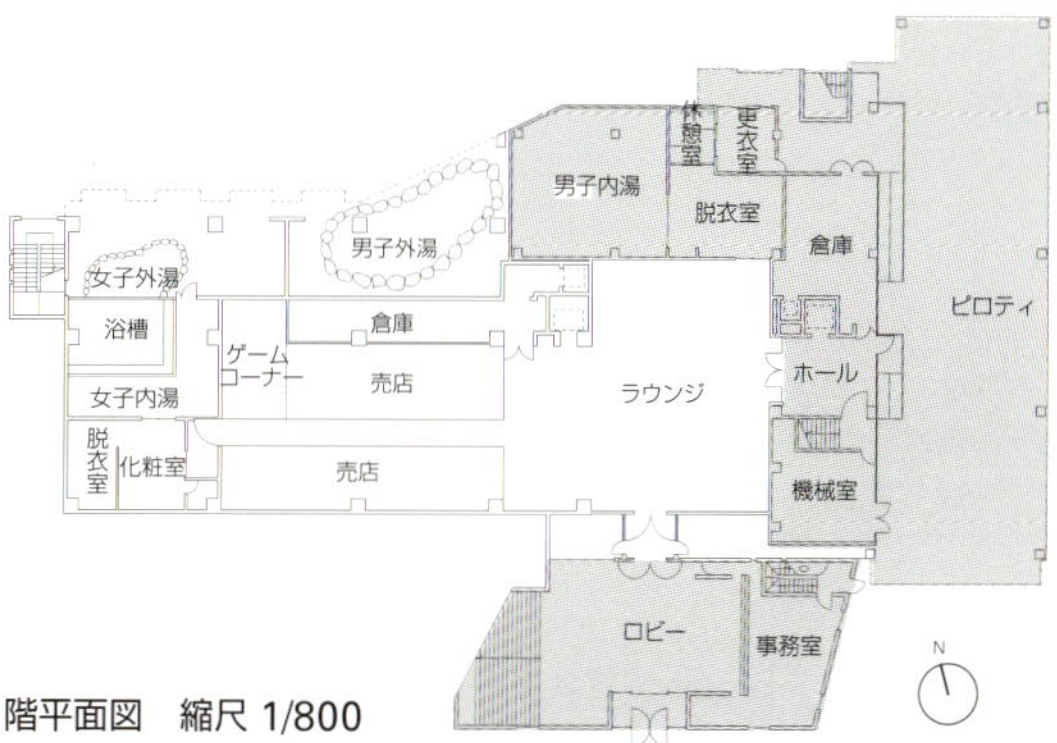

1階平面図　縮尺 1/800

鶴見町旧海軍防備衛所跡地資料館

大分県南海部郡鶴見町／一九八七年

五〇年前の海軍要塞をギャラリーに

【リファインのポイント】
①鉄筋コンクリートの強度試験、中性化試験を実施
②軍事施設のパワーに対置してガラスのエントランスを設ける
③外部は旧状をあえて生かし新旧のコントラストを強調

鶴御崎は、豊後水道につきだした鶴見半島の先端にあり、九州の最東端に位置する、漁業の町・鶴見町にとって貴重な観光資源の一つである。ここに明治二二年（一八八九）に海軍望楼が置かれ、昭和一〇年（一九三五）、増改築されて海軍防備衛所になった。終戦後、一部を壊して灯台が建設されたが、残りの建物は閉鎖され、放置され廃墟になっていた。それを、大分県の「ふるさと活性化中核事業」の補助を受け、鶴見町の観光資源としてギャラリーにリファインしたのである。

何しろ、五〇年以上も前の建物なのでコンクリートの構造耐力が懸念されたが、軍の施設であり頑丈につくられていたこと、建物のほとんどが地下に埋まっていたこともあって、保存状態はかなり良いことが試験によって確認された。既存建物は岬の地形を生かして、その地下に軍事施設が築かれていた。小さな砲台のような構築物の下に地下への入口があった。がっしりとした砲台の表面には細かい凹凸が施され、濃い緑色の迷彩色で塗られていて、独特なパワーを漂わせていた。この力強さをそのまま残し、そこにガラスの箱をスッと差し込むようにして新しいエントランスとした。

エントランスから入って右手の部屋は天井が完全に崩落していたが、屋根の代わりにガラスの大きな四角錐を載せトップライトにした。展示室は最も奥まったところにある、天井の低い細長い部屋だ。最初に調査に訪れた

右／リファイン前の状態。砲台のような構造物の下に地下に入っていく入口があった
左／中も荒れ果てていたが、コンクリートは強固だった。このスペースは展示空間にリファインされた

とき海の底をイメージし、それがそのままデザインのポイントとなった。展示室からは外部空間へと続いているが、そこには煉瓦造の構築物があって廃墟になっていた。通常なら撤去してしまうところだが、あえてそのまま残し、階段を付けて屋上に出られるようにした。

歴史的価値のある建築物をできるだけ残そうとした、リファイン建築の典型的な例である。

上／展示広場。既存の天窓をそのまま生かしてトップライトにした

左上／ウェイティングホール。上部はピラミッド状の屋根になっている

左下／鶴御崎の先端に建てられた海軍望楼と灯台

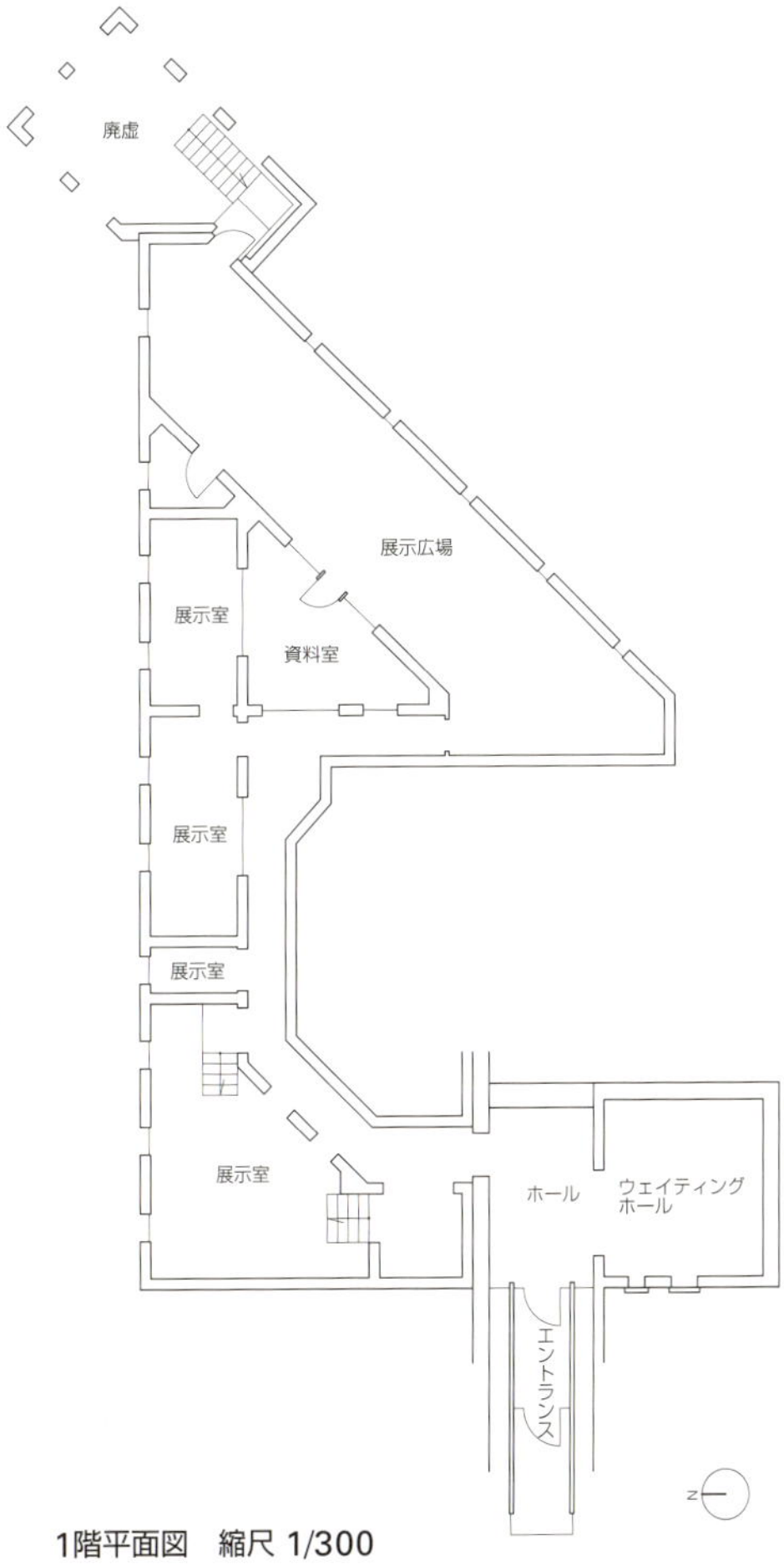

1階平面図　縮尺 1/300

鶴見町

面積／二〇・一八㎢

人口／四、三一九人（平成一三年七月現在）

特産物／鶴見アジ、鶴見サバ、豊後大島ブリ、水産加工品、イチゴ、柑橘類、ツワブキ、茶

大分県南海部郡鶴見町は、大分県南部のリアス式海岸に沿っており、黒潮が流れる豊かな漁場に恵まれ、古くから漁業が栄えてきた。鶴御崎灯台は九州最東端、二〇〇メートルの絶壁の上に建ち、豊後水道を一望できる。周辺は野生の花の宝庫でもある。

量感のある既存の構築物に、それとは対照的なガラスのエントランスを新たに付け加えた。ピラミッド状の屋根はウェイティングホール上部に新たに設置したもの

リファイン・プロジェクト① 集合住宅［1］計画 七五三ビル／福岡県福岡市

住戸数を維持し、壁面緑化でマンションの魅力をアップ

七五三ビルの位置する中央区小笹は、北部に南公園、動物園、植物園が隣接する緑の多く残る住宅街である。二〇年ほど前までは、敷地の南側前面に鉄道も走っていて現在とはまったく趣の異なった環境であったことを聞かされている。現在は、城南区や南区から博多・天神への通勤の主要幹線となっており、朝夕の交通ラッシュ、また休日は動植物園を訪れる人々で混雑し、常に車の絶えない街となっている。

そもそも計画は、築三四年を経過し、間取り的にも設備的にも現在のニーズに対応しきれなくなった同ビルをすべて取り壊し、新築にて建て替えようというところからスタートしていた。しかし、当然のことながら整備にかける投資は最小限に抑えることが前提であり、さまざまな検討を模索していた状況の中で、オーナーと親しかった私のもとへ相談が持ちかけられた。早速、現地を訪れ、解体予定の建物を見ると、外観上は十分にリファインできる状態であり、コスト面でも新築の場合の六割弱で整備可能であることが予想できた。立地が市街地であるため、ビルが建設された後にさまざまな法的な規制が同地区に掛けられており、そのため既存不適格となった部分を一つずつクリアしていくところから計画がスタートした。

計画は、現在の躯体・住戸数は維持し、西側部分にEVおよび階段室、エントランスホールを増築する方向で進め、耐震上有効な壁のみを残してその他の壁については撤去し、新規に必要な耐震壁のみRCで増設、その他の壁は鉄骨下地で設置していく方法を採用した。これにより建物の自重は軽くなり、躯体の構造的負担を軽減している。また耐震診断の結果、耐力の不足している部分には炭素繊維での補強を採用していくこととした。

賃貸集合住宅であり、借り手の入れ代わりも考えられるため、時間が経過しても建物の魅力を保ち続けることが要求され、今回は可能な限り壁面を緑で覆うことにした。建築が植物の成長とともにさまざまな表情を持ち、また、壁面緑化によって建物の表面温度の上昇防止、都市のヒートアイランド化を緩和する効果を狙っている。

現況外観

リファイン前

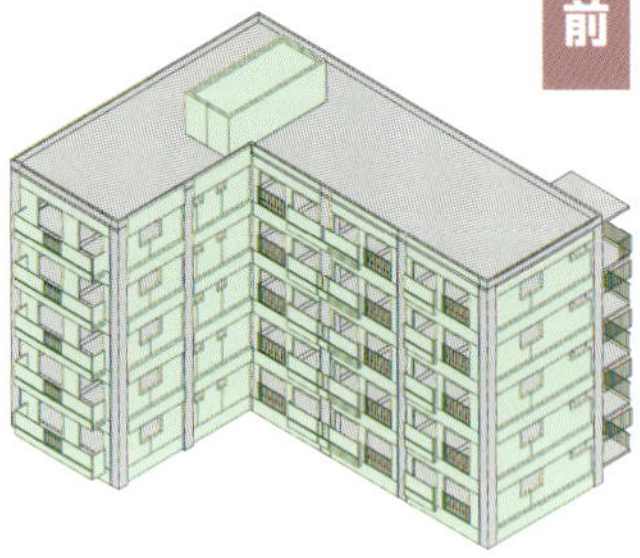

解体・撤去

構造上不要なコンクリート壁、手すり、塔屋等を撤去し、一六パーセントの重量低減を図る

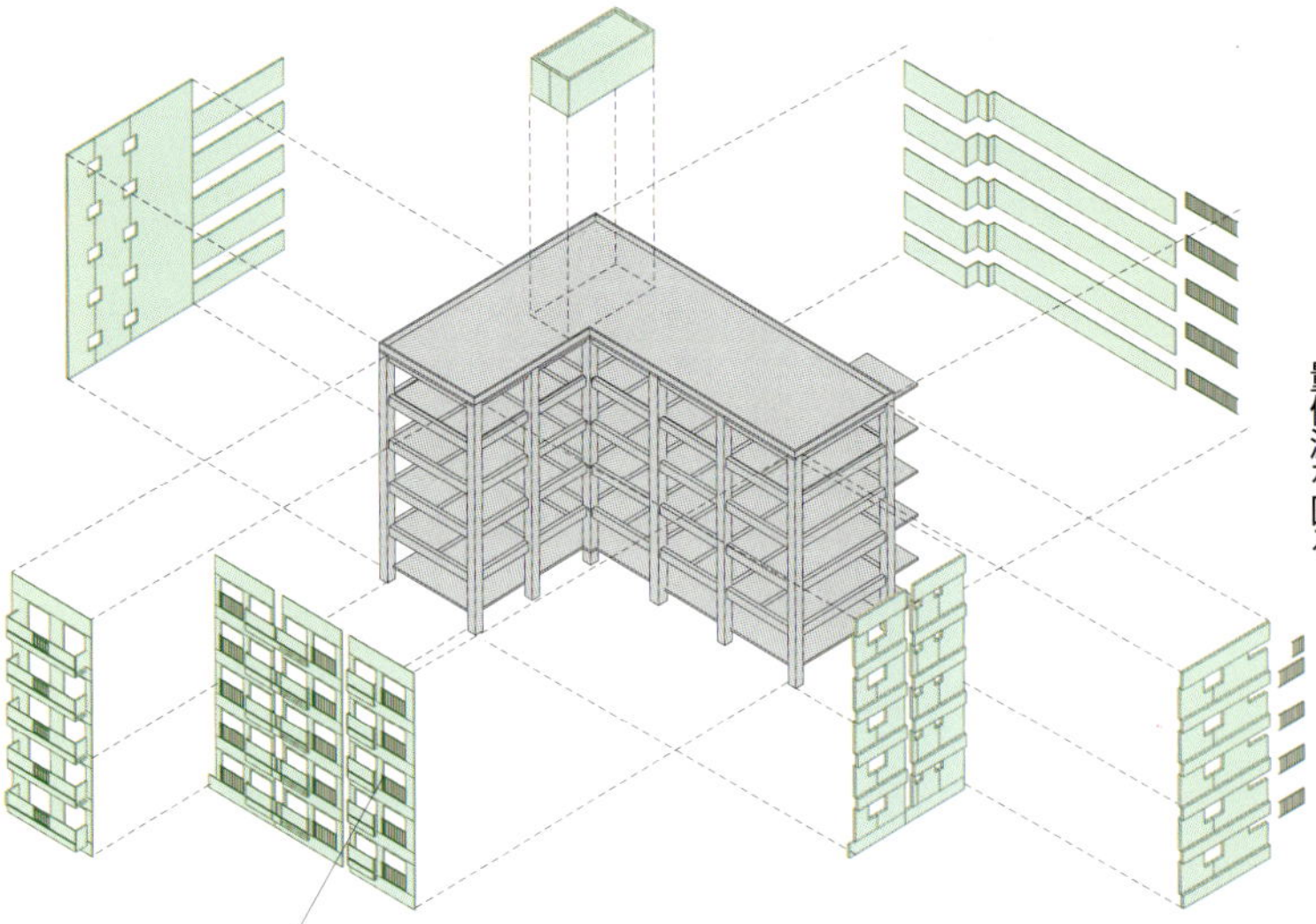

補強

二九本の柱を炭素繊維で補強し、現行新耐震設計基準に適合させる

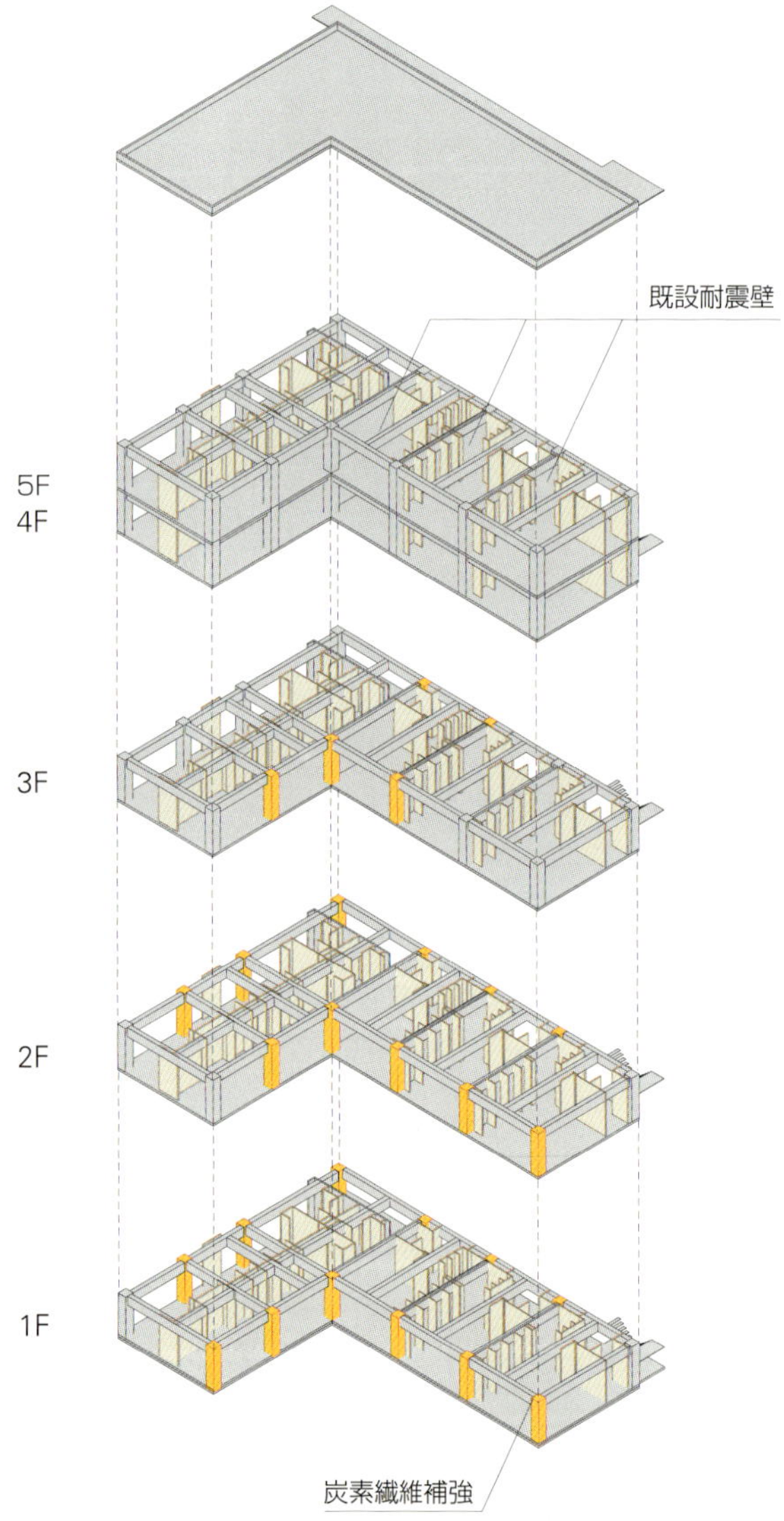

壁面緑化の効果

A 身近な環境の改善効果

■物理的環境改善効果
・空気の浄化効果
・微気象の緩和効果
・騒音の低減効果

■生理・心理効果
・豊かさ、安らぎ感の向上
・園芸療法
・身近な情操・環境教育の場

■防火・防熱効果
・火災延焼防止
・火災からの建築物保護
・避難路の確保

B 経済的な効果

■建築物の保護効果
・酸性雨や紫外線等による防水層、壁面等の劣化防止
・構造物に対する温度変化の影響軽減

■省エネルギー効果
・夏期の温度上昇の軽減、冬期の保温断熱効果

■宣伝・集客効果

C 都市の環境改善効果

■低負荷型の都市づくりに貢献する効果
・都市気象の改善効果（ヒートアイランド現象の低減、過剰乾燥の防止）
・省資源効果（省エネルギーを通じて、省資源社会の創出）

■循環型の都市づくりに貢献する効果
・都市大気の浄化効果
・雨水流出の緩和効果

■共生型の都市づくりに貢献する効果
・都市の自然性を高める効果（都市のエコアップ）
・都市景観の形成効果（装飾、修景）
・都市のアメニティーの向上（うるおい、安らぎ感の向上）
・空間創出効果（新たな利用空間の創出効果）

外装

南面、東面はカーテンウォール、金属板で覆い、躯体の経年変化を遅らせる。階段、廊下、ベランダ、エレベーターは既存部分から切り離して増築。東面は壁面緑化を行う。

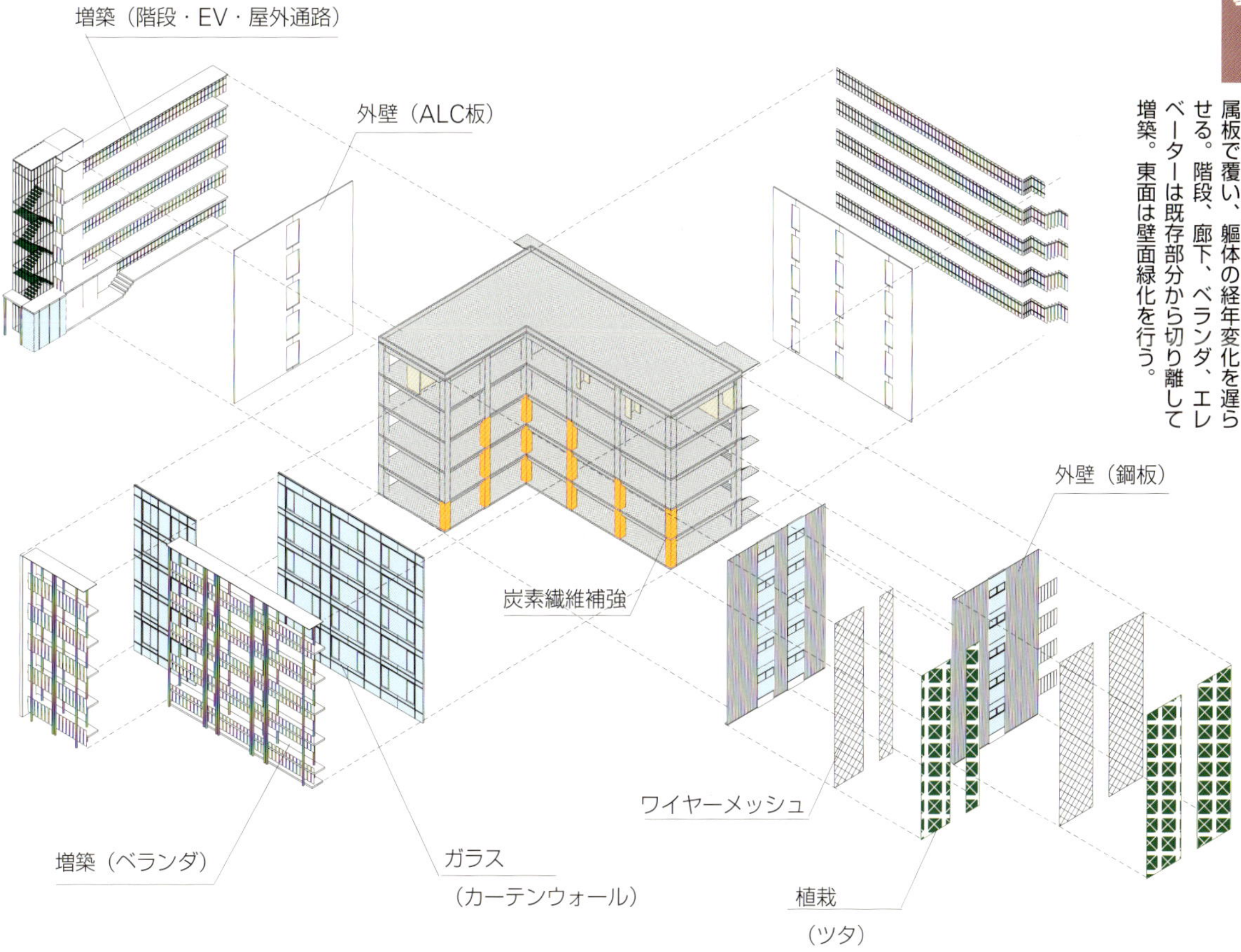

リファイン完了

七五三ビル（リファイン計画）
所在地：福岡県福岡市中央区
主要用途：共同住宅
敷地面積：　850.33m²
建築面積：　371.14m²
延床面積：　111.53m²（増築）
　　　　　1,214.02m²（既存）
　　　　　1,325.55m²（合計）
構造規模：鉄筋コンクリート造一部鉄骨造
　　　　　地上5階
住戸数：　25戸
地域指定：第二種住居地域
予定工費：1億2,000万円
予定工期：2001年10月～2002年3月

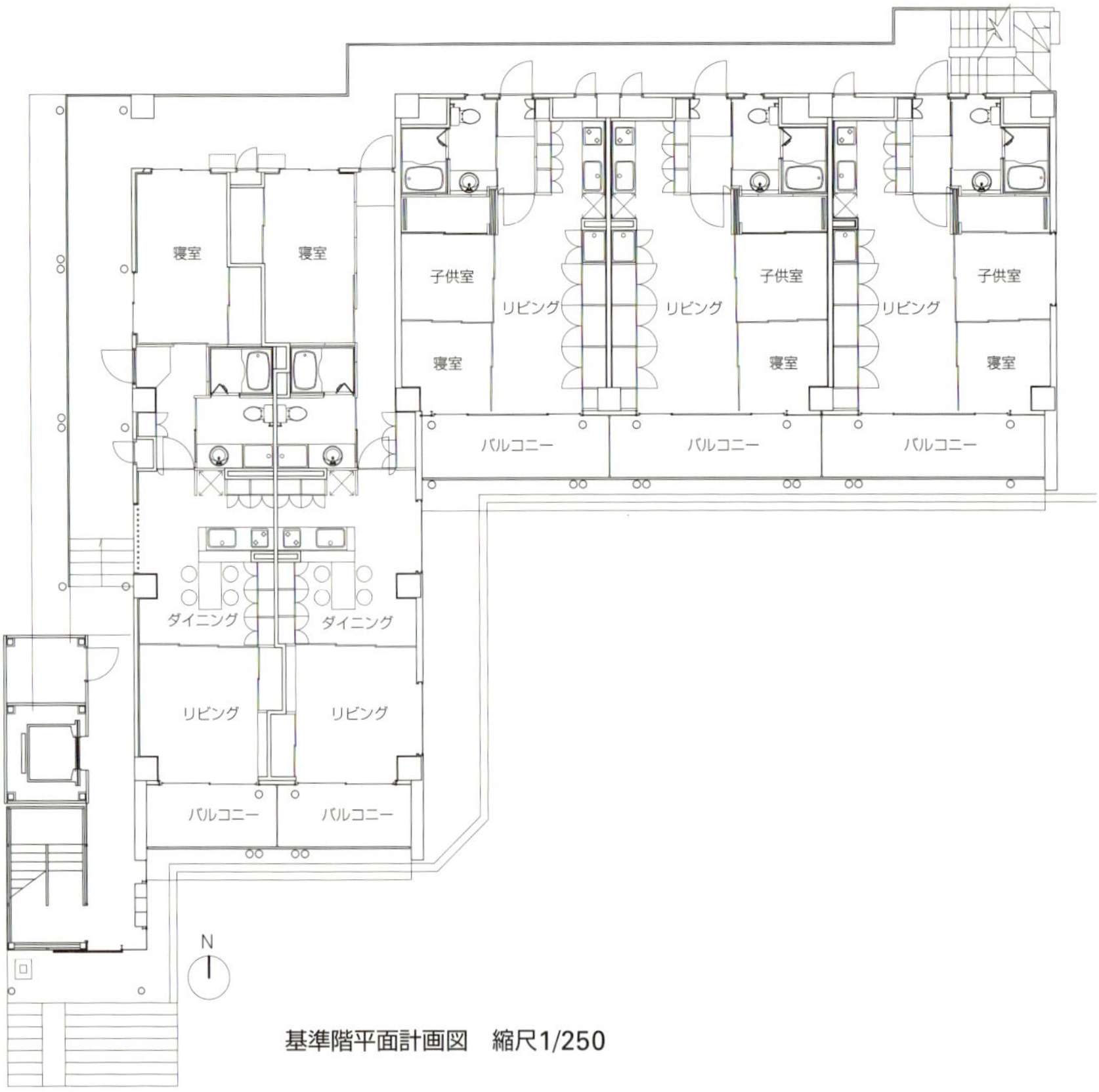

基準階平面計画図　縮尺1/250

炭素繊維補強

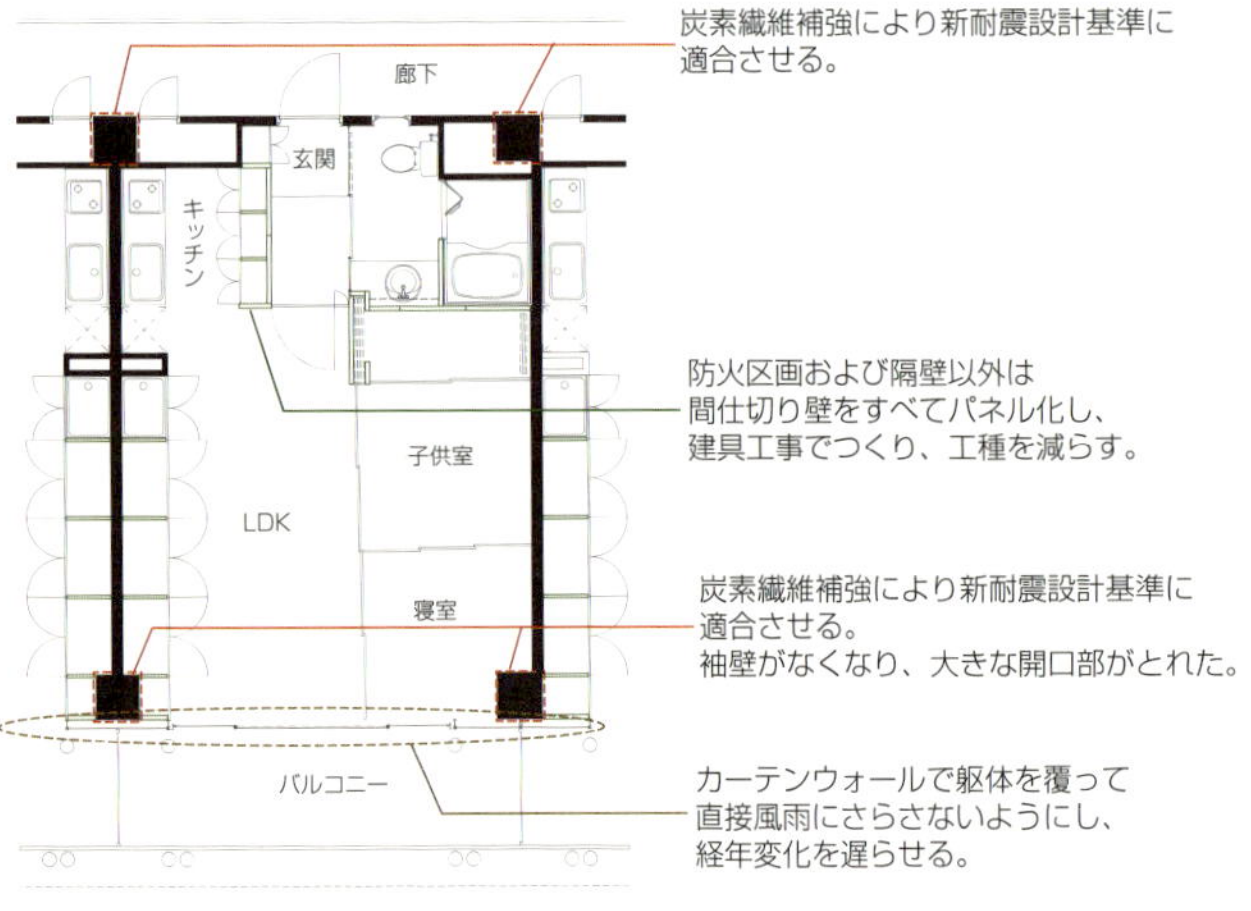

◀

RC壁補強

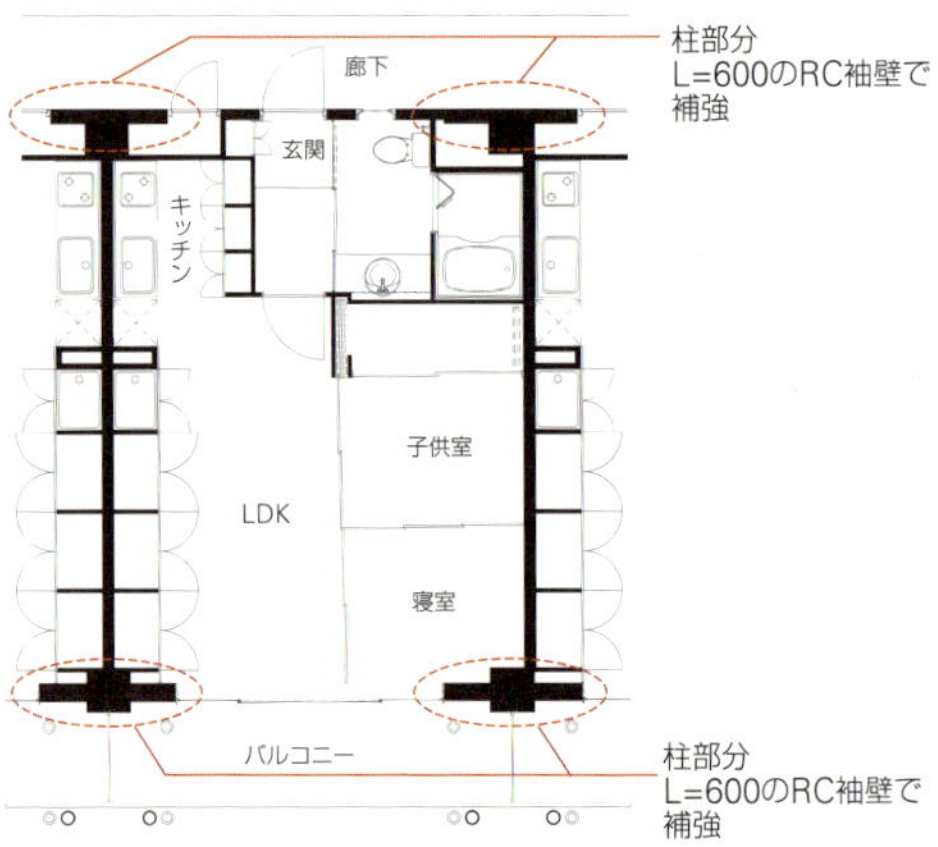

RC壁補強／炭素繊維補強比較表

	重量比較				金額比較		
	柱1本当たり（kg）	壁1枚当たり（kg）	トータル（t）	補強による建物重量増加率（%）	柱1本当たり（円）	壁1枚当たり（円）	トータル（円）
炭素繊維補強（柱29本）	15.37		0.45	0.03	100,700		2,920,300
RC壁補強（75枚）		660.0	49.5	3.75		58,080	4,356,000

居ながら施工で各室内も一新

集合住宅の住みながらの大規模な改装工事は、今まで日本が行ってきた集合住宅の改装工事システムに対して一石を投じることができると思い、かねがねやってみたいと考えていた。集合集宅［1］計画ではある程度まとまった空室があったため、住民にいったん退去してもらって工事するという方法となったが、一九七二年に建てられ二九年を経過したこの福陵ビルでは、空室が一室しかないということもあり、住みながら施工する計画を考えている。この方法で進めていくと、すべてを完了するまでに五〜一〇年の時間がかかる見込みである。一住戸ずつ改装した後、順次新しい住戸へと住民に移動してもらうことを繰り返しながら進めていく。新しいプランに関しては、現況の住民構成を調査分析した結果を基に必要なプラン構成を割り出して計画を進めた。

外壁は、構造上不要と思われ、かつ居ながら施工においても撤去して差し障りないと思われる壁はすべて取り外すこととし、ビル全体のイメージの一新を図っている。耐震補強に関しては、炭素繊維を使うことでタイムラグのある施工に対して有効な手が打てる。また設備については、特に排水の縦管は居ながらの施工ということで、使用しながらの取り替えが必要となる。そこで、外部廊下側に新規の配管を設けることでその問題に対応した。

現在、基本設計の真っ最中であるが、自信を持って進めていける計画になると確信している。

リファイン前

現況外観。左面はメインファサード側、右面は側道側

リファイン完了

リファイン後のメインファサード側エントランス回り外観

福陵ビル（リファイン計画）
所在地：福岡県福岡市早良区
主要用途：店舗・事務所・住宅
敷地面積： 971.27m²
建築面積： 463.90m²
延床面積：3,262.33m²
構造規模：鉄筋コンクリート造一部鉄骨鉄筋コンクリート造　地上7階・塔屋2階
住戸数： 30戸
地域指定：近隣商業地域
予定工費：未定
予定工期：基本計画進行中

解体・撤去

構造上不要かつ入居者の生活に支障のない共用廊下の外壁、バルコニー部分の腰壁、手摺り、パラペットの一部を解体。その後、入居者退去時に空室部分のみを随時解体していく。コンクリートの壁を解体することで建物の軽量化を図る。

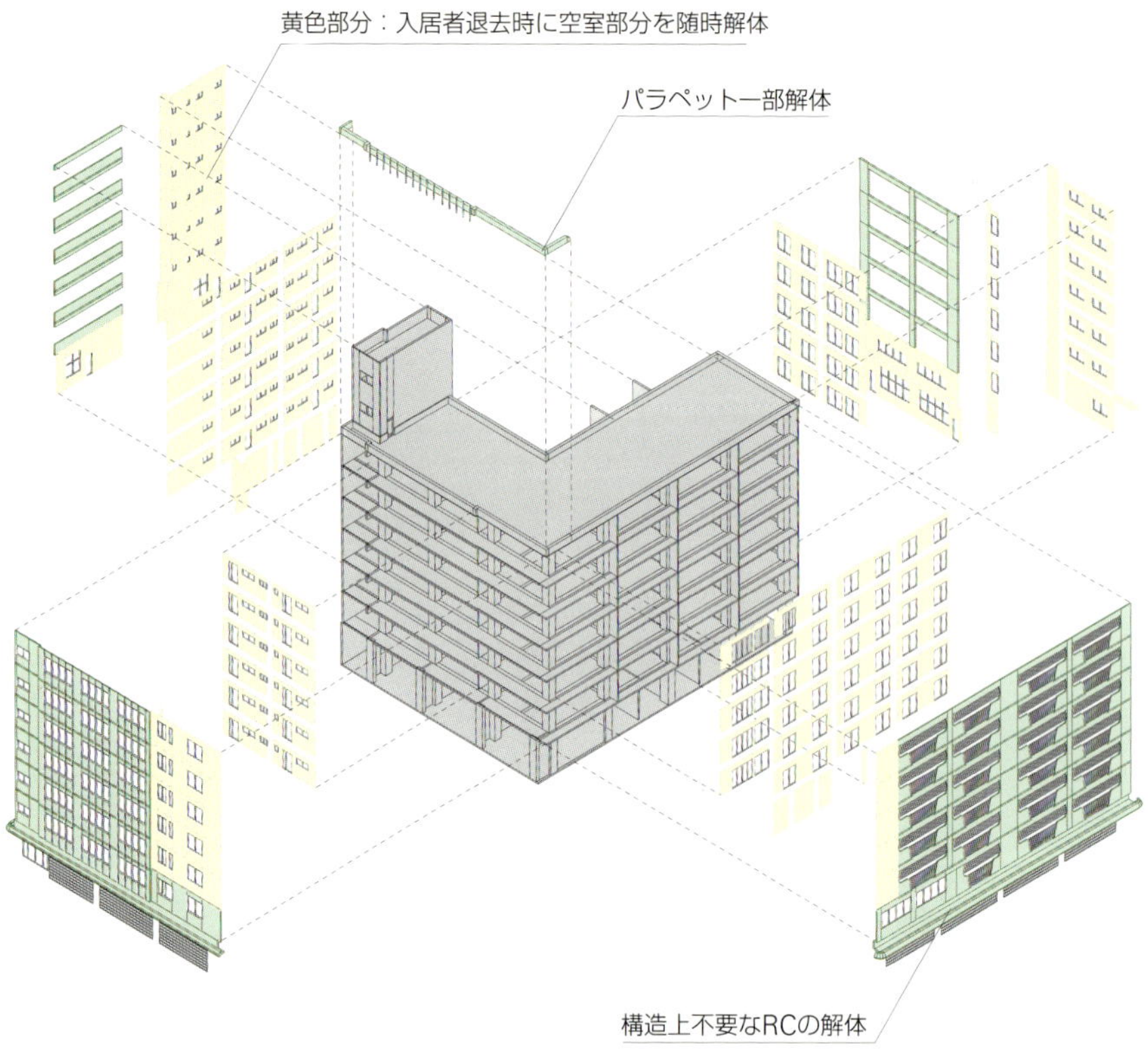

補強

入居者退去時に、空室部分の柱、耐力壁を炭素繊維によって随時補強し、最終的には現行の新耐震設計基準に適合させる。

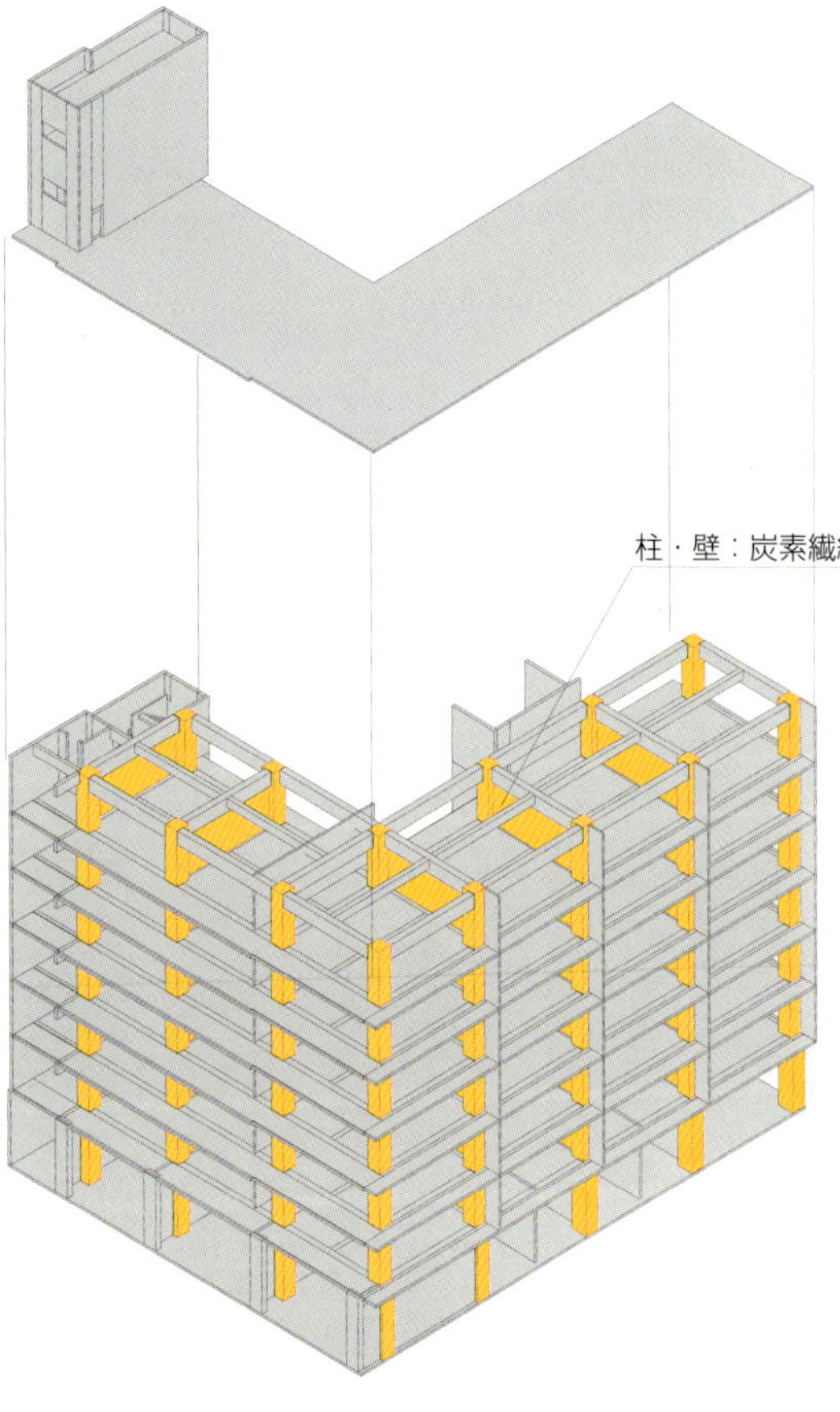

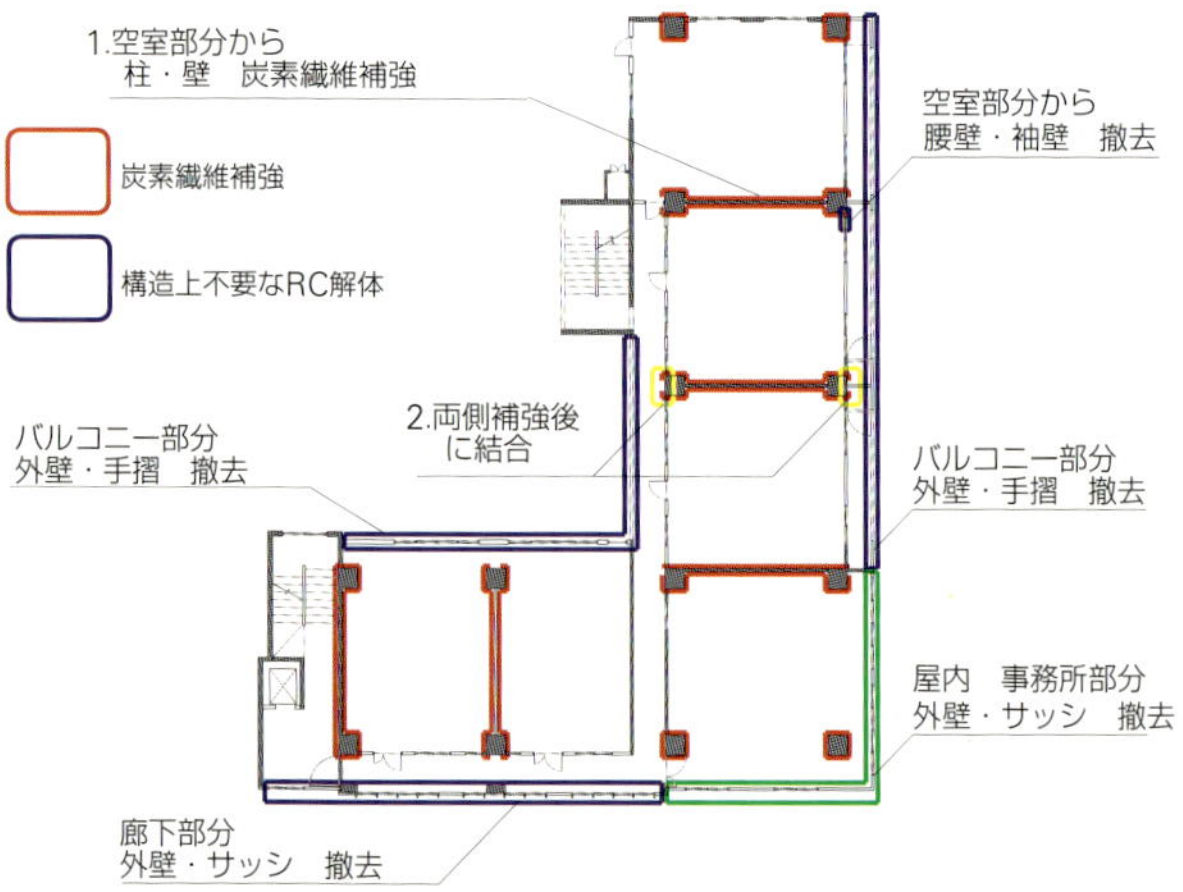

外装

バルコニー側の外壁を既存躯体補強のため、カーテンウォールで覆い、さらにバルコニーの手摺り、日除けを軽いアルミのルーバーで覆う。

バルコニーにはデッキを張り、居室空間を外部にまで拡張する。

その他外壁には、安価で耐久性に優れた鋼板で覆うことにより、経年変化を遅らせる。

居ながら施工の流れ

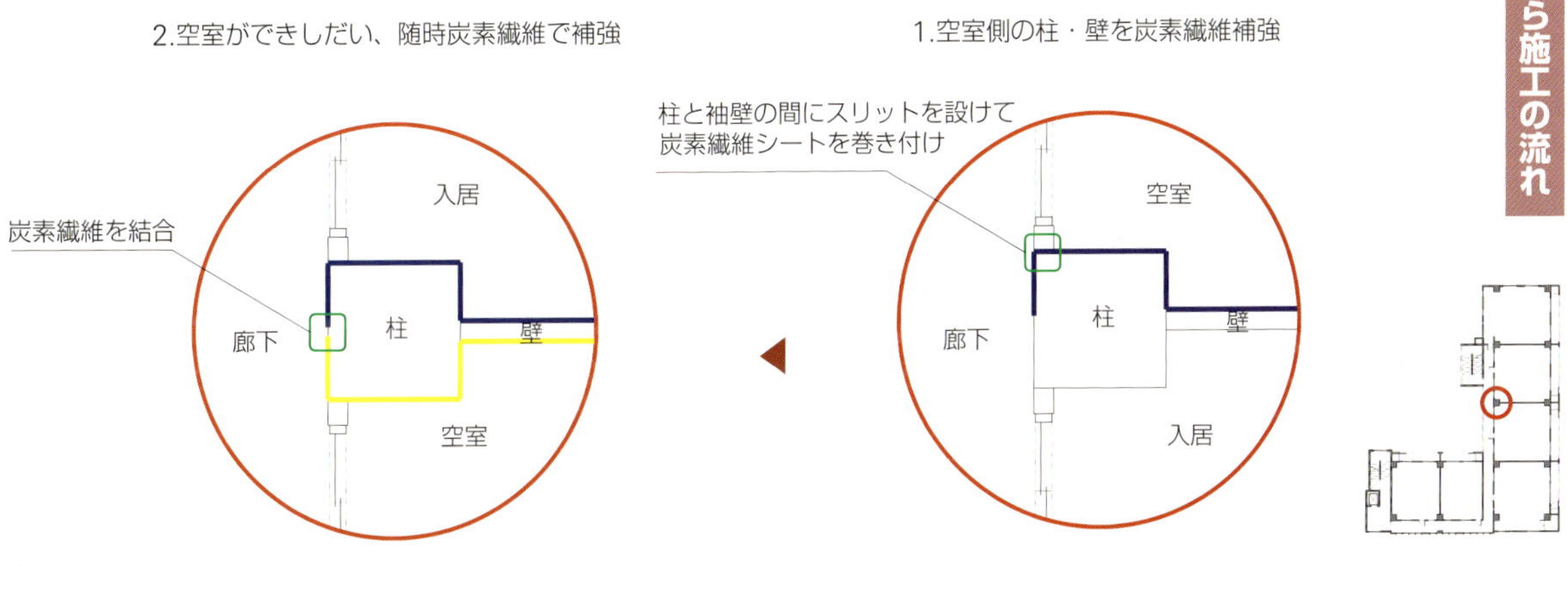

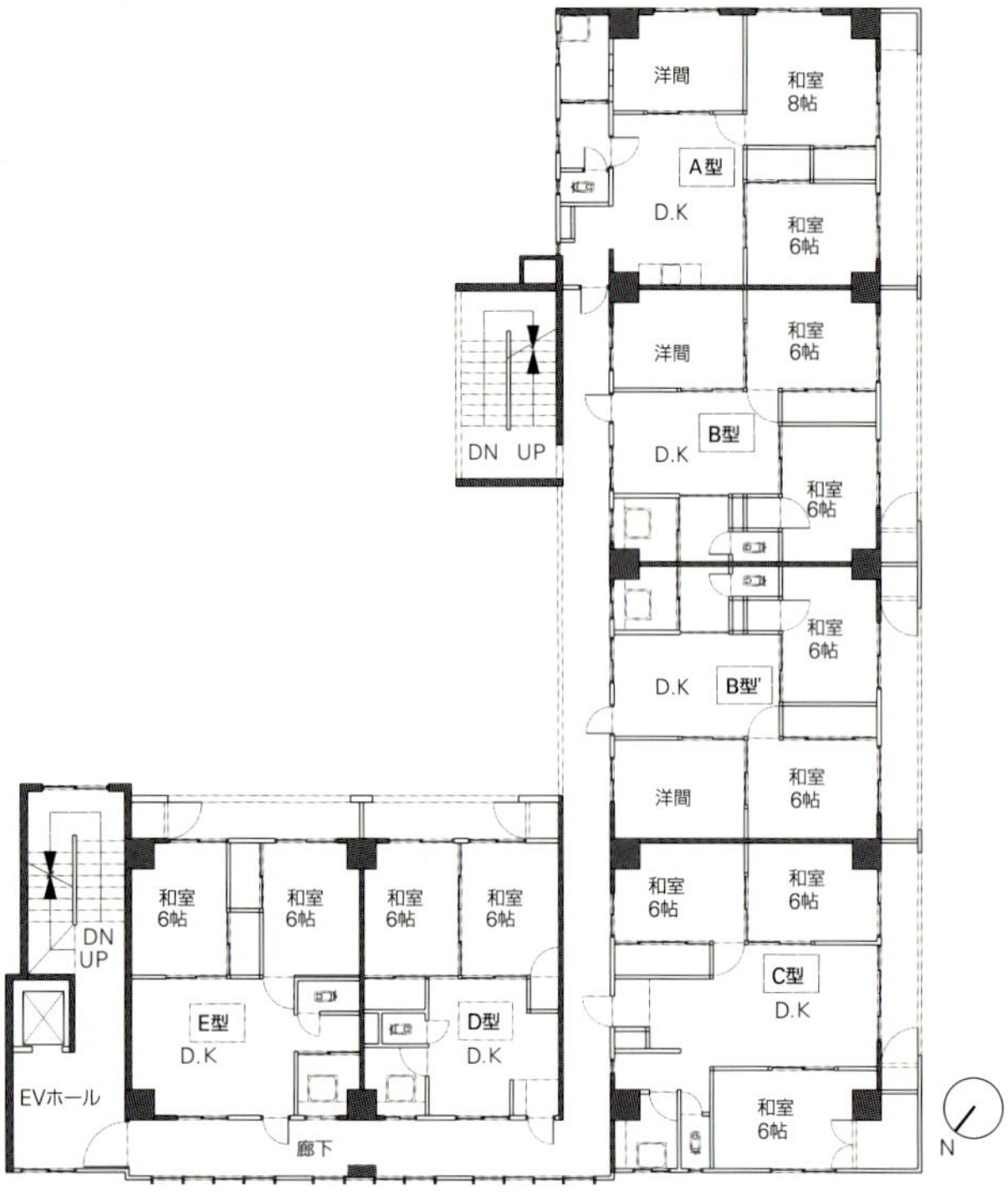

既存住戸基準階平面図

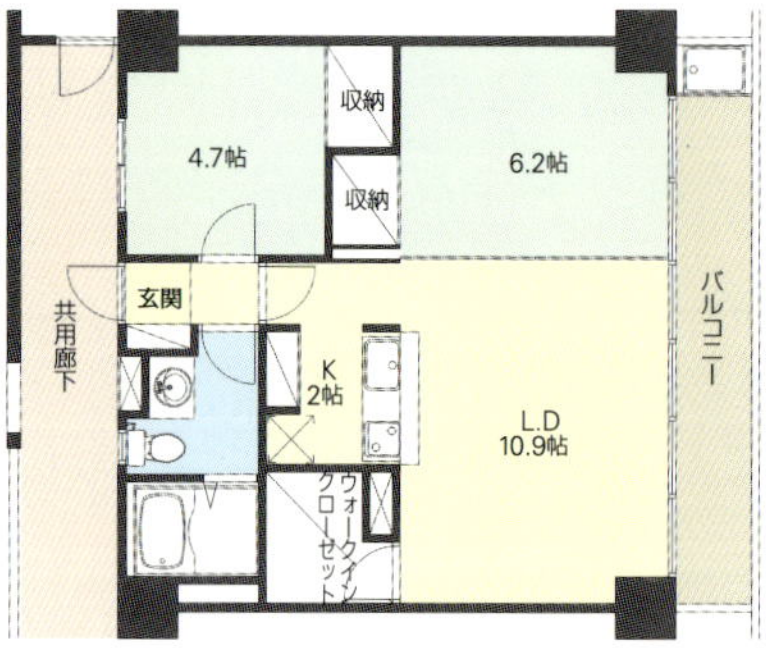

リファイン住戸平面計画B型 A案

リファイン住戸平面計画B型 B案

新規 n+LDKタイプのゾーン分け

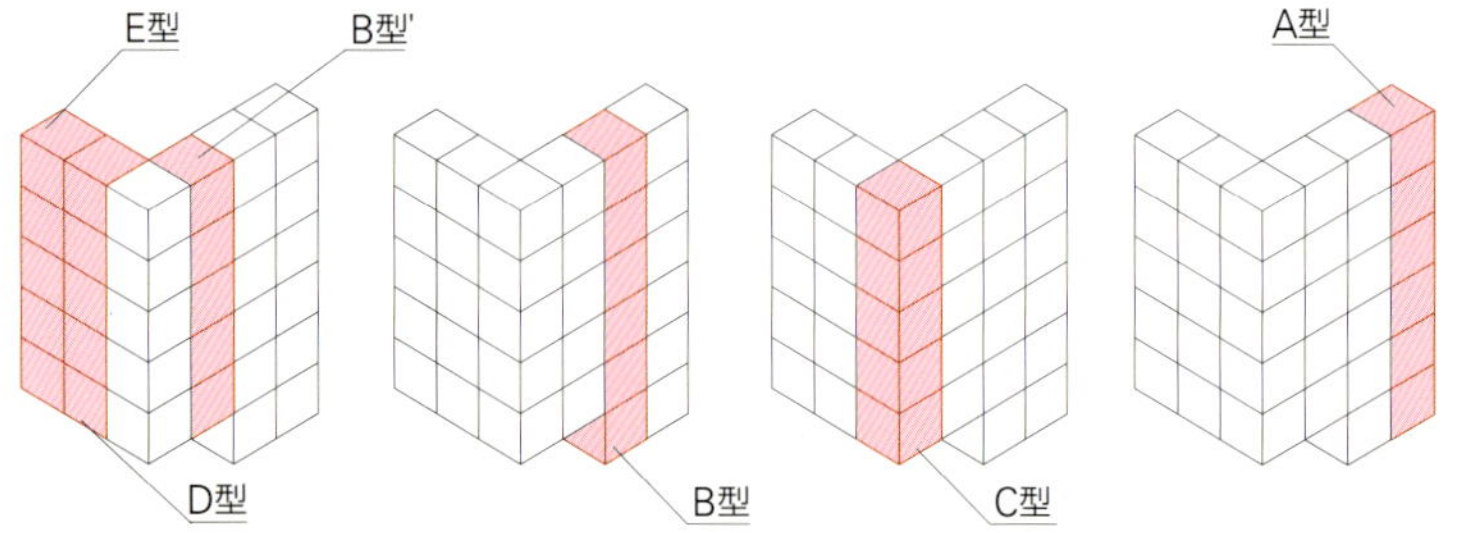

1ベッドルームタイプ　2ベッドルームタイプ　2ベッドルーム・3ベッドルーム混合タイプ　3ベッドルームタイプ

コンクリートの軽量化

建物全体を解体したときのコンクリートの廃材量	3957.5t
リファイン工法による部分解体時のコンクリートの廃材量	310.6t
既存建物のコンクリートの軽量率1 （バルコニー外壁・廊下の腰壁・EV前外壁・1階庇）	6%
同　軽量率2 （軽量率1＋屋上シンダーコンクリート剥ぎ取りを含む）	8%
資源有効利用率	92%

リファインを進めるために、まず現在入居中の全三〇世帯の家族構成を調査し、最低必要な個室数とその割合を分析した。

その結果をもとに、単身（一ベッドルーム）、母子もしくは兄弟（二ベッドルーム）、夫妻（一ベッドルーム）、夫婦＋子供＋α（二〜三ベッドルーム）と家族構成ごとに一〜三ベッドルームタイプの住戸平面計画をたてた。上図はB型の二ベッドルームの住戸のリファイン計画案で、A案は南側に開口部を最大限にとり、オープンキッチンを採用した案。B案は二個室を並列関係に設け、リビングとバルコニーを一体とした案である。

工事は住戸ごとに順次進める居ながら施工とする。耐力が不足している部分には、右頁下図のように、まず空き室側（片側）の柱と袖壁の間にスリットを設けて炭素繊維シートを巻き付け、柱・壁を炭素繊維で補強する。さらに隣も空き室になりしだい、随時炭素繊維で補強して、最終的に炭素繊維を結合する。

住戸ごとに工事を進め、完成後、家族構成に合わせて新しい住戸へ移動してもらう。これにより全住戸一斉に退去する必要はなく、また工事も大がかりにならない。

余剰面積を利用して屋内に外部空間的な遊戯室をつくる

学校の統合に伴い廃校となった小学校の校舎と体育館を再生し、利用したいという要望があり、体育館をそのまま保育園にしてしまおうと考えた。しかし、既存の体育館の床面積に比べ、必要とされる保育園は極めて規模が小さい。どう考えても面積が余ってしまうのをどう利用するかで頭を悩ませた。

そんなときふと頭に浮かんだのが、子供のころ、藁積みの間をぬって走り回ったことであった。すぐにこれだと思った。早速、体育館の中に必要床面積を確保し、残りはすべて外部的な空間とする提案をしたのである。屋根の一部をガラスとして、なるべく外部空間に近づけた。遊戯室は、中からも外からも、どこからでも目が届くように中心に置き、近隣の住宅とも交流を持てるような保育園づくりを目指した。

このような内部空間と外部空間が混在した計画は初めてだったため、申請の段階ですんなりとは通らず、問題が山積みといった状況である。それでも何とか突破しようと、現在試行錯誤を続けている。

リファイン前

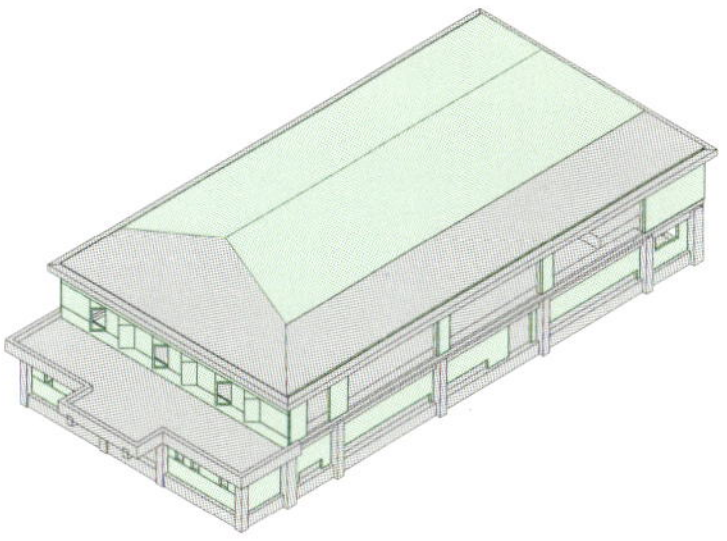

解体・撤去

既存建物の構造上不要な部分を剥ぎ取って、フレームだけの状態にし、外部空間としてしまう。

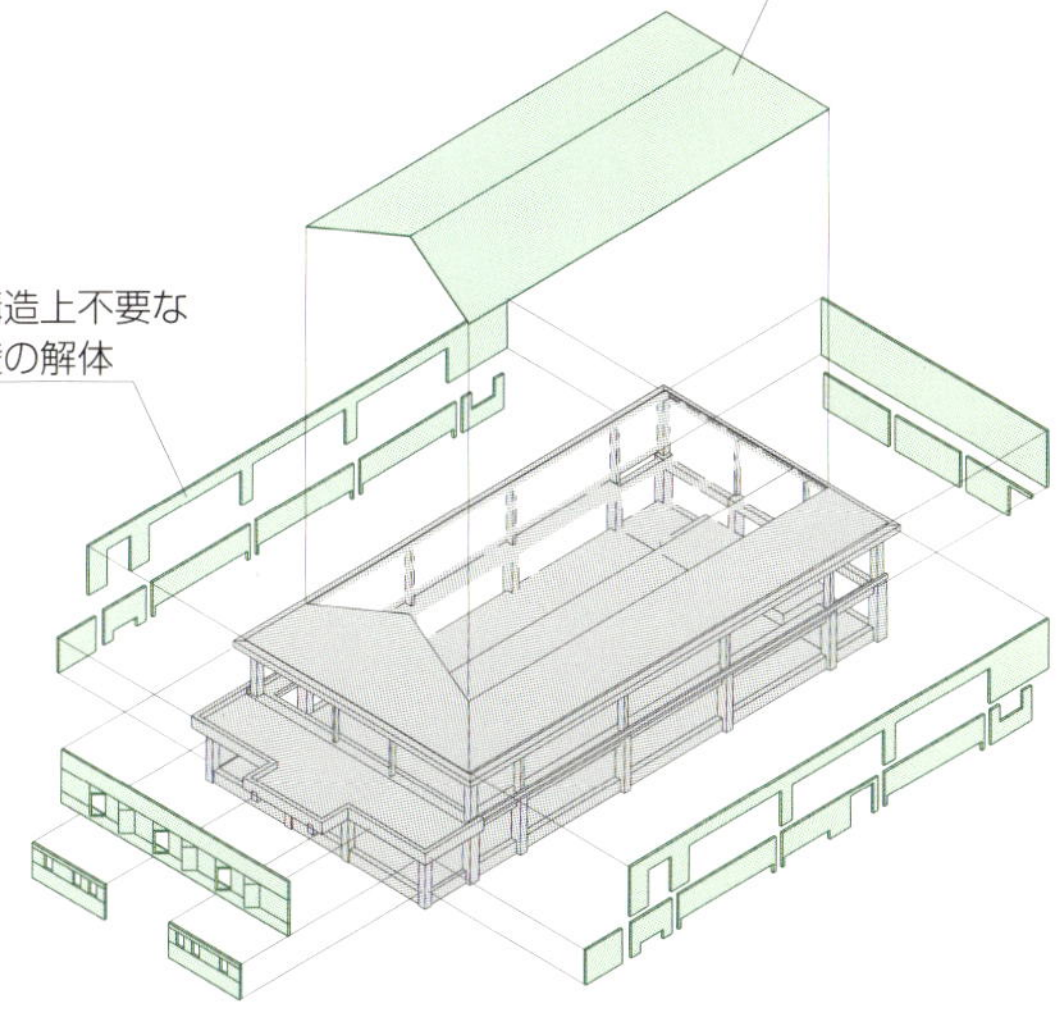

現況内部

現況妻側外観

外装

南面、東面はカーテンウォール、金属板で覆い、躯体の経年変化を遅らせる。階段、廊下、ベランダ、エレベーターは既存部分から切り離して増築。東面は壁面緑化を行う。

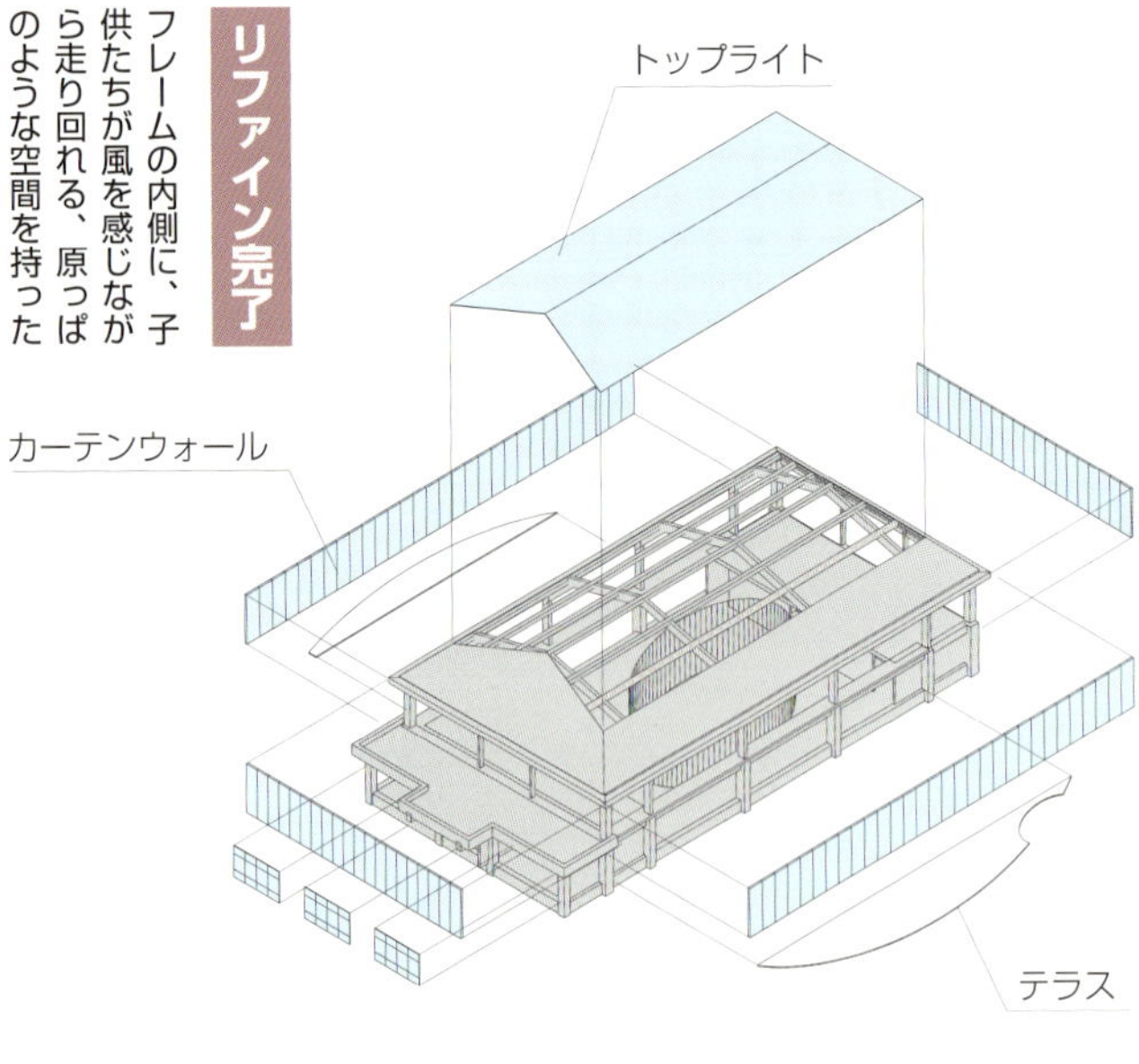

リファイン完了

フレームの内側に、子供たちが風を感じながら走り回れる、原っぱのような空間を持った保育園をめざした。

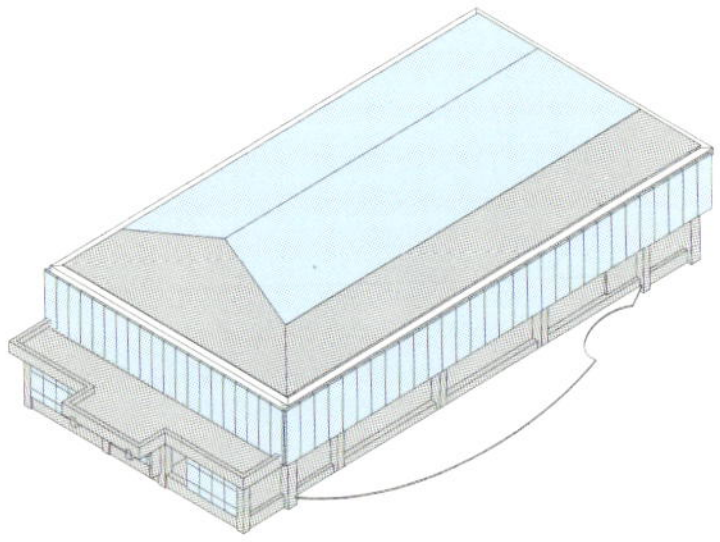

蒲江町保育園（リファイン計画）
所在地：大分県南海部郡蒲江町
主要用途：保育所
建築面積：761.44m²
延床面積：953.32m²
構造規模：鉄骨造　地上2階
予定工費：8,000万円
予定工期：未定

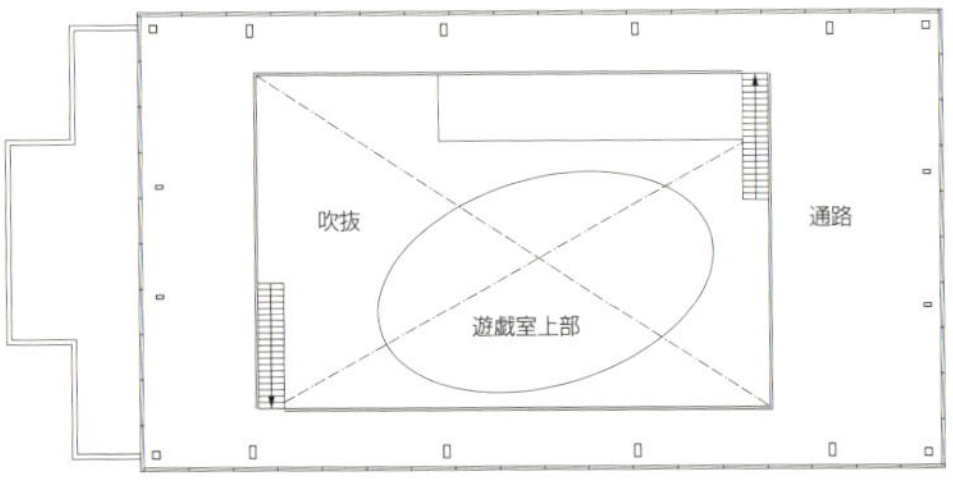

2階平面計画図

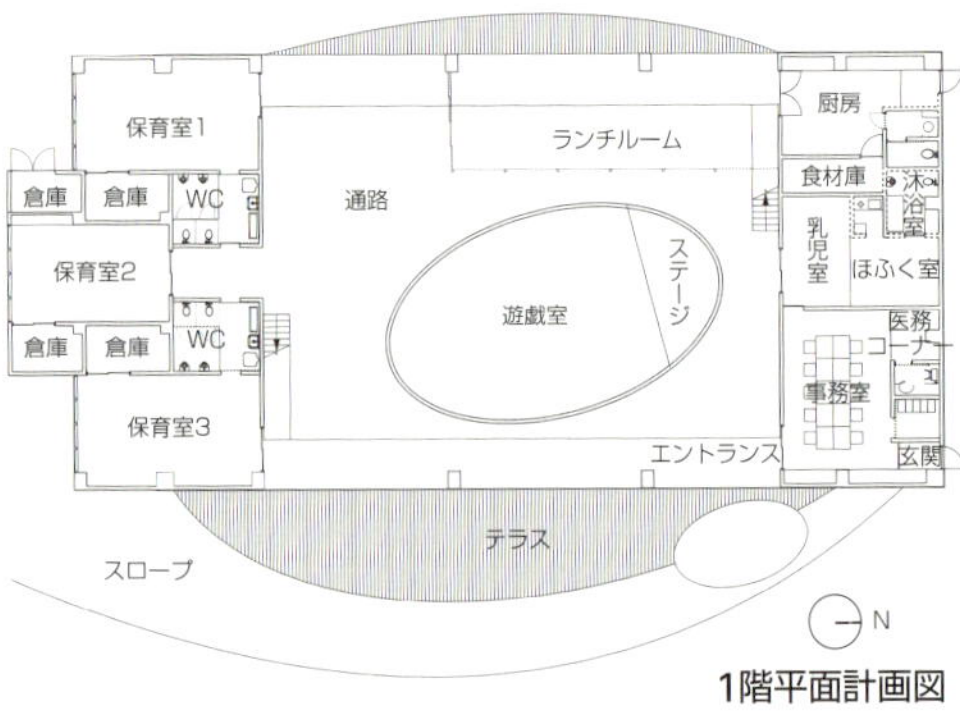

1階平面計画図

リファイン後外観

保育園を公民館に。周辺環境に合わせたデザインを二案提案

敷地は八女市室岡地区の中心に位置し、古墳を有する神社に隣接している。現在既存建物は保育所として使われているが、地域住民より公民館に用途変更したいとの要望を受け、計画案二案を提出することとなった。公民館として、天井が高く、広いホールが必要ということだった。利用できない既存建物の柱、梁部分があること、前面の広場をできるだけ残しておきたいということもあり、一部を解体し、そこにホールを増築する計画とした。

構造的には築二二年で新耐震設計基準施行前の建物であるが、鉄筋コンクリート造の平屋で、用途変更で積載荷重が増えてもさほど影響がないので、鉄筋コンクリート耐力壁の増設、炭素繊維補強等、一般的な補強で新耐震設計基準に適合させることが可能と判断できた。さらに既存部分は部屋が小割りとなるため補強計画はプランに影響しない。

A案は、神社に隣接しているので前面広場を参道として考えて、和風のデザインとした。南側には既存軀体庇の片持梁をそのまま生かし、軒とぬれ縁をつくった。B案は現代的なイメージでデザインし、南側に多目的ホールを配置している。広場に対してオープンにしてさまざまなイベントに対応しやすくした。

A案、B案共に建物のみのデザインではなく周辺環境を含めた計画案とし、内部には中庭をレイアウトし、自然通風、自然採光を極力取り入れ環境の向上を図っている。

現在、計画案提出後、地域住民側で協議中である。

現況外観

A案外観パース

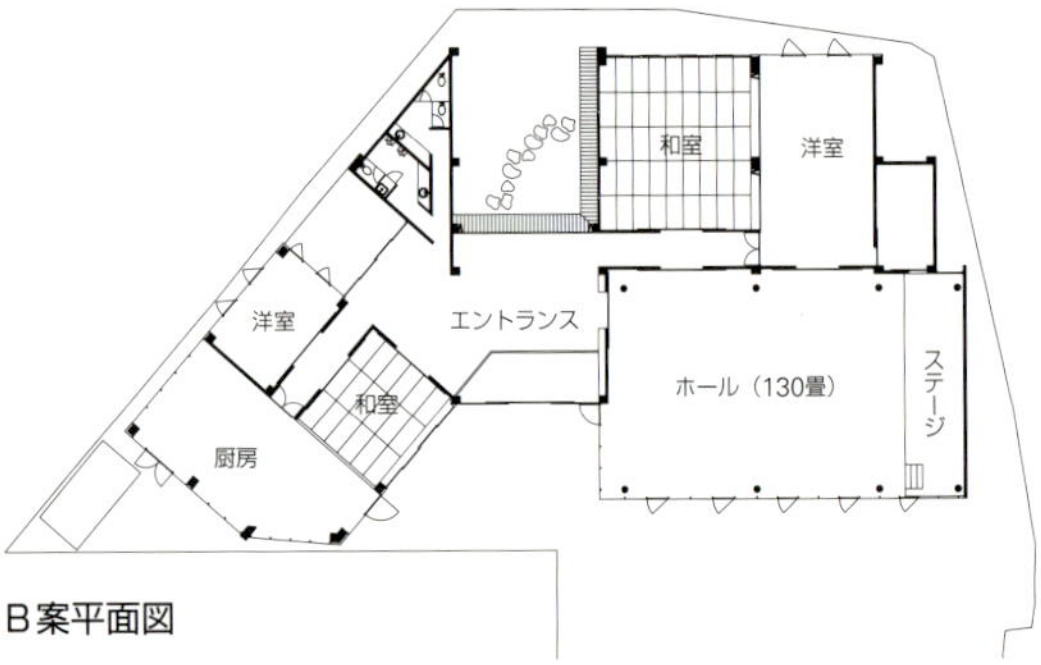

B案平面図

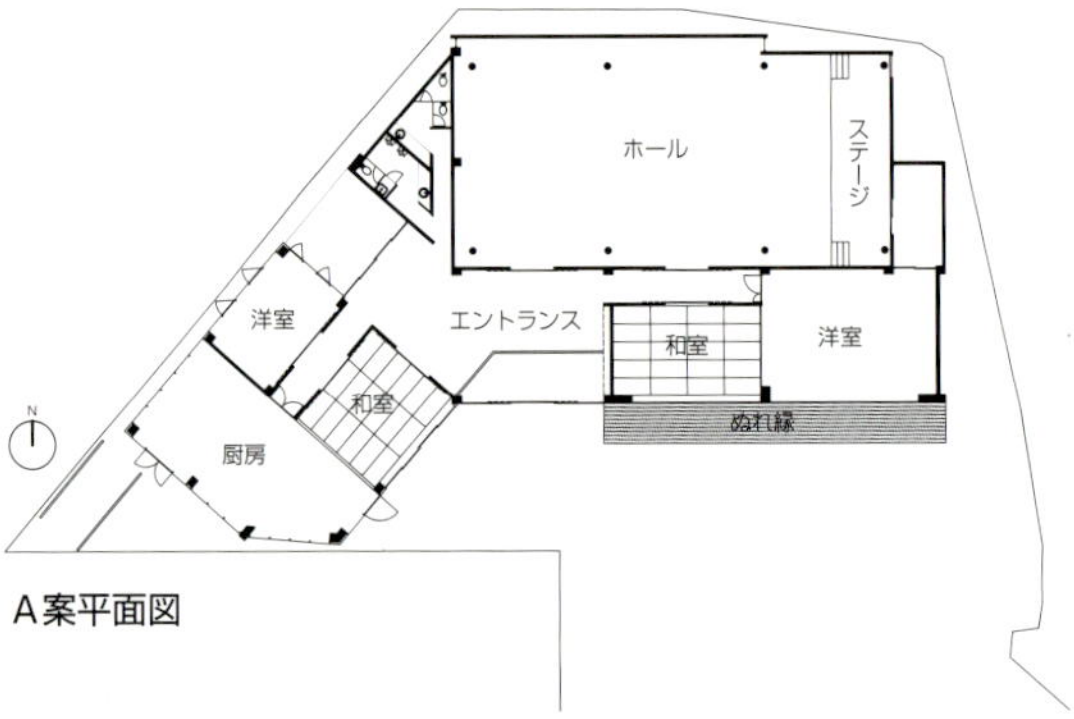

A案平面図

B案外観パース

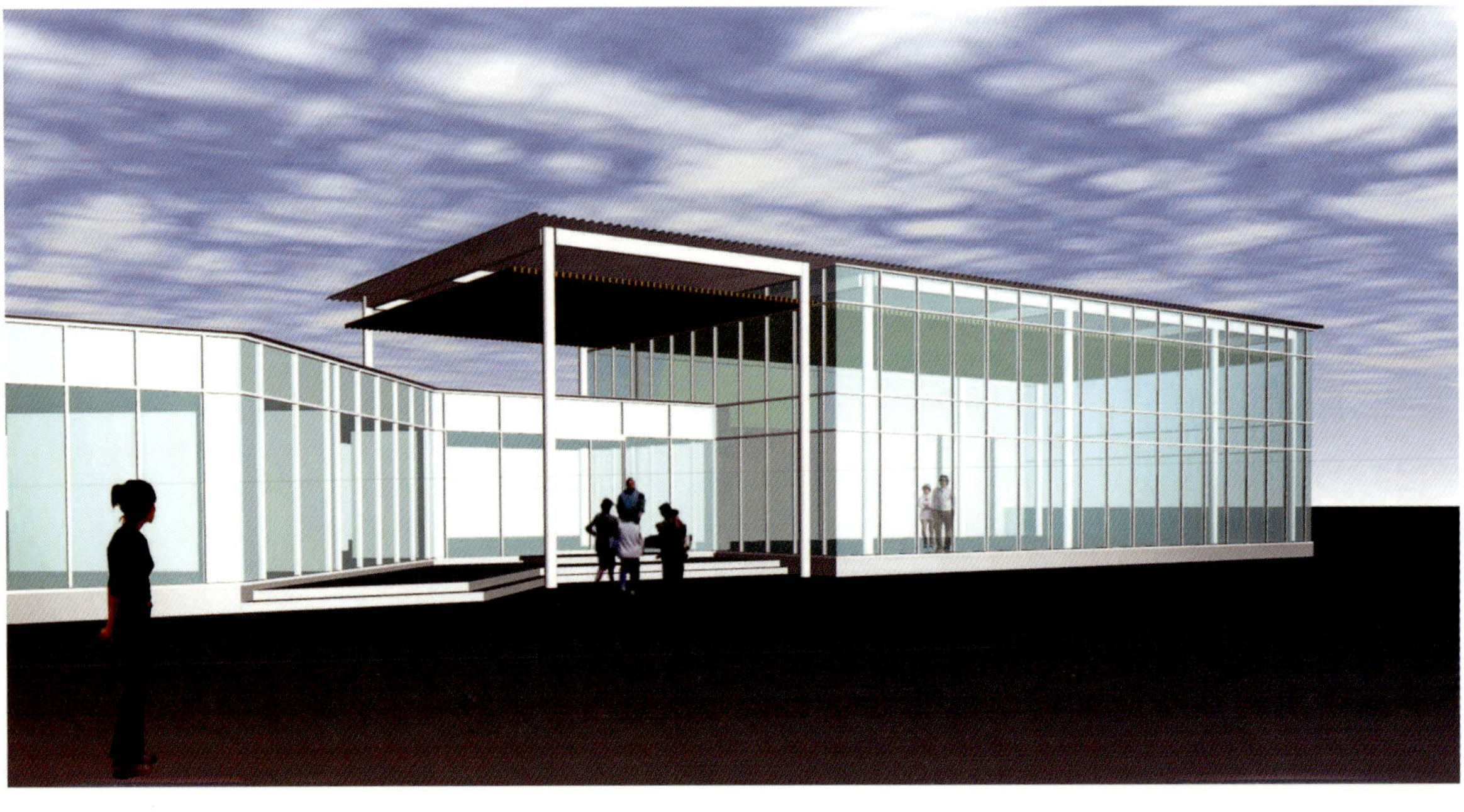

A案
リファイン前

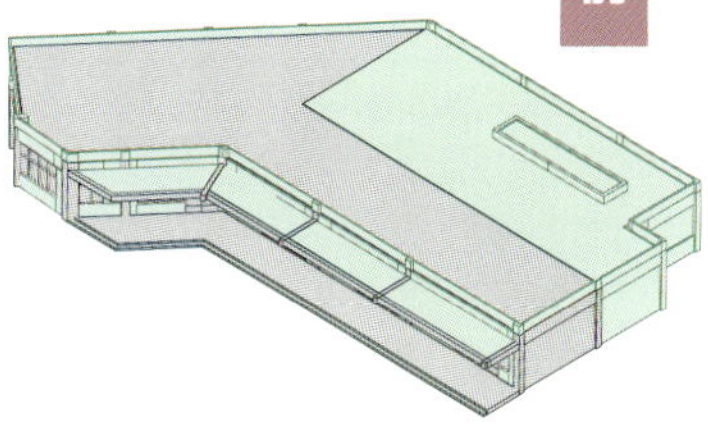

解体・撤去

全面広場を極力確保し、広く、そして天井の高いホールが欲しいという要望により、用途上利用できない躯体を解体した後、その場へ増築を計画した。

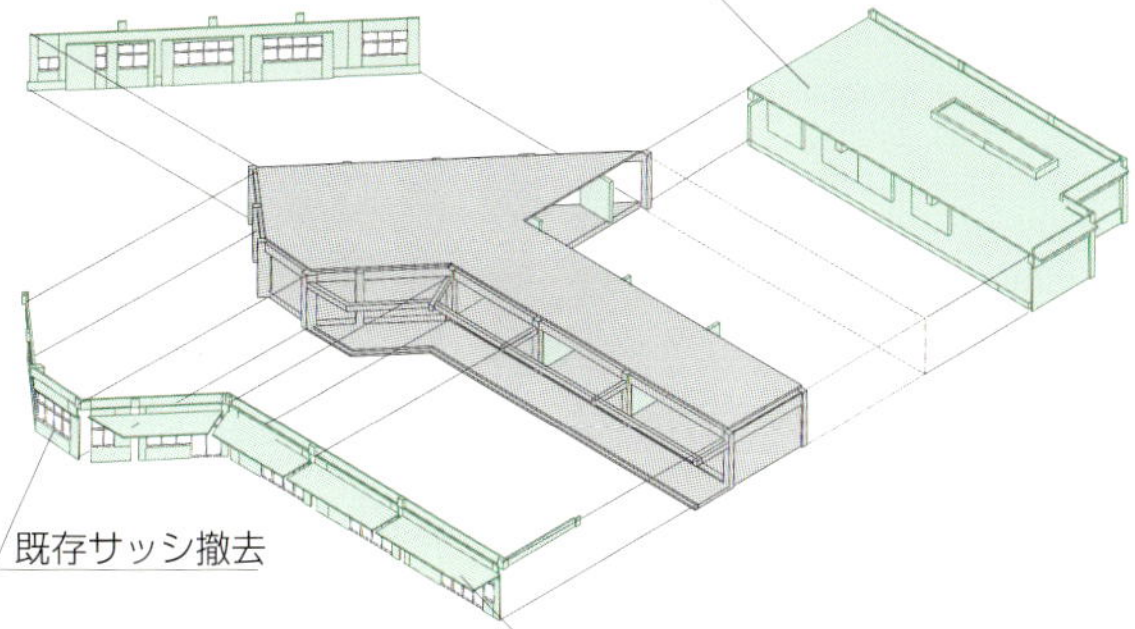
空間的に利用の難しい部分を解体し、
増築スペースを確保
構造上不要なRCの解体

外装

補強は炭素繊維補強とし、さらに壁の増設を行う。外装は和風をイメージし、柔らかいR状の大屋根で既存躯体を覆った。南側は既存躯体を活かし、庇を大きく出すことで濡れ縁空間を設けた。

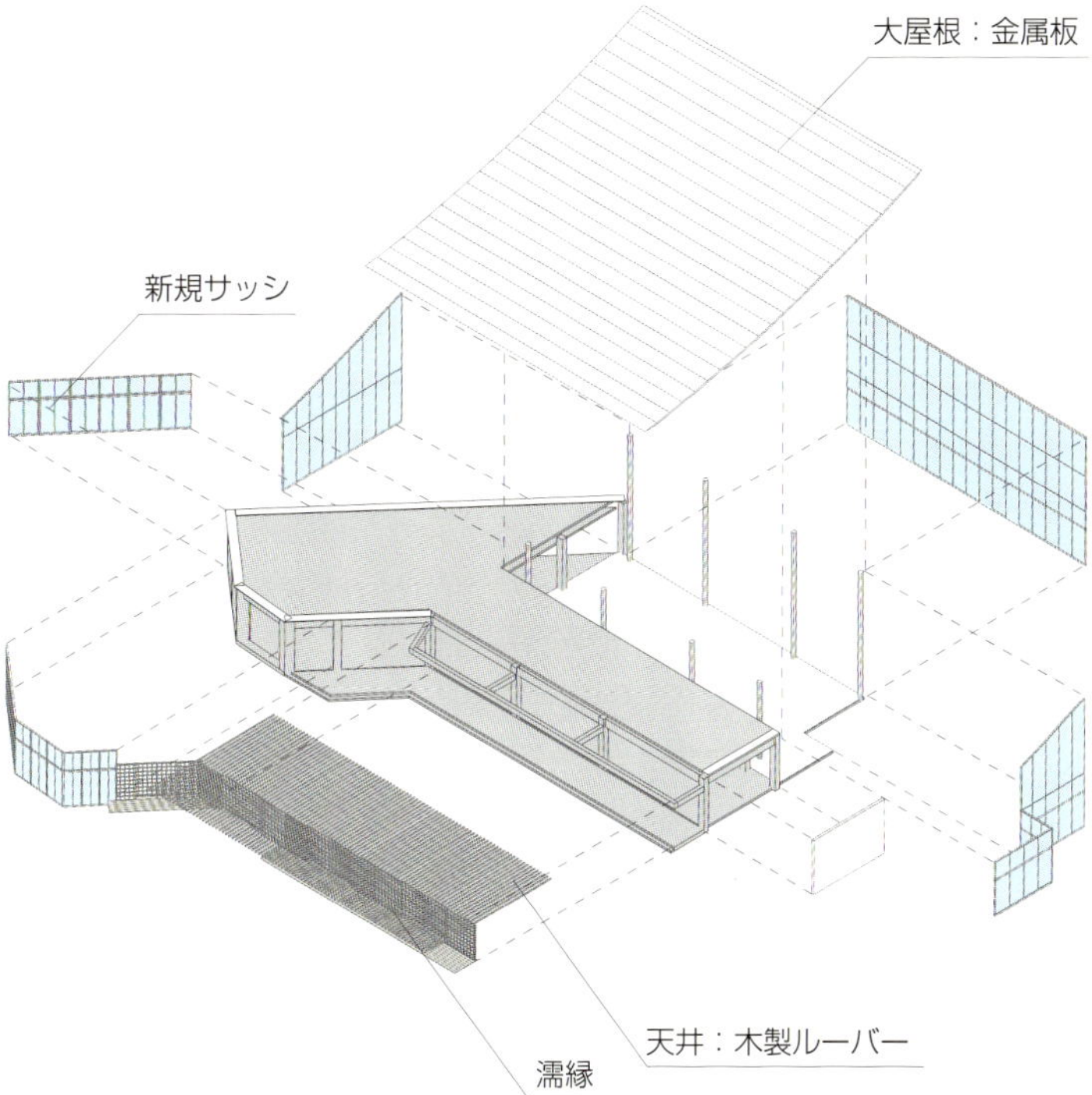

リファイン完了

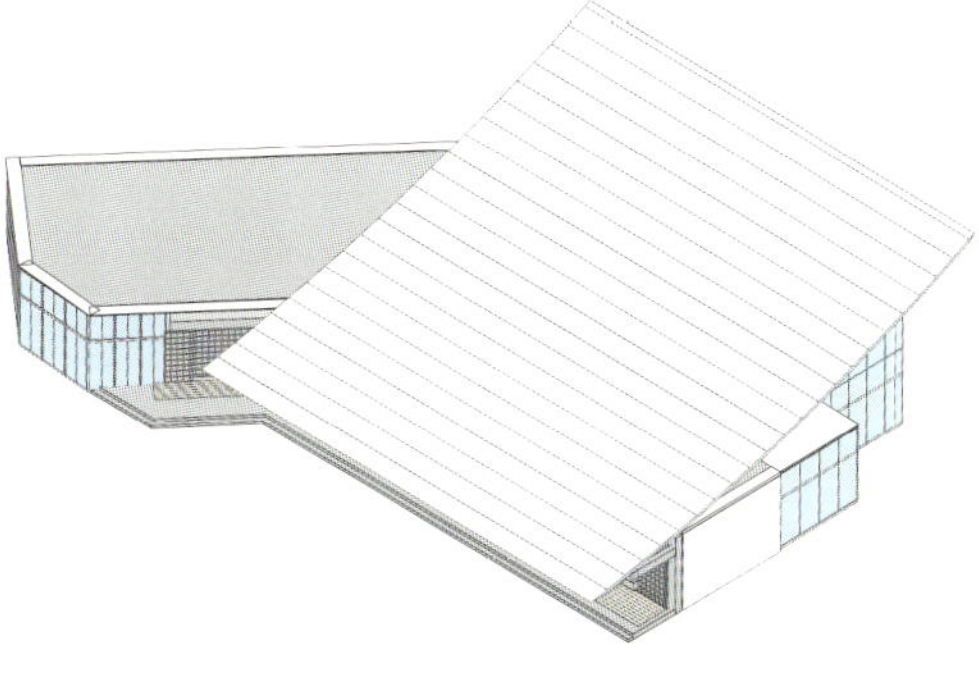

八女市室岡公民館（リファイン計画）
所在地：福岡県八女市
主要用途：公民館
敷地面積：1,640.55m²
建築面積： 685.79m²（A案）
　　　　　736.09m²（B案）
延床面積： 666.00m²（A案）
　　　　　639.26m²（B案）
構造規模：鉄筋コンクリート造一部鉄骨造
　　　　　地上1階
地域指定：未指定
予定工費：1億1,200万円（A案）
　　　　　1億1,100万円（B案）
予定工期：未定

業務を妨げることなくリファインする、テナントビルの居ながら施工

博多Hビルは博多駅前のビジネス街に位置し、常時、人の行来が絶えることのない通りに面している。建物は鉄骨鉄筋コンクリート造九階建で、二階以上は事務所、一階に物品販売店、地下一階には飲食店がテナントとして入っており、テナントの入居率は約九〇パーセントを維持し続けている。よって今回のリファインは居ながら施工となり、工程計画が重要な要素となった。

構造的には、築二八年が経過した新耐震基準前の建物で現行法規の基準を満たしていない。また、一部コンクリート床が下がるなど、老朽化も進んでいるようで、建物を利用するうえでの危険性も危惧される。補強は耐震ブレース、炭素繊維補強、コンクリート壁の増設で現行基準に適合させるが、ファサードのデザインにも影響を及ぼすことになるため、デザインとしての耐震ブレースを考慮した。

現在、外壁は茶色のカーテンウォールで覆われ、暗いイメージをこの通りに与えているようである。そこで、外観を明るいイメージに一新するように全面ガラス張りで透明感のあるものとした。エントランス部分は、光壁、光天井、オブジェのような彎曲した壁などで構成し、建物のイメージをここに集約してデザインした。

居ながら施工は、安全に、そして業務に支障なく計画を進めていくことが重要である。ここでは外壁面より内側へ約一・五メートルのところに仮設の外壁を設置して必要最小限の作業スペースを確保し、既設カーテンウォール解体、耐震ブレース施工、新規カーテンウォール施工、そして新規設備タテ配管を施工するといった工程を計画している。法的にはこの工事は確認申請、仮使用の届け出が不要であり、消防の非常進入口を確保しておけば、後はオーナーとの協議で工事の騒音を抑えるといったことだけを考えればよいのである。

この敷地は現行法規では容積率五〇〇パーセントであるが、既存建物は容積率約九八〇パーセントであり、不適格建築物となっている。しかし、既存躯体をそのまま再利用し、構造を現行法規に適合させることで、容積率に関しては削減する必要はなく、現状のままで、つまり、新築した場合の約二倍の床面積が確保できる。今回のリファインの利点の一つでもある。

現況外観

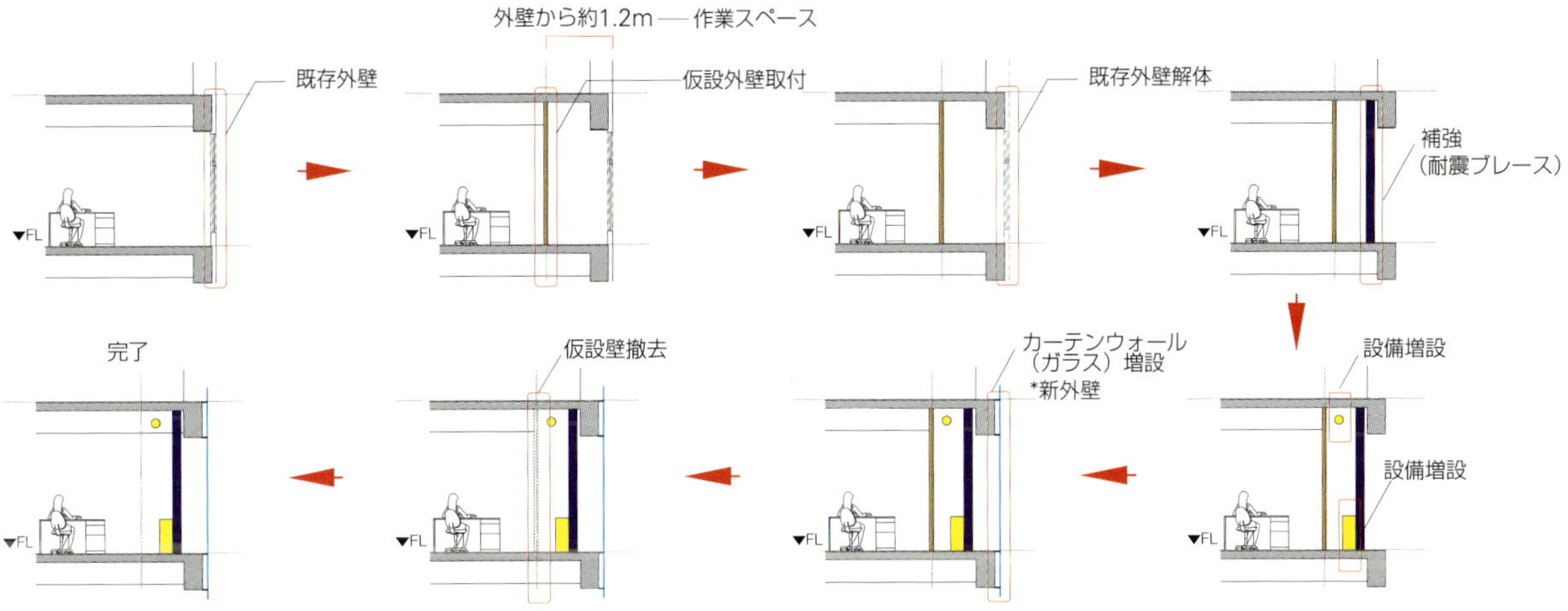

居ながら施工計画

居ながら施工の手順
①仮設の外壁を取り付け、片持ちとなるスラブ補強のために小梁補強を行う。
②既設サッシ、ガラス、天井、床、仕上げ材を撤去し、床スラブを解体。
③その後、耐震ブレース、新規カーテンウォールを設置して、さらに設備の縦配管も施工し外壁を撤去する。
同様に各階においてこの工程を踏むと、居ながら施工が完了する。

耐震補強手順の考え方

仮設壁を設置後、既存の外壁を解体し、建物の下部（低層）から耐震ブレースを補強していく。その後に新規の外壁を設置する。耐震ブレースを下部（低層）から取り付けていくことは、工事中における安全を確保し、かつ工事中の耐震を考慮した手法である。

水回り施工の手順

（B）に男女のトイレスペースを設けることで工事中および完成後も水回りをそのまま利用でき、むだがなくなる。工事中の仮設トイレは、完成後は男子トイレとする。（B）が完成後、（A）の改築に取りかかり、女子トイレと給湯スペースを設置する。必要があれば障害者・母子が利用可能な多目的トイレを設置する。工事完了後は（A）+（B）のゆとりのある水回りスペースが確保される。

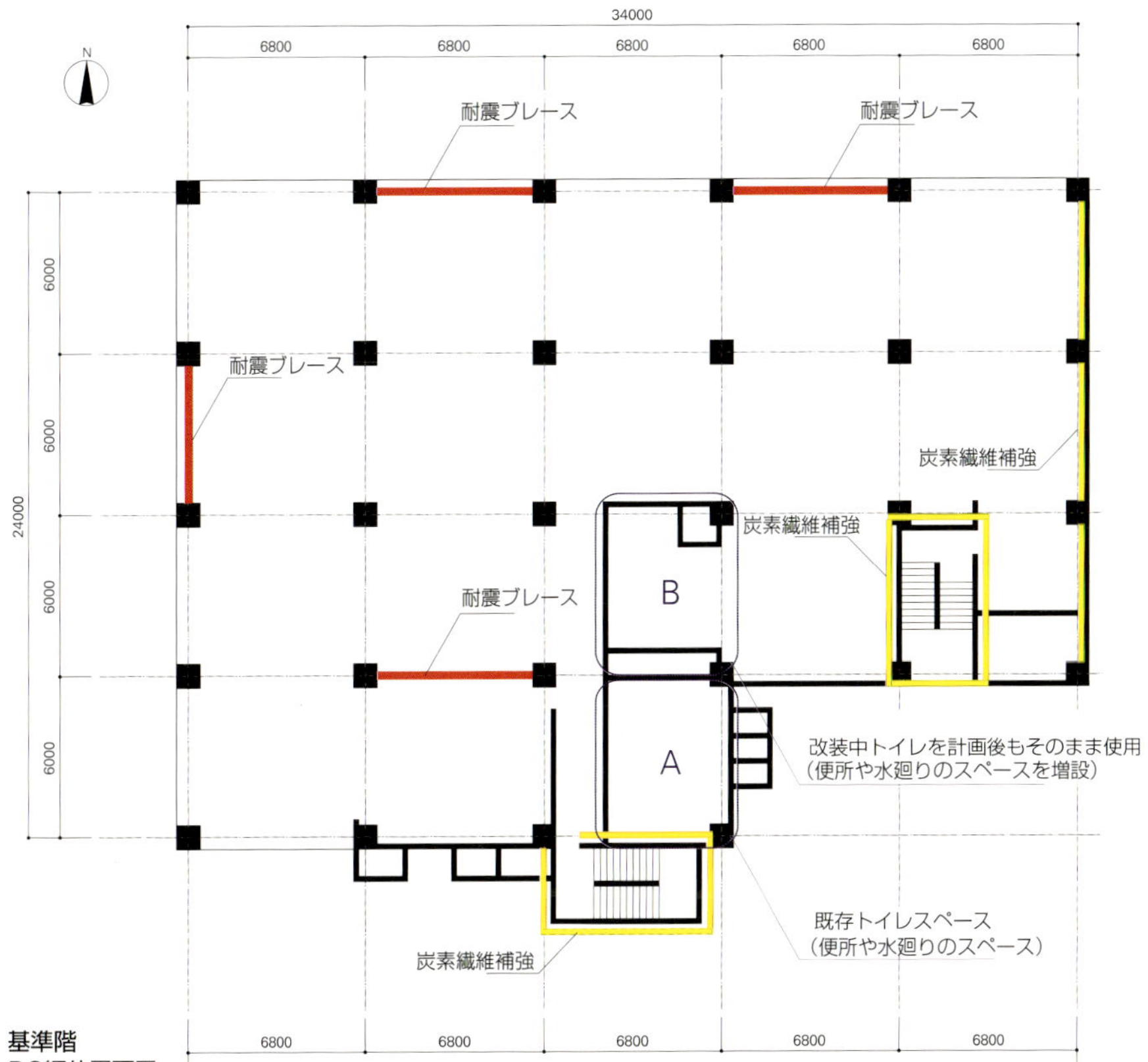

基準階
RC軀体平面図

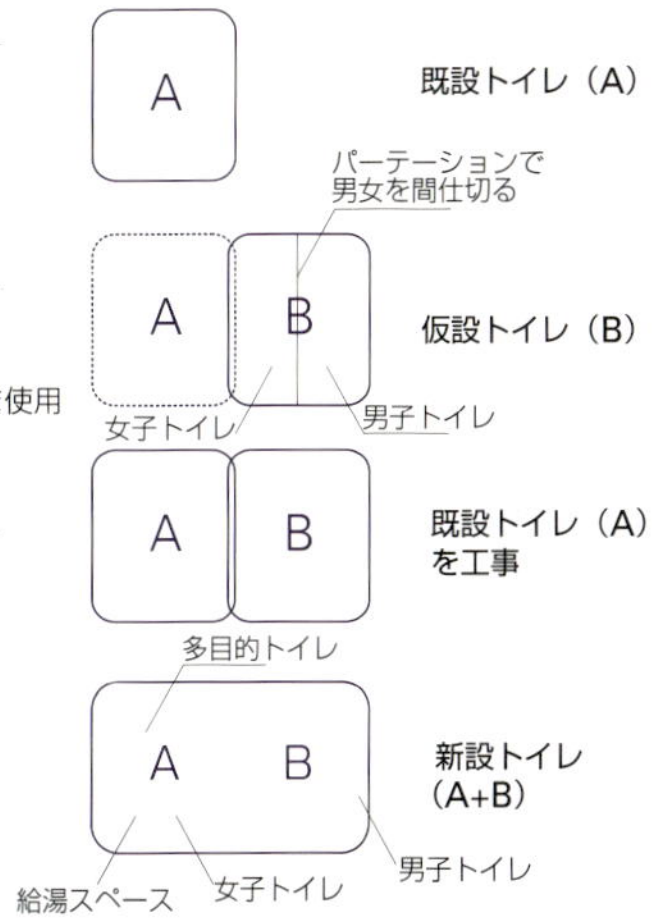

補強計画

既存の外壁を撤去し、全面ガラス張りとするため、通り沿いには耐震壁を設けず、デザインとしての耐震ブレースを選択した。

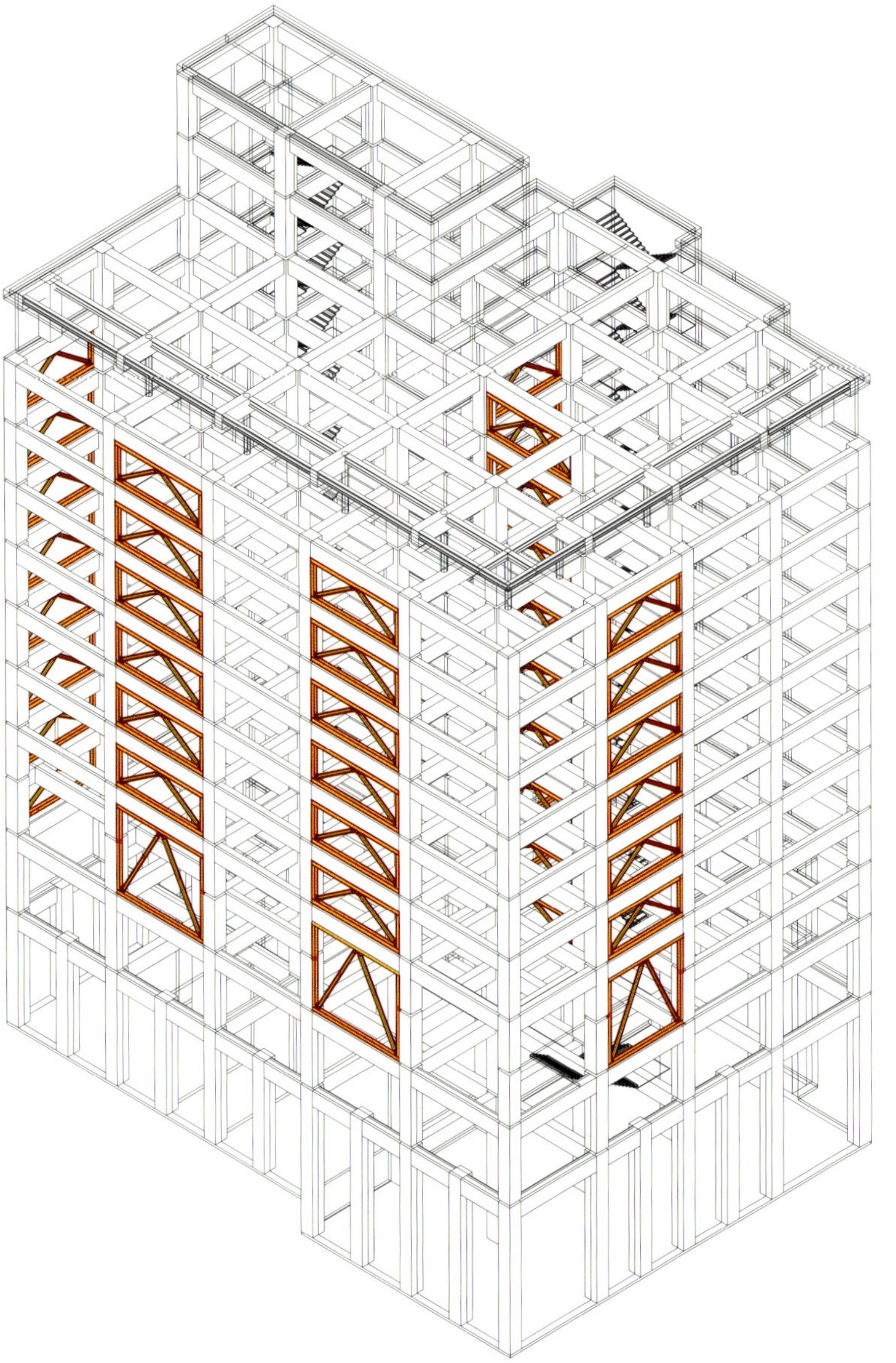

リファイン完了の外観

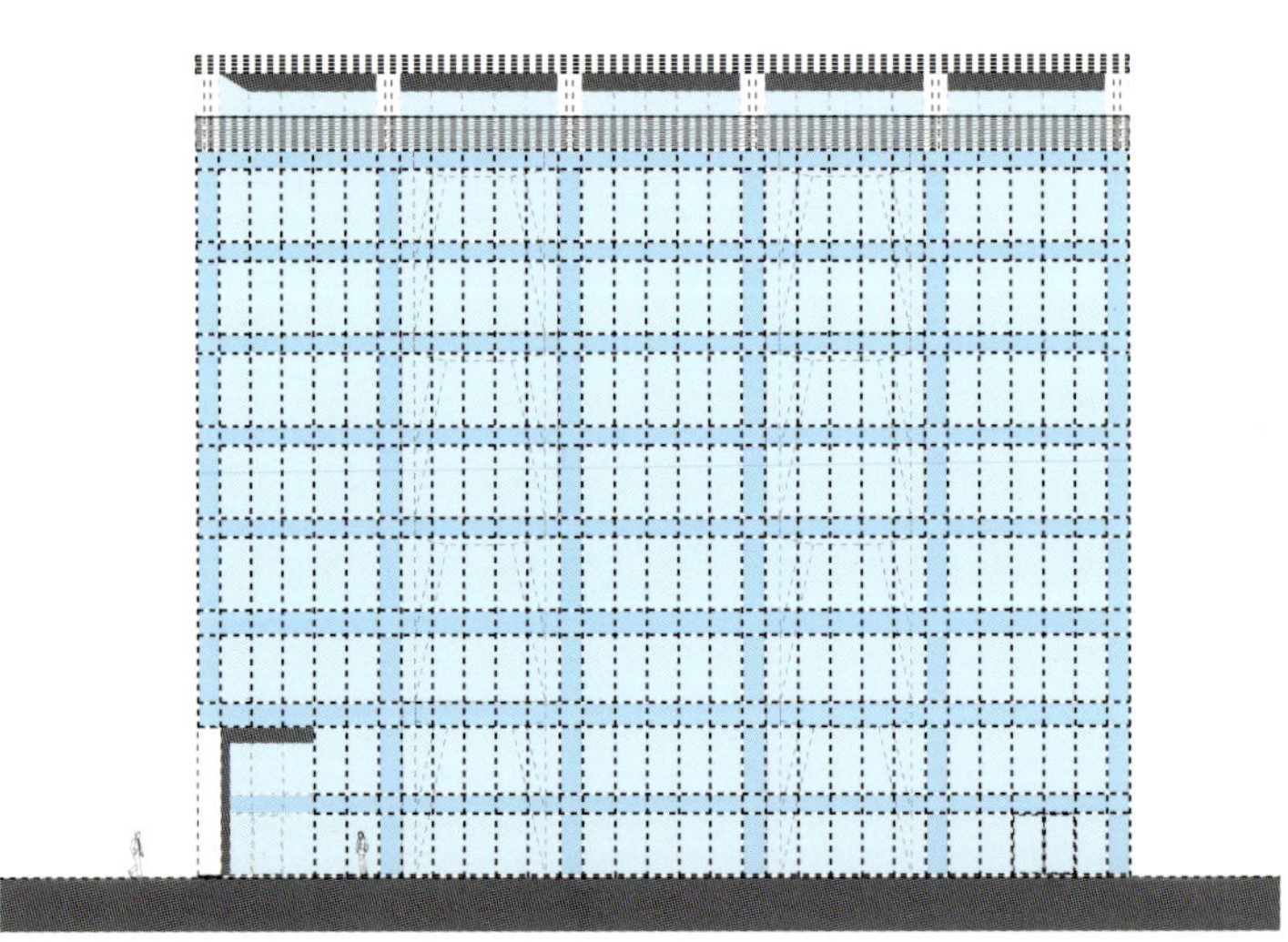

博多Hビル（リファイン計画）
所在地：福岡県福岡市博多区
主要用途：事務所ビル
敷地面積：　909.91m²
建築面積：　816.14m²
延床面積：8,628.50m²
構造規模：鉄骨鉄筋コンクリート造
地下2階・地上9階
地域指定：商業地域・準防火地域
予定工費：15億6,700万円
予定工期：未定

リファイン・プロジェクト⑥　三野原病院計画／福岡県

余剰のスペースを生かして、楽しめる菜園を老人施設に

新築・移転のため、元の建物が不必要となった民間総合病院のリファイン計画である。新規の用途は、一、二階がデイケアのための空間で、三、四階が老人用マンションである。建設会社によってかなり絞られた計画案があり、それをもとにした提案ということになった。今回は、既存に対して新しく計画する建物のほうが規模が小さく、床面積が大幅に少なくてすむ。普通であれば余った部分を解体して規模を小さくするのであるが、逆にそのスペースをデザインの手掛かりとしてみるのも一つの手だと思った。

まだ計画段階ではあるが、二～四階の床を縦一列に抜いてスリットをつくり、ここを家庭菜園に利用しようと考えた。内部に居ながら、外部空間が体験できるのである。車イスでも菜園が楽しめ、その成果が建物のファサードに反映していく。そこに住むお年寄りの手によって少しずつファサードがつくり上げられ、近隣住民との交流が生まれていくような、そんな建物にしたいと思った。また、一、二階と三、四階がそれぞれ性格の違った建物となるので、それらの空間をつなぐ吹き抜けによって、一体感が感じられるようにした。

イメージ／ガーデニング・デッキ

イメージ／3階サロン。ガーデニングデッキを設けることで、各階にそれぞれ通風、採光が取れ、建物の環境が改善される

三野原病院（リファイン計画）
所在地：福岡県
主要用途：在宅支援センター・グループホーム
・シルバーハウス
敷地面積：1,352.00m²
建築面積：　802.22m²
延床面積：2,639.18m²
構造規模：鉄筋コンクリート造一部鉄骨造　地上4階
地域指定：第一種住居地域
予定工費：3億5,925万円
予定工期：未定

右／現況外観、北側ファサード
左／南側外観

イメージ／ファサード

緑化コンセプト図

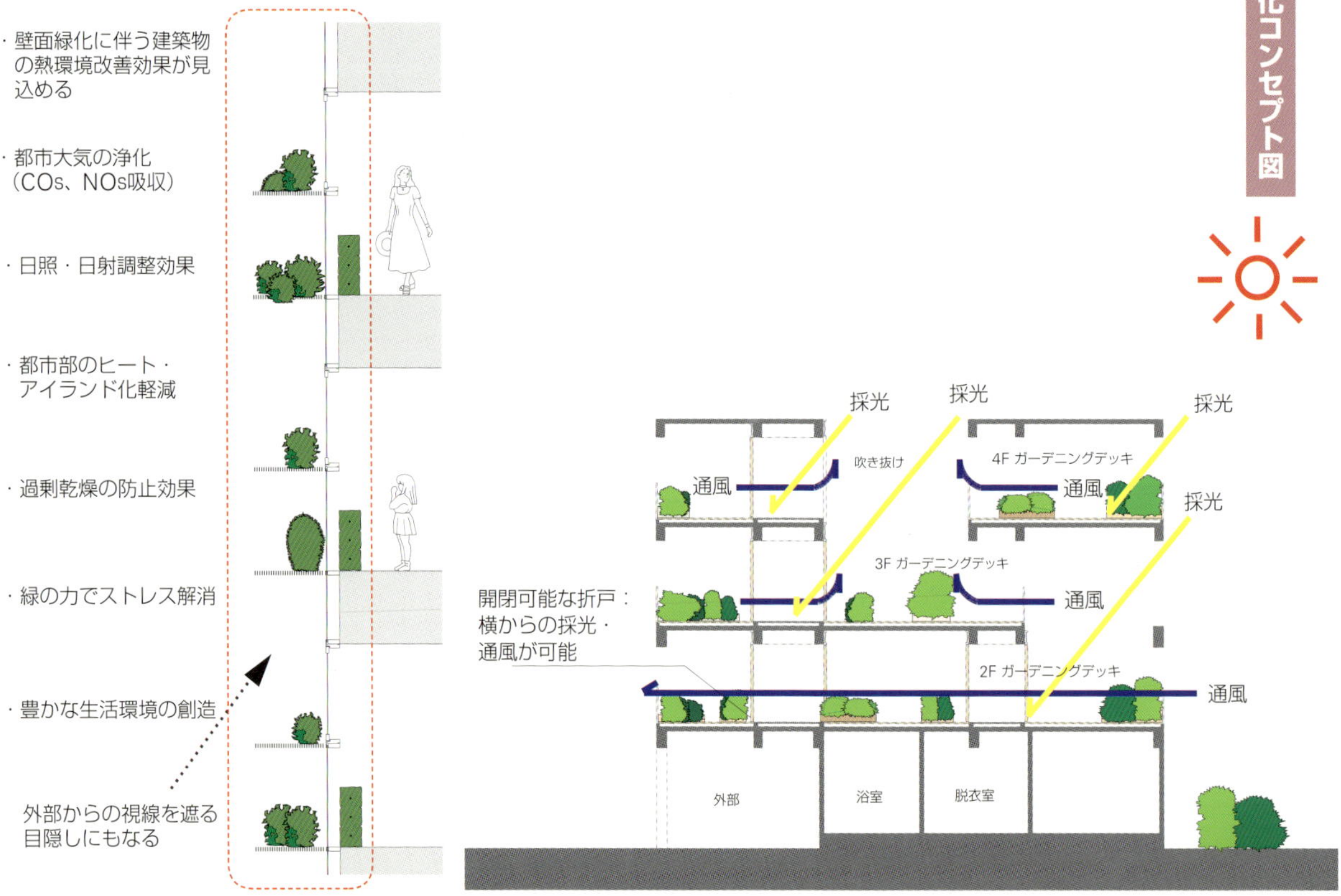

・壁面緑化に伴う建築物の熱環境改善効果が見込める
・都市大気の浄化（COs、NOs吸収）
・日照・日射調整効果
・都市部のヒート・アイランド化軽減
・過剰乾燥の防止効果
・緑の力でストレス解消
・豊かな生活環境の創造
外部からの視線を遮る目隠しにもなる
採光
採光
採光
採光
吹き抜け
4F ガーデニングデッキ
通風
通風
3F ガーデニングデッキ
通風
開閉可能な折戸：横からの採光・通風が可能
2F ガーデニングデッキ
通風
外部
浴室
脱衣室

リファイン前

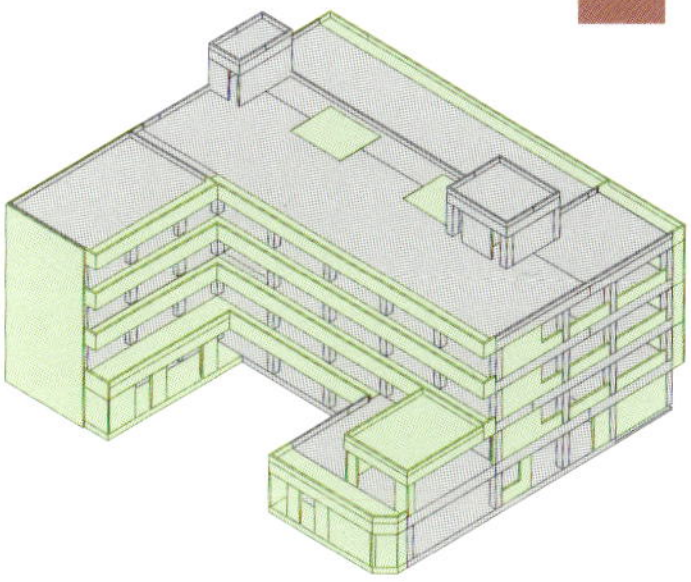

解体・撤去

構造上不要なコンクリート外壁や内部の仕上げ壁を解体する。一部、内部にトップライトを設けるため屋根スラブを解体する。

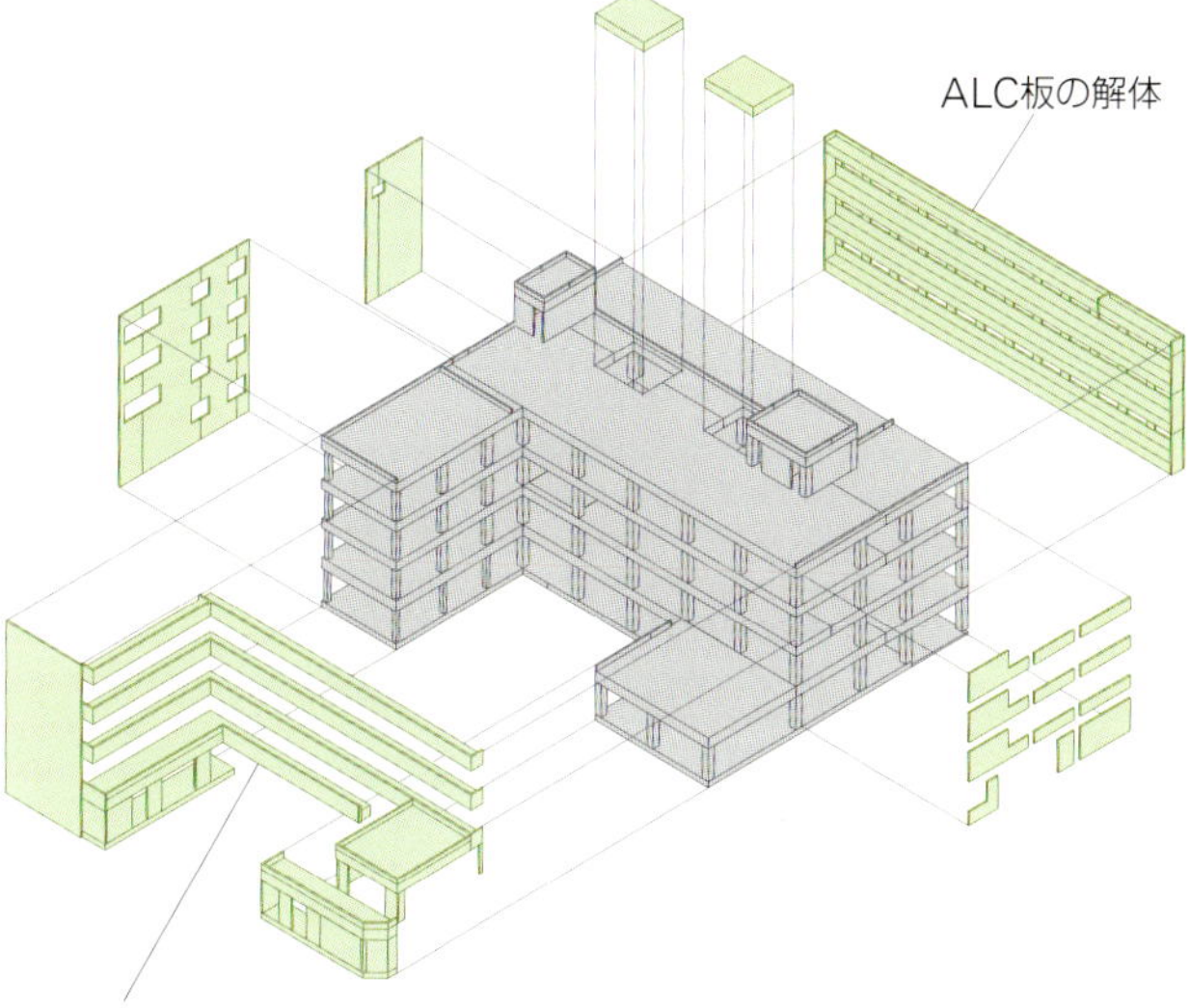

補強

現行の新耐震設計基準に適合させるために、必要と思われる箇所に耐力壁を増設する。各階のガーデニングデッキ部分、一階の食堂部分に耐震ブレースによる補強を行う。

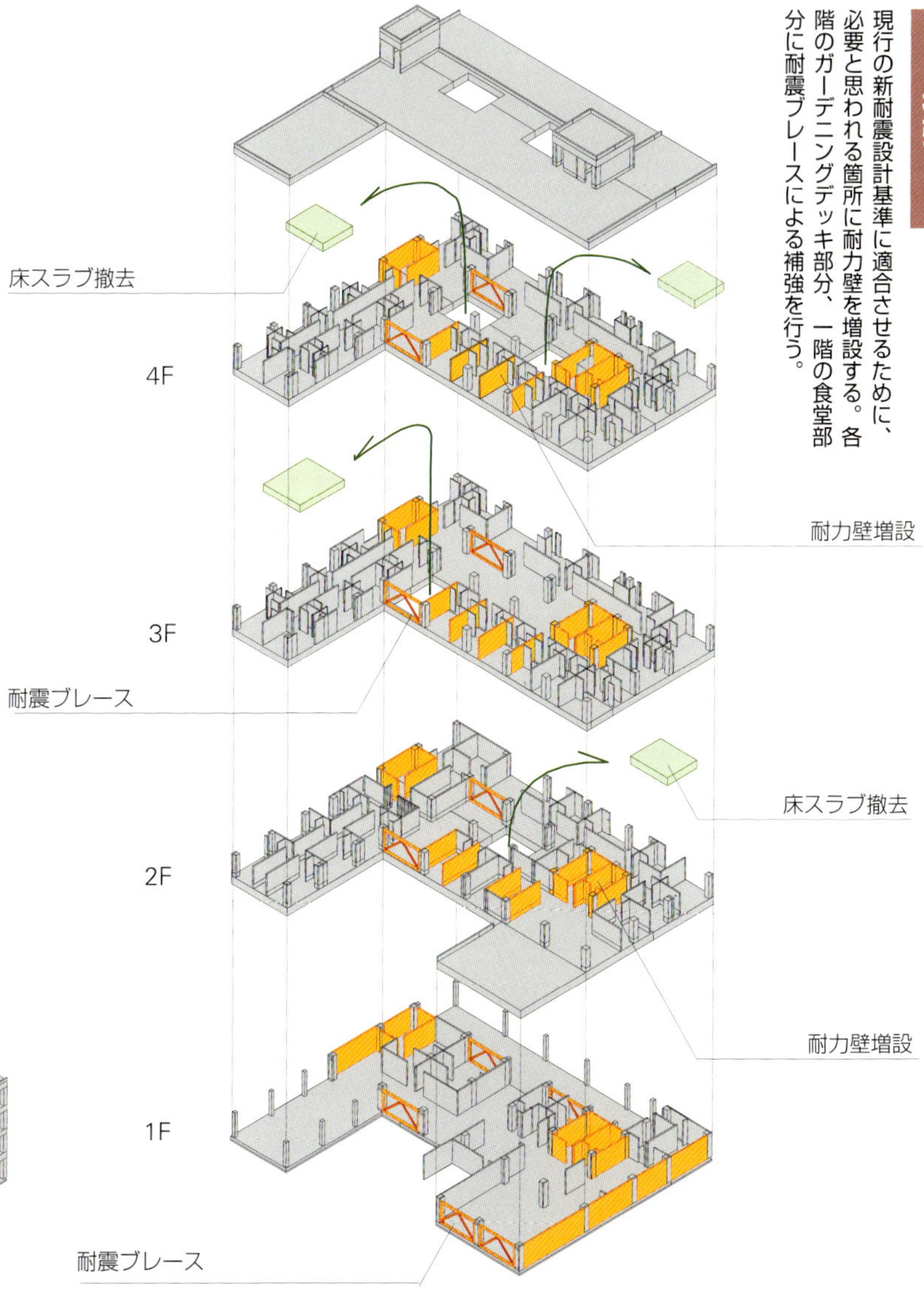

解体・補強完了

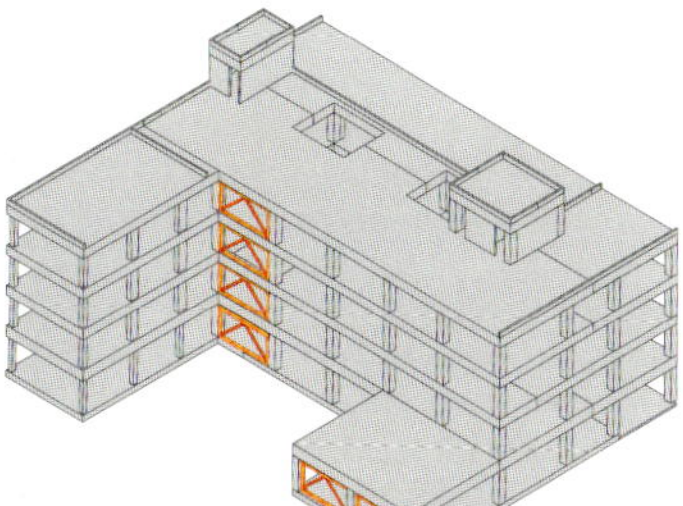

リファイン完了

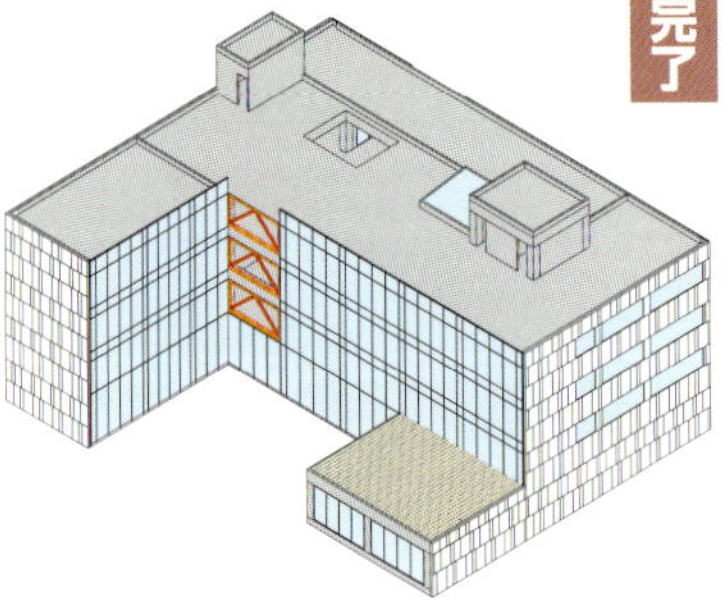

外装

南側とメインファサード側は、カーテンウォールにより既存躯体を覆い込む。屋根スラブを撤去した部分にはトップライトを設置し、二階テラスにはデッキを張り、休憩スペースを設ける。

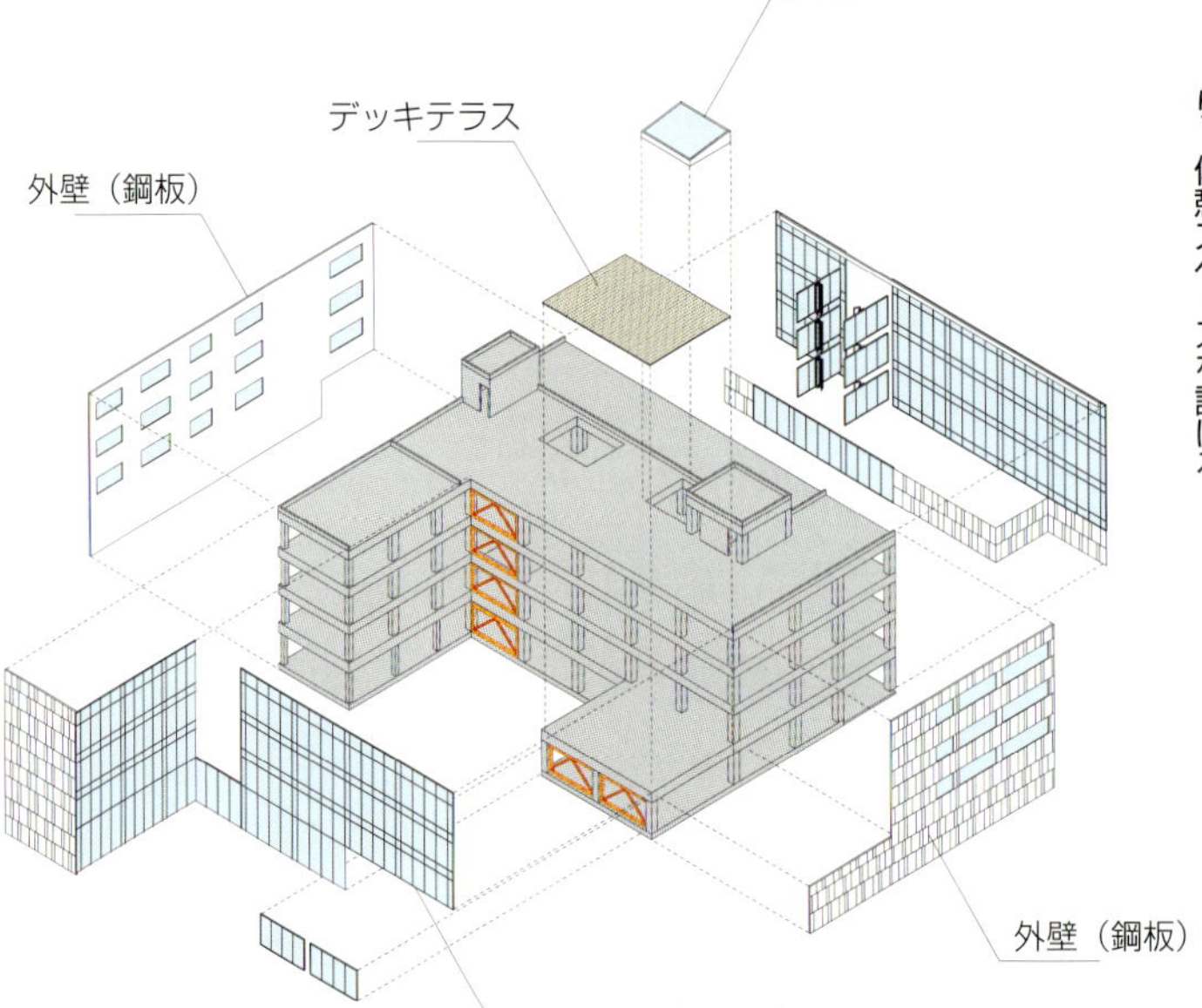

コスト検討

同規模の建物を新築した場合

建築工事費	798.35坪×60万／坪＝479,010,000円
解体費	25,000,000円
税金	取得税約11,500,000円＋固定資産税
合計	約515,510,000円＋固定資産税

リファイン建築の場合

建築工事費	798.35坪×45万／坪＝359,257,000円
解体費	建築工事費に含む
税金	固定資産税
合計	約359,257,000円＋固定資産税

＊既存建物解体時の調査により、補修および補強工事の金額が増減する可能性がある

3階平面図

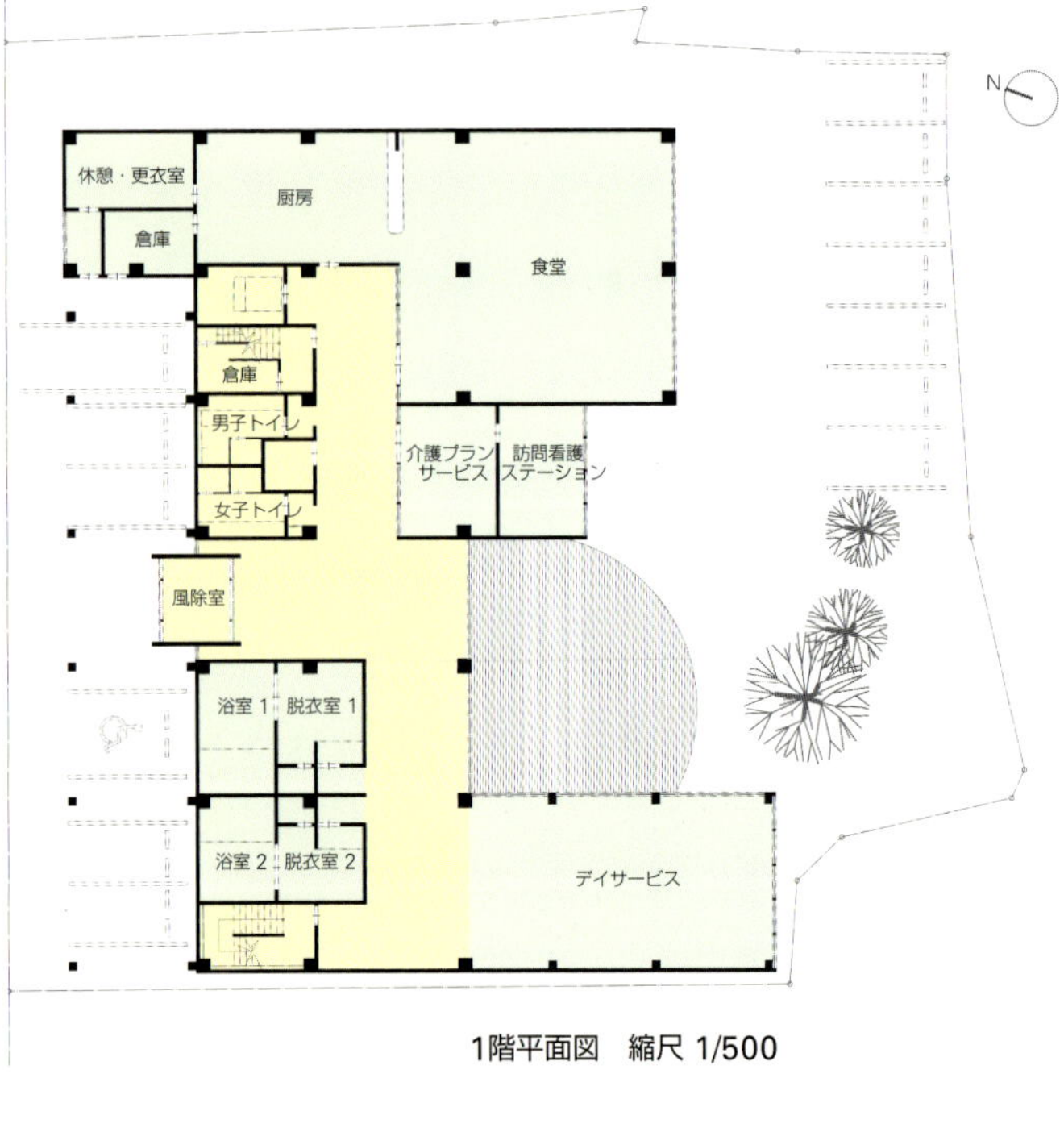

1階平面図　縮尺 1/500

近代建築遺産に敬意を表し、外観を保存して内部に光の井戸をつくる

二〇〇〇年三月、長崎で第一回建築再生デザイン会議が開催された。この会議は長崎総合科学大学出身で福岡市の建築家・中村享一氏が発起人となり、長崎総合科学大学が市から買い取った旧長崎水族館の保存を求め、全国の建築家に呼び掛けたことに始まる。長崎総合科学大学教授の池田武邦氏を会長に迎え、第一回長崎会議に引き続き、第二回は早稲田大学の大隈講堂で、第三回は福岡の旧冷泉小学校で開催された。

今回、福岡会議のパネルディスカッションの席上、突然会場より「青木茂ならこの水族館の再生をどう考えるか」「やる気はあるか」と問われた。もともと、中村氏の応援団と決めていたぼくにとって、これは寝耳に水の話であった。

ぼくはその場で「データがあればやります」と答えた。すると、早速その日の夕方、事務所にデータが届いた。また数日後には、この建築の設計者である武基雄先生の事務所からもオリジナル図面のコピーが届いた。ここまできたら引き下がるわけにはいかない。そんな状況を、周りの人たちから計画的に仕組まれてしまったのである。ならばとぼくも奮起し、旧長崎水族館を自分なりにリファインしてみようと思った。

建物を眺めていて感じたこと。それは、内部と外部の痛み方が普通の建物とはまったく逆であるということだった。外壁の石張りの状態はたいへん良好なのであるが、旧水族館ということもあり、むしろ、内部の水槽や水槽が接していた柱など、躯体の部分に痛みが激しく、八女市多世代交流館の柱の状態によく似ていた。そこでぼくは建築の内と外とを反対に考えてみようと思った。もともと外壁が特徴的な建物であるため、そこを保存しようとすると採光・通風が取りにくい。トップライトを取り付け、光の井戸を設けることで建物の中心に外部的空間をつくり出し、今までとまったく違ったバーチャル空間をイメージしたものにしようとしたのである。この会議のメンバーである京都大学の西澤英和先生の助言を得て計画案を出したのだが、もしこれが実現すれば文化財保護の大きな第一歩になるとぼくは確信している。

旧長崎水族館　東側外観（二〇〇〇年撮影）

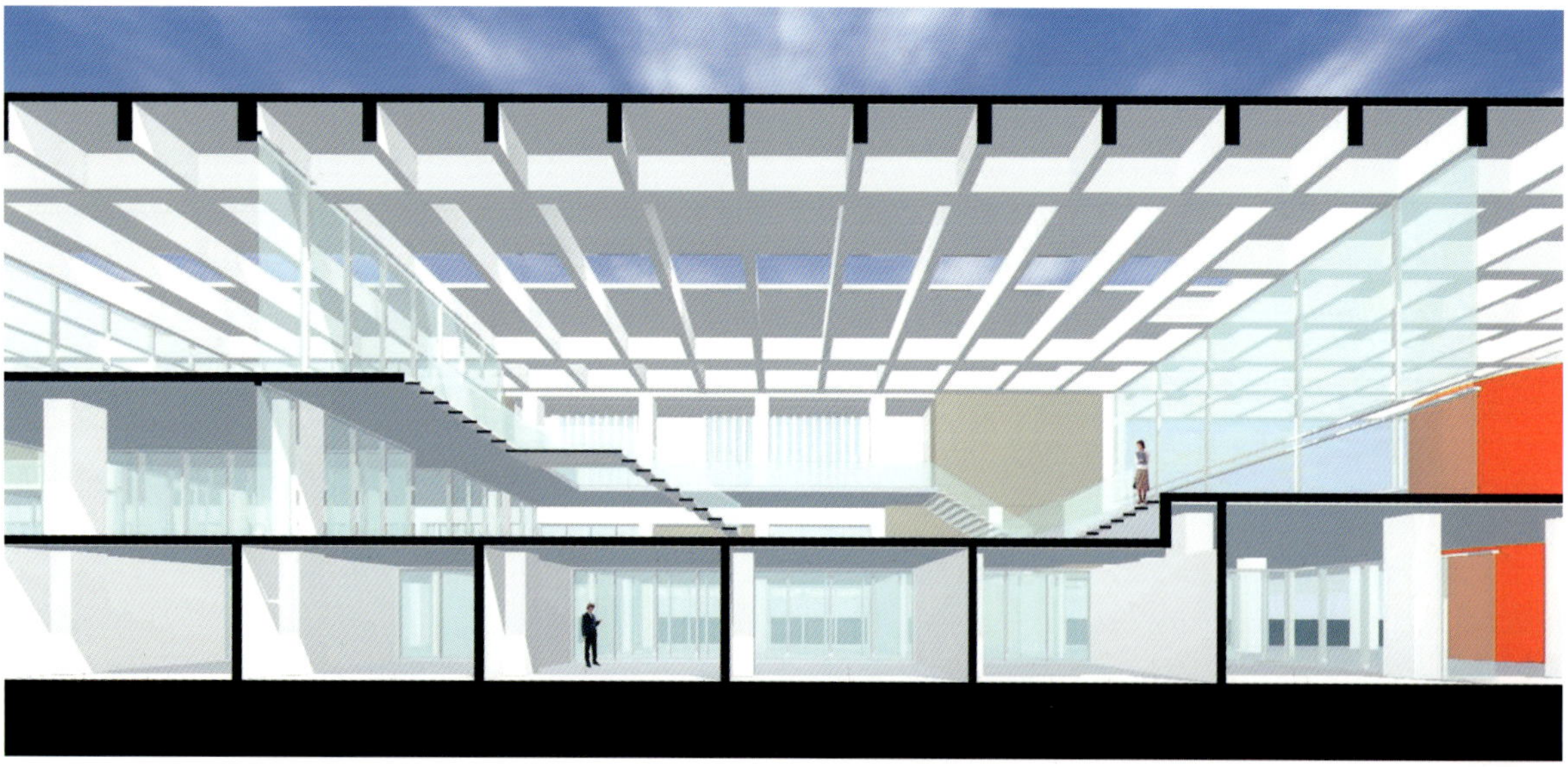

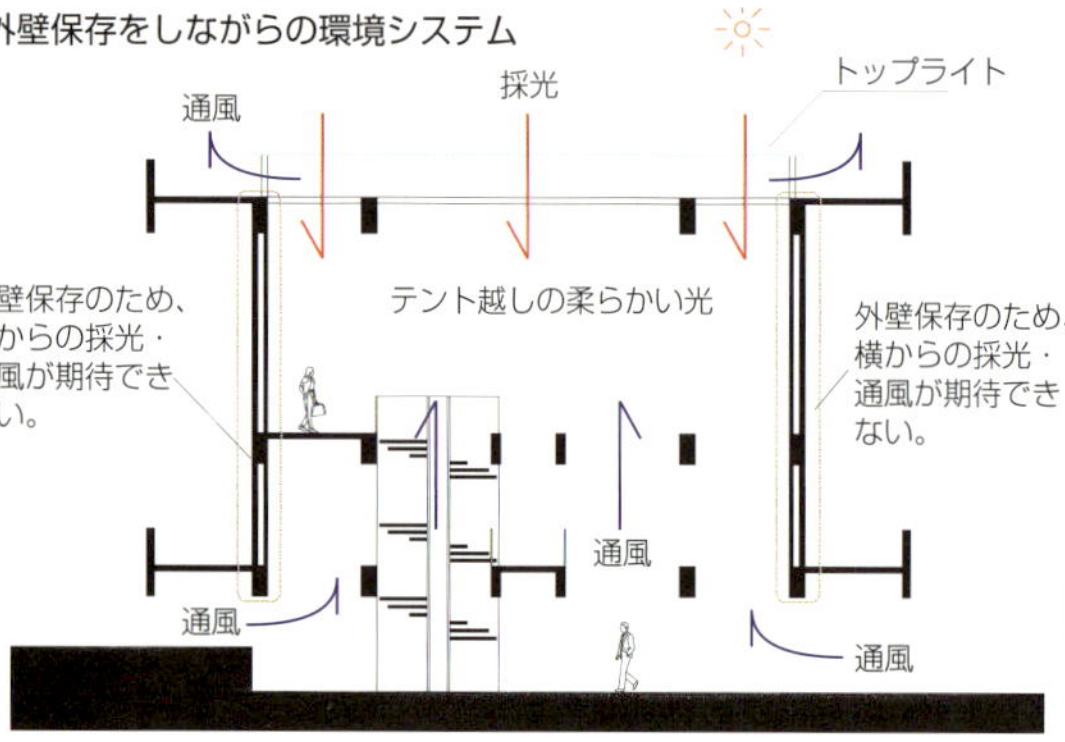

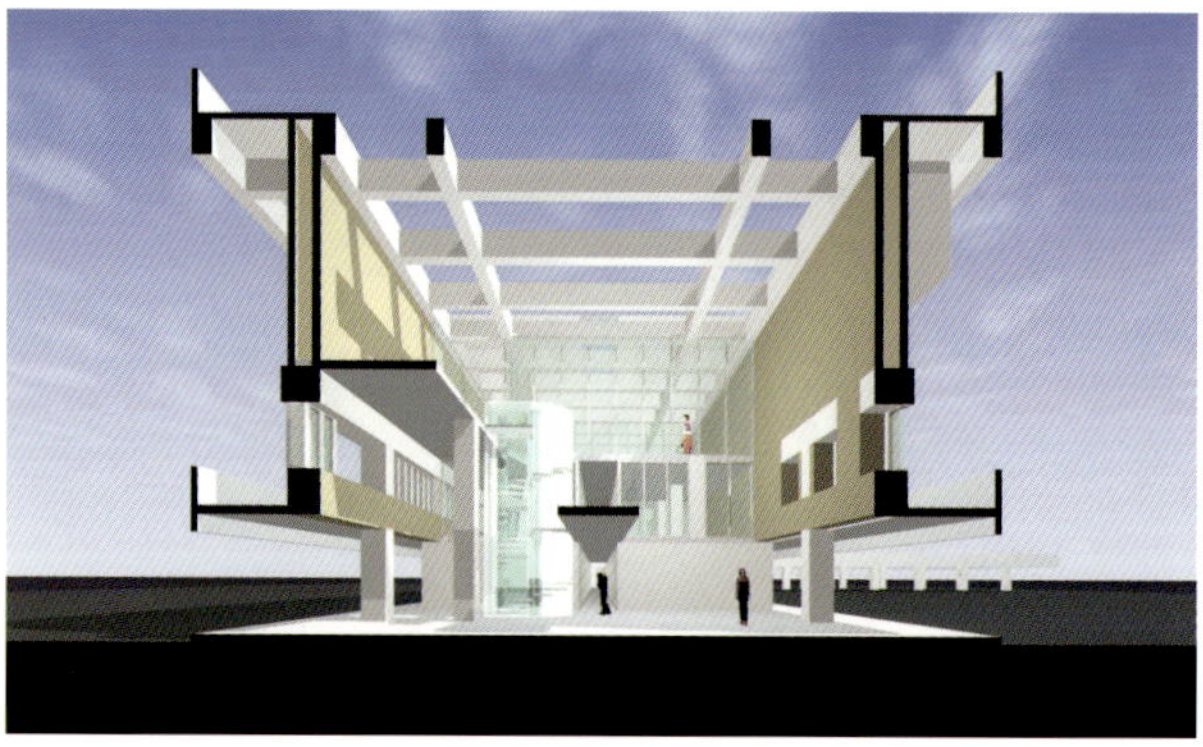

上／学生サロン部分の断面イメージパース
中右／吹き抜け部分の断面イメージパース
中左／コンセプト・イメージ図

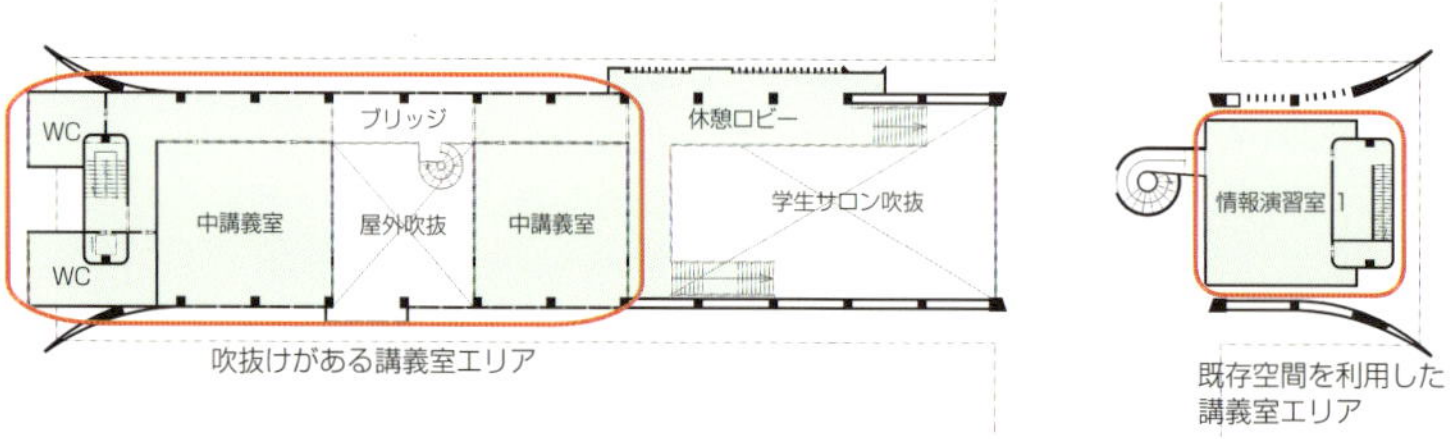

3階平面計画図

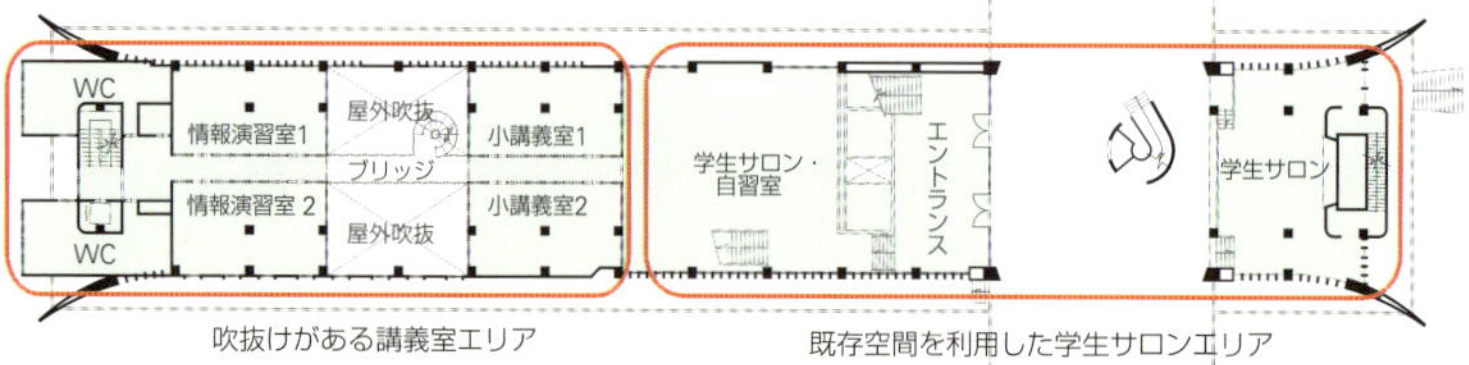

2階平面計画図

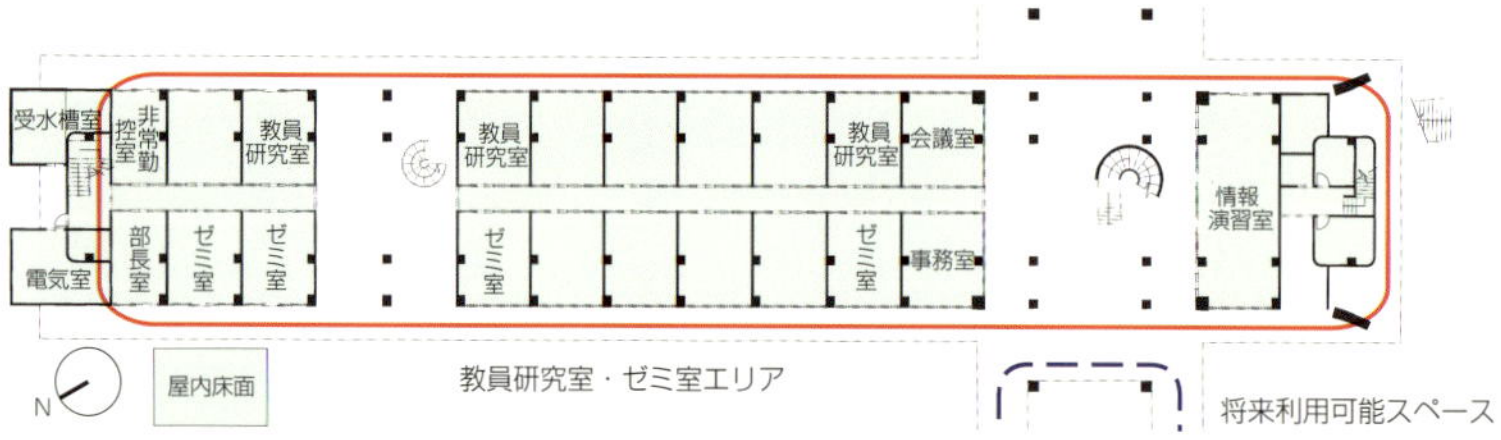

1階平面計画図

解体・撤去

外壁保存の前提より、採光、通風のための屋根スラブを一部撤去する。また内部壁、水槽、一部床スラブを解体する。

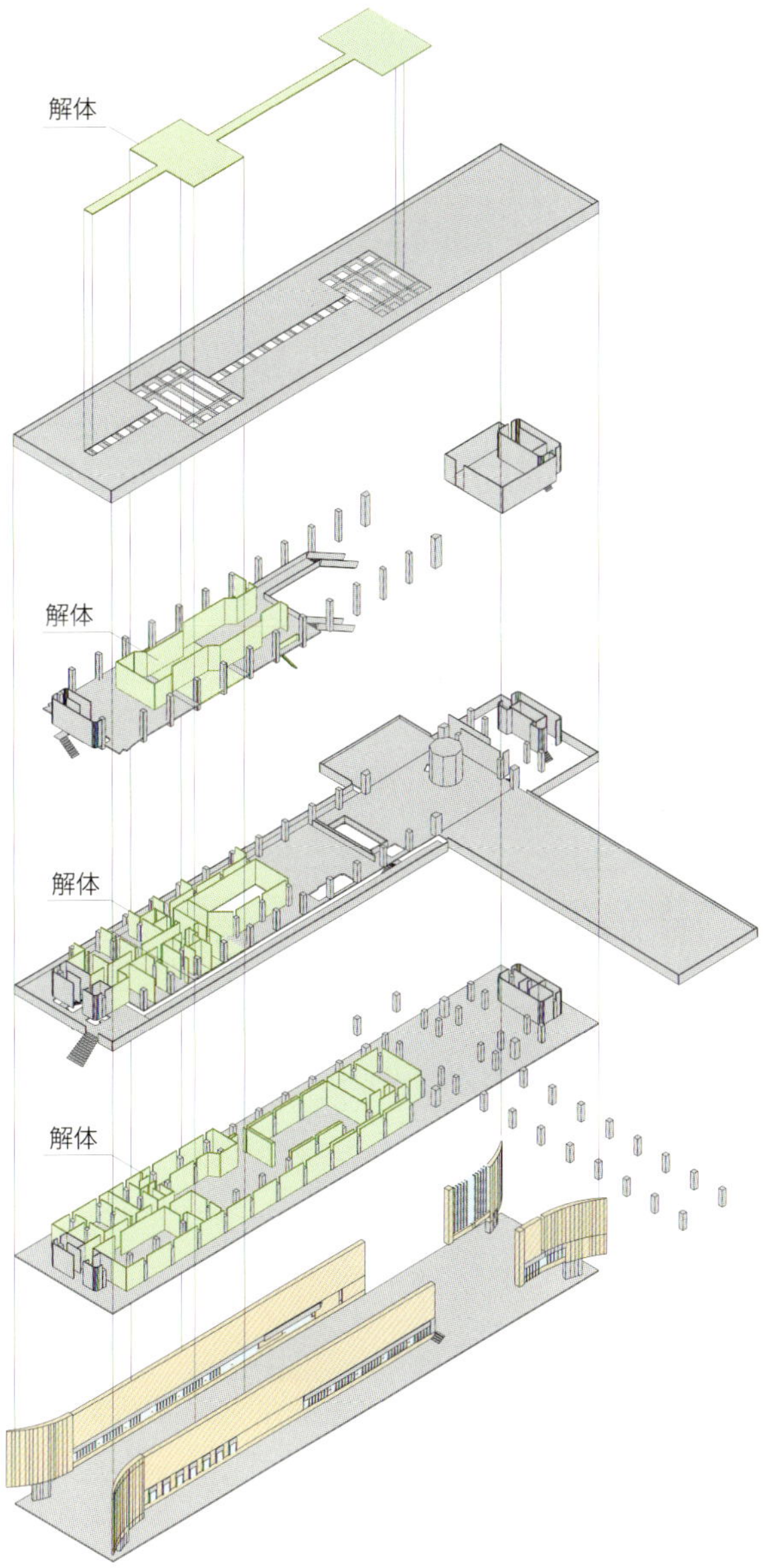

補強計画平面図

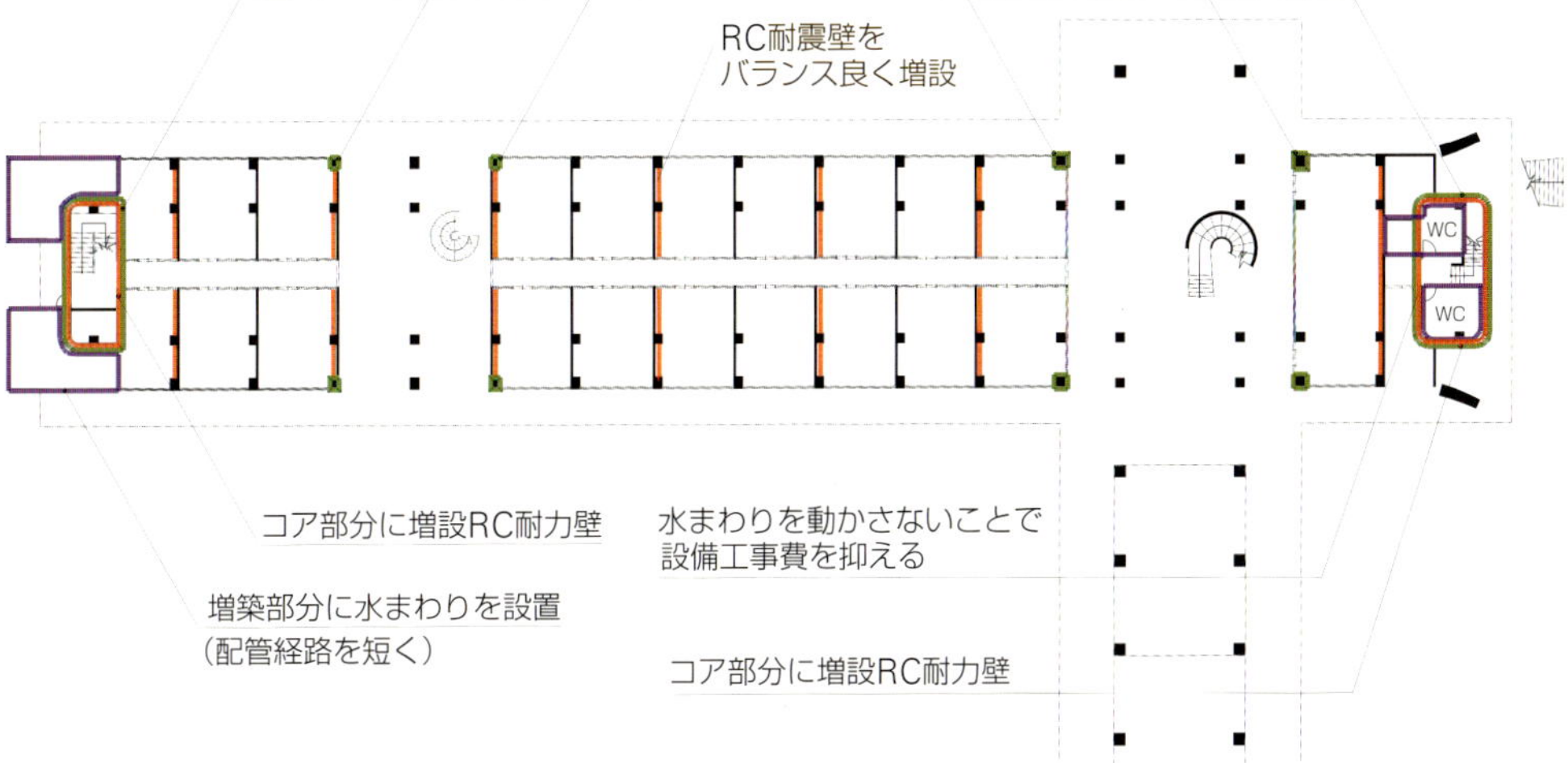

旧長崎水族館（リファイン計画）

所在地：長崎県長崎市
主要用途：大学
建築面積：1,322.2m²
延床面積：2,594.9m²
構造規模：鉄筋コンクリート造　地上3階
予定工費：4億1,160万円

旧水族館西側外観。二階エントランス部分

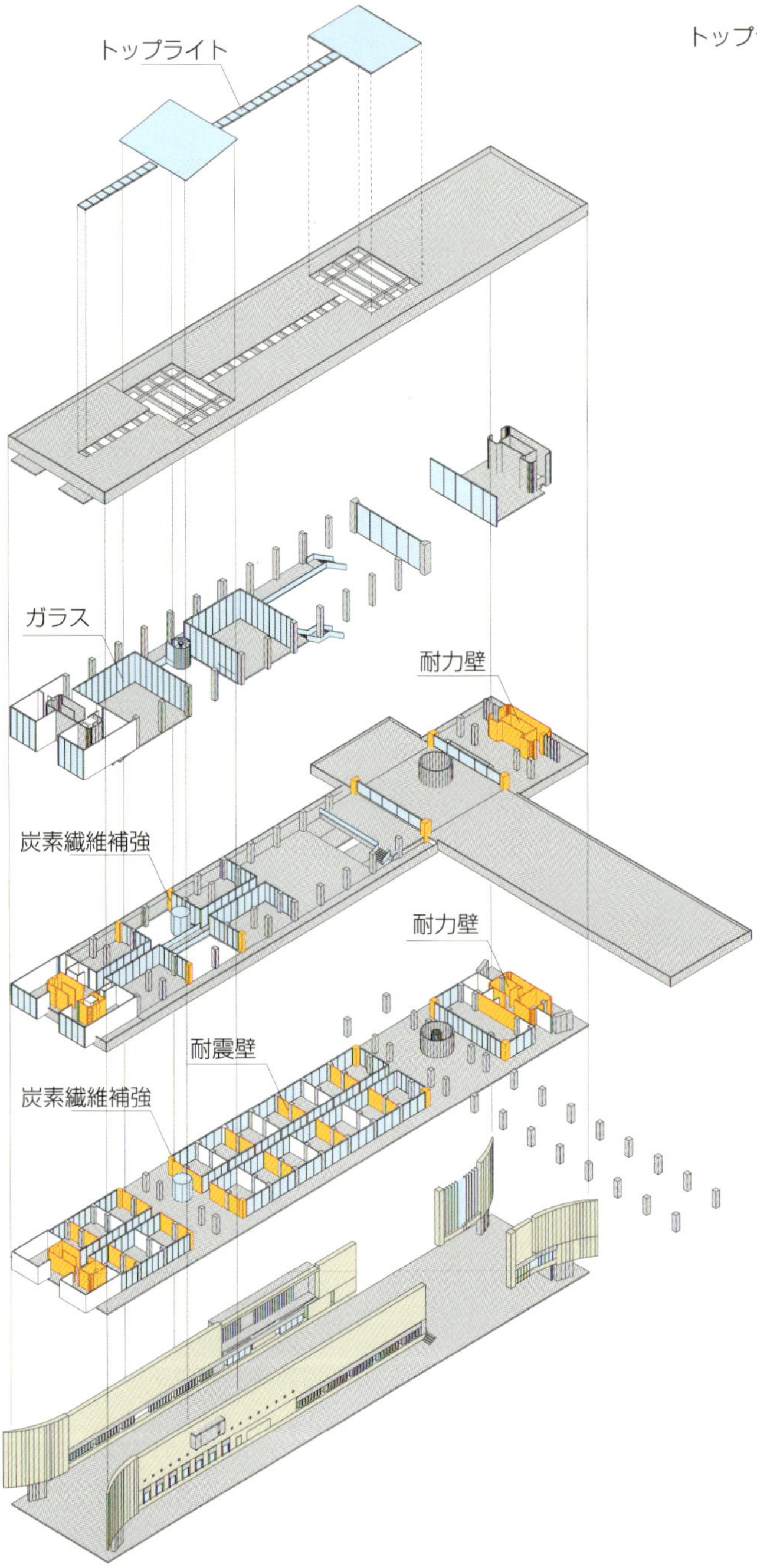

補強

コア部分にコンクリート耐力壁を増設し、柱間に耐力壁を増設する。コンクリートのせん断に対しては、炭素繊維で補強する。

建築する楽しみ

バブルがはじけたとき、二〇件ほど抱えていたプロジェクトがすべてストップしてしまった。事務所の売り上げは四分の一にダウンし、頭の中は真っ白。そんなとき、友人の言葉がぼくを救ってくれた。営業の大切さを教えられたのである。それは、それまでのぼくの建築家としての生き方をかなり否定するような意見ではあったが、その言葉の端々にあたたかさが感じられた。少し抵抗があったが、いわれるままにやってみた。やはり人は落ちるところまで落ちてみないと、本当の意味で変わることができないのかもしれない。実際、ぼくは営業の大切さを身をもって理解することになった。

それ以降、一所懸命営業して、手にした仕事は大事に行っていく。あの営業の苦労を形にしたい、いいものをつくりたいと心から思う。そうすると建築することが楽しくなってきた。アイデアが次から次に湧いてくる。今までぼくがつくってきた建物を振り返って反省する余裕もできた。また、今後の展開もイメージできるようになった。

現在、スタッフは一〇名いるが、彼らはぼくのいうことを半分しか理解できて

いないと思う。その分、ぼくは二倍も三倍もスタッフをガミガミと叱る(たぶん、たまったものではないだろう)。

スタッフが増えるにつれて、各人の性格やキャパシティーを見て、どのプロジェクトを誰に担当させようかとかなり考えるようになった。キャリアはとても大切だが、それ以上にどれだけ熱心に建築に取り組んでいるかが重要だ。そして、ぼくが考えつかなかったアイデアをスタッフが出してきたら、すぐに採用することにしている。担当者には積算まで任せているので、自分が出したアイデアを実現させるためには、ディテールからコストまで必死で考えなくてはならない。スタッフが現場からなかなか戻って来ないのはそのせいかもしれない。

これまで夢中で建築という仕事をやってきたが、さまざまな賞をいただいたとき、クライアント、その仕事を紹介をしてくれた人、いつも叱ってくれた人、賞に応募することを勧めてくれた人、請け負ってくれた建設会社の人たち、現場の職人さんなど、多くの人々とのかかわり合いの中で建物ができあがってきたことを改めて実感した。そして経営とは何かを教えてくれた銀行員、落ち込んだぼくに一升瓶をおいて励ましてくれた友。

これらの人々に感謝するためにも、もっと建築を楽しまなくては、と思う。

蒲江町立蒲江中学校特別教室棟

大分県南海部郡蒲江町, 1985

鉄筋コンクリート造, 地上2階
敷地面積＝12,758.67m²
建築面積＝449.00m²
延床面積＝733.60m²

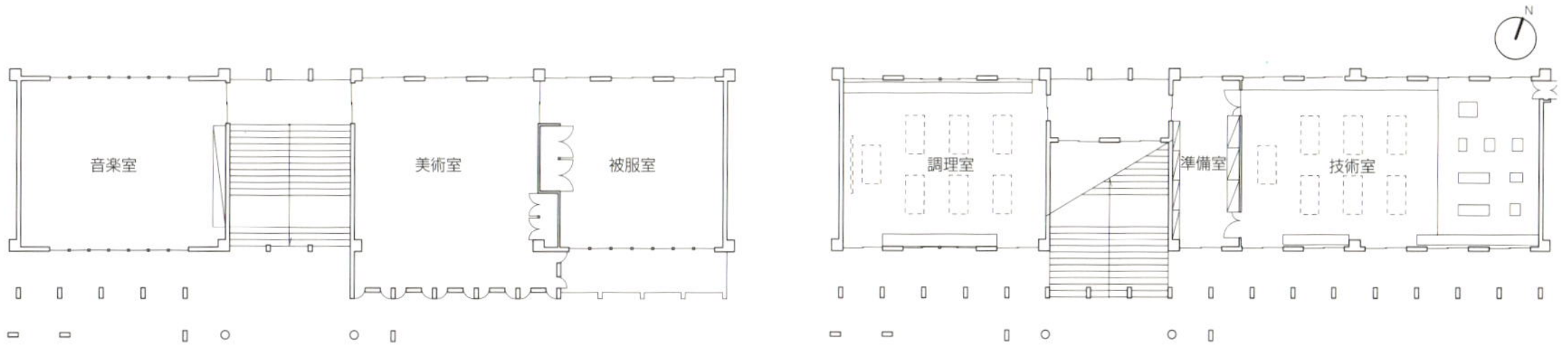

2階平面　　1階平面　縮尺1/500

蒲江中学校はぼくの出身校ではないけれど、生まれ故郷から初めて受注した仕事で、公共建築はほとんど初めてに近く、力が入った。

蒲江町はリアス式海岸にある町で、地中海の気候によく似ている。そういうイメージと、そのころポストモダンが流行していて、ぼくもつくってみたいという思いがあって、ギリシャで見た神殿のような建物を提案した。階段を広く取っているが、もともと町からの希望は両サイドに階段があって、それに挟まれるようにして教室があるというものだった。ぼくは、両サイドの階段を真ん中でまとめれば階段が階段以上の意味をもつのではないか、と考えた。

完成後、今までの学校とはまったく違うので町の人はびっくりして、これ以降しばらく、蒲江町の仕事はこなくなった。無我夢中でやっていたころで、ぼくにとっては『新建築』に初めて発表した記念すべき作品であると同時に、あるほろ苦さを味わった。

もし今この建物をリファインするなら、階段部分はこのまま残して、前面部分に手を加えれば、図書館やコミュニティ施設などいろいろ使えるスペースになると思う。

戸高歯科医院

大分県南海部郡蒲江町, 1986

木造＋鉄筋コンクリート造, 地上2階
敷地面積＝1,044.00m²
建築面積＝172.87m²
延床面積＝262.82m²

息子が帰って歯科医院を開業するので、その建物を自分の山の木でつくりたい、という依頼だった。この辺りでは、施主が棟梁とともに近くの自分の山に行って木を見ることに始まり、伐採、柱磨きなど、住まい手が参加しての家づくりが行われてきた。それが建築と人との一体感を生み、文字通り「我が家」といえる感激をともなった建築をつくりあげる。住宅はもちろんのこと、かなり大きな公共建築なども、このような方法によって建設され、自然と建築とが重なり合って、この地の風景を形成している。

息子の家をつくるために何年もかけて取ってあったという木材を見た瞬間、質も量も問題ないと思った。その木を生かした木造建築をダイナミックにつくりたいと願った。台風が怖いところなので、コンクリート造との混構造である。地元の大工さんを使いながら、手作りで一つ一つやっていった。いま行ってみても箱樋の処理などうまくいっていて、満足している。

歯科の治療を受けながら海が見えたら少しは痛みが和らぐかなと思い、診察室から海が見えるようにと考えた。二階は先生の居間と書斎ということだったので、真ん中をテラスにすることを提案した。現在はそこに屋根がかけ

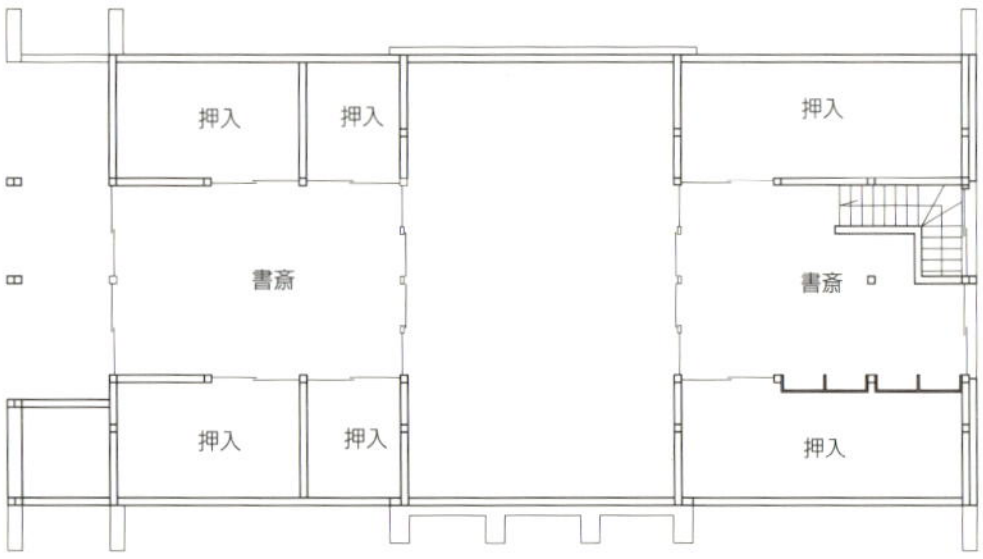

2階平面

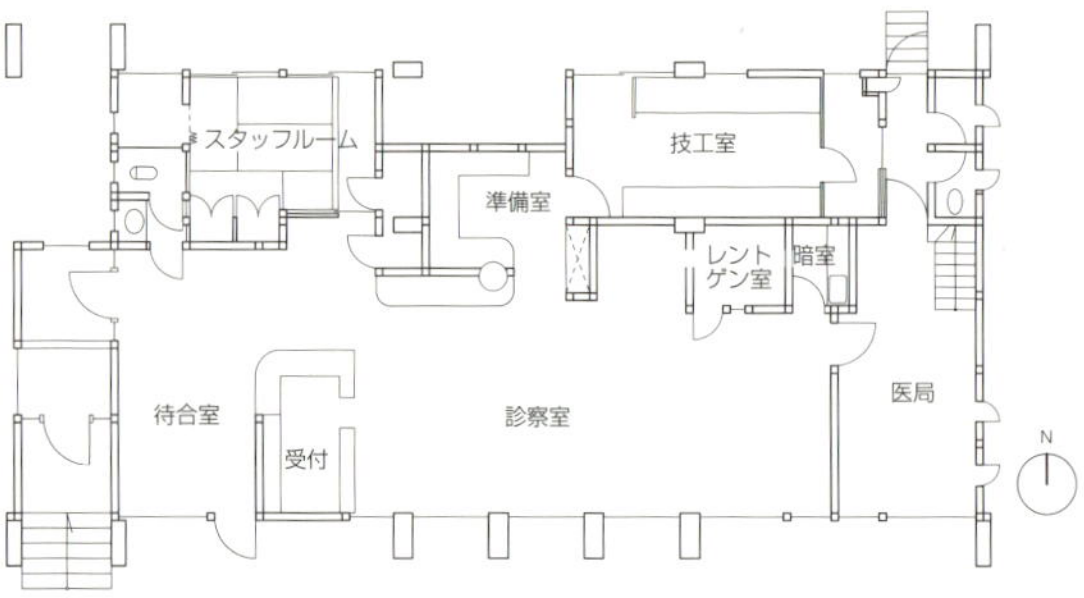

1階平面　縮尺1/300

られている。歯科医療は作業が細かく、精度を求められる仕事だ。それと同じような精度を建築にも要求されたのには参った。

基礎工事で、ぼくの意図するようになっていなかったので、やり直せといったら、それを聞いていた先生のお父さんに「大工に向かってなんということをいうんだ」と怒られた。もっと早く来て確認しておいたらよかったじゃないか、と。汗水たらして働く大工さんたちに対して文句だけいっている設計者はなにごとか、と思われたのだろう。

できあがってからはすごく喜んでいただいた。

いま思うと、このころは最初の海外建築ツアーから帰ってきたばかりで、頭でっかちになっていた。自分で何が良いか、悪いか、まだわからなかった時期で、夢中でつくっていた。従来型の木造とは違う建物だったので不安だったが、雑誌の編集者に見てもらったところ「なかなか良い」というので、ちょっと自信をもった。

ゆの杜　たにもと

大分県別府市, 1988

木造, 地上2階
敷地面積＝1,420.19m²
建築面積＝589.94m²
延床面積＝599.43m²

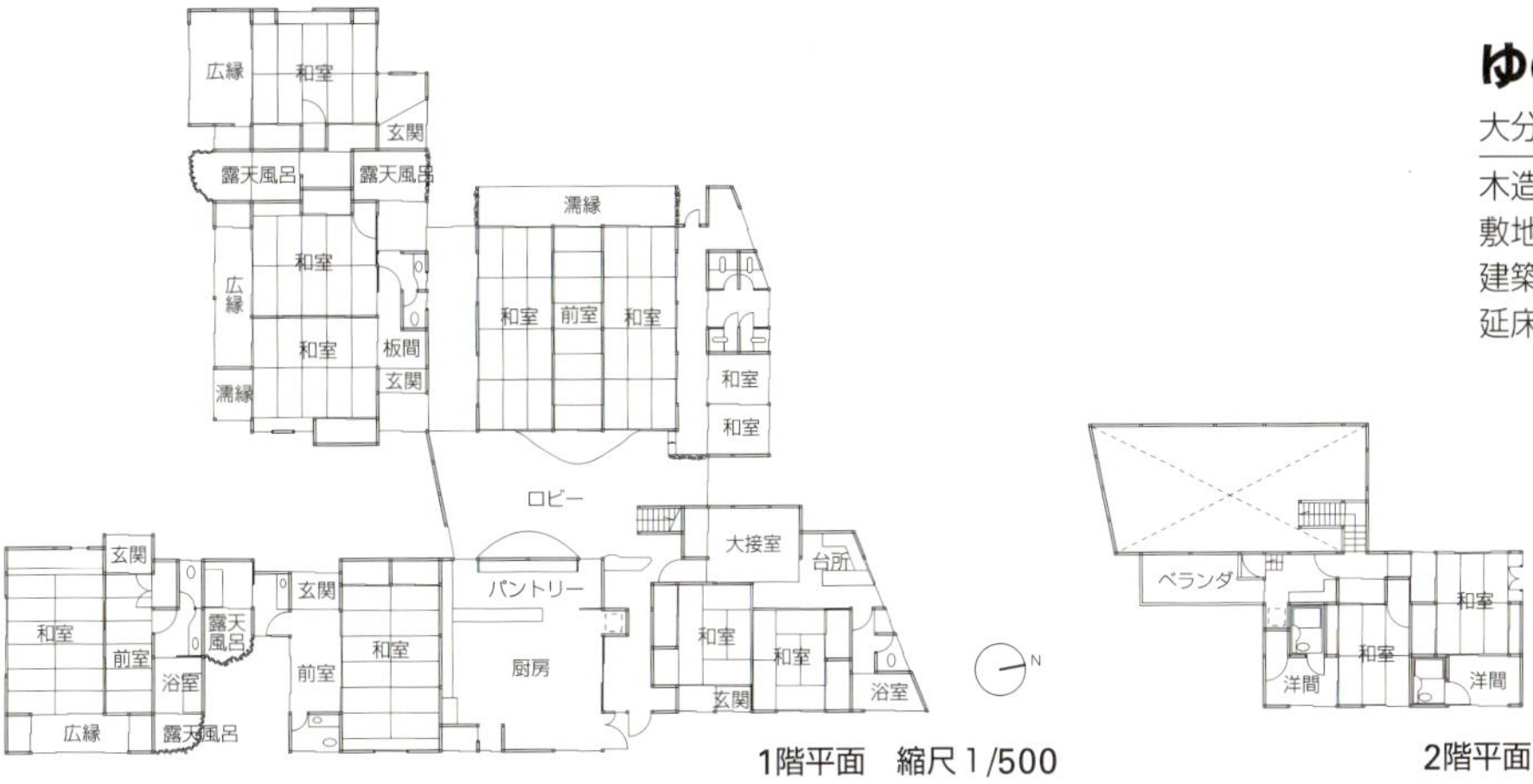

1階平面　縮尺1/500　　2階平面

大学の先輩が旅館を設計しないかと声をかけてくれた。先輩はぼくに頼めば自分の意図するものがつくりやすいし、設計料を値切れる、と踏んだに違いない。そこで作戦を立てて、本当は仕事をしたかったが、「おれはあまりやりとうない。和風というのは五〇歳くらいになってやったほうがいいと思う」と答えた。押し問答を続けるなかで「デザインに関していっさい何もいわないなら受けてもいい」といったら、「それでいい」というので「それを一筆書いてください」とお願いした。クライアントは、途中、いろいろいいたいことがあったと思うが、ぐっと我慢してくれた。

機能に関しては要望通りだが、クライアントは本当は民家風の旅館が欲しかった。ぼくは、民家風をやったら湯布院の二番煎じになるから、自分なりの和風をやったほうがいいと思い、「竹を使いたい」といった。一番身近にある安い素材で、なおかつ話題性のあるものがいい。

クライアントと二人で竹職人をずいぶん訪ねて回った。同世代の職人に頼むことにして、こういうものをつくってくれ、とお願いした。大きなものはいくつかに分割してつくってもらったが、ある日、作業所へ行ったら職人が

右頁／玄関回り
上／孟宗竹のオブジェが目を引くロビー天井
下右／ロビー
下左／床の間の意匠は「竹取物語」から取られている

「こんなもの誰が考えたんだ」と文句をいいながらつくっていたので、「おれが考えたんじゃ」といったら、職人たちはびっくりしていた。竹職人はクラフトや家具くらいまでは器用につくるが、ぼくは以前から竹をもっと大きなものに思いっきり使えないだろうかと思っていた。この少し後に勅使河原宏さんがやった竹のオブジェを見て、してやったりと思った。

竹の止め方を工夫したり、メンテナンスを考えて全体を上げ下げできるようにした。照明は普通の裸電球だが、どう照らすかが重要だと思い、ほとんど現場につきっきりで決めていった。

全体を貫く竹取物語のイメージは最初からあったわけではなく、やっていくうちに、何かストーリーをつけたほうがいいと思った。かぐや姫が宇宙から地球に降り立ったときの光を放つシーン、竹取の翁が光る竹を見つけるシーン、かぐや姫誕生のシーンなどがつぎつぎと生まれてきた。ロビー天井のオブジェは、もちろん、かぐや姫を迎えに来た宇宙船である。

くまもとアートポリス

石打ダム管理所

熊本県宇土郡三角町, 1991

鉄筋コンクリート造, 地上2階
敷地面積＝632.97m²
建築面積＝179.41m²
延床面積＝270.41m²

初めて現地を訪れたとき、ちょうどダムの基礎工事をやっていて、そこで働く人間がアリのように見えた。そのダムのコンクリート量は、この管理所一棟分以上のコンクリートを毎日打つそうだ。ダムをつくるというのはエライことだ、大自然に抵抗するということはこういうことなんだ、と思った。ダイナミックなエネルギーに圧倒されると同時に、人間はなんと愚かなことをするのかとも感じた。

微力な人間が、神という大自然に立ち向かう姿を、爪を立てて岩にしがみつき、抵抗する姿を思い描いた。

内部空間は地球規模の水の流れを一枚の絵にしたエッシャーの作品のような建築ができないかと思い、見る者にとって天と地をどちらとも受け取れるようにした。

ぼくは現代アートは見た瞬間にある記憶を呼び起こす芸術だと思っているが、この場所にはそういうものが有効だろうと思った。

上／遠景
左頁上／東より見る
左頁下／階段室

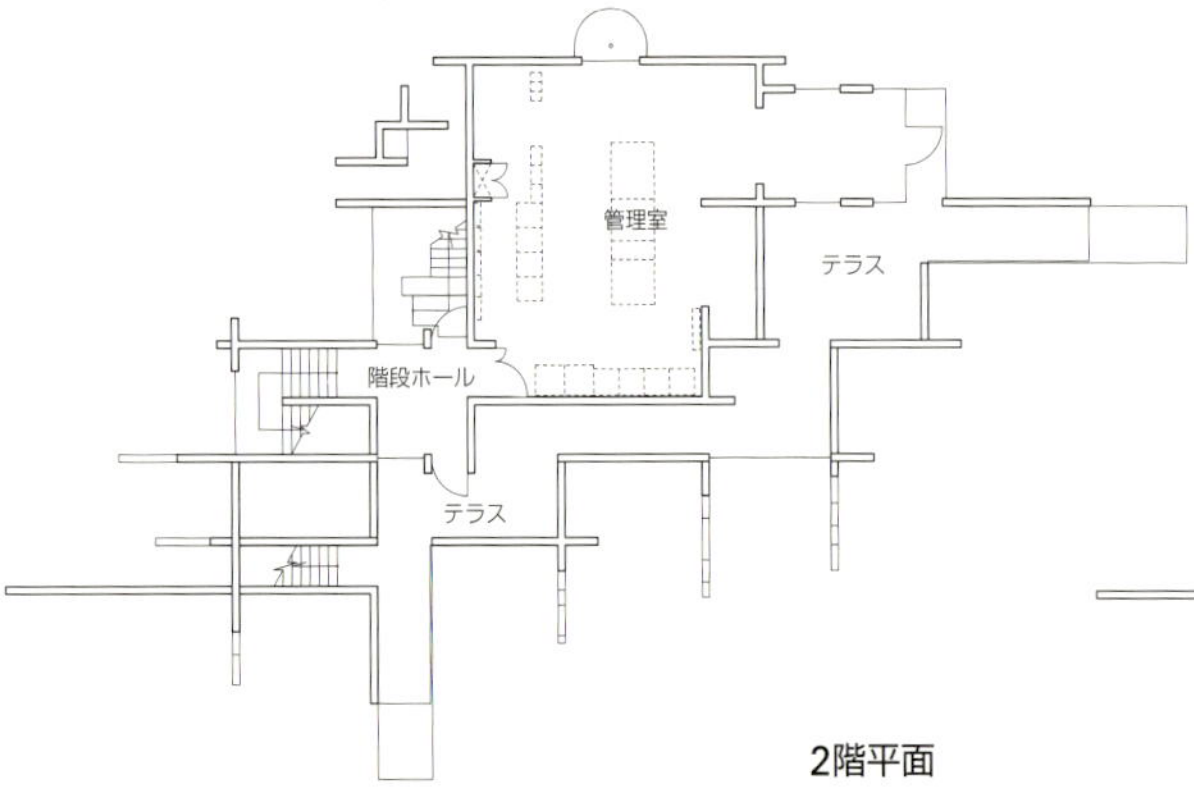

2階平面

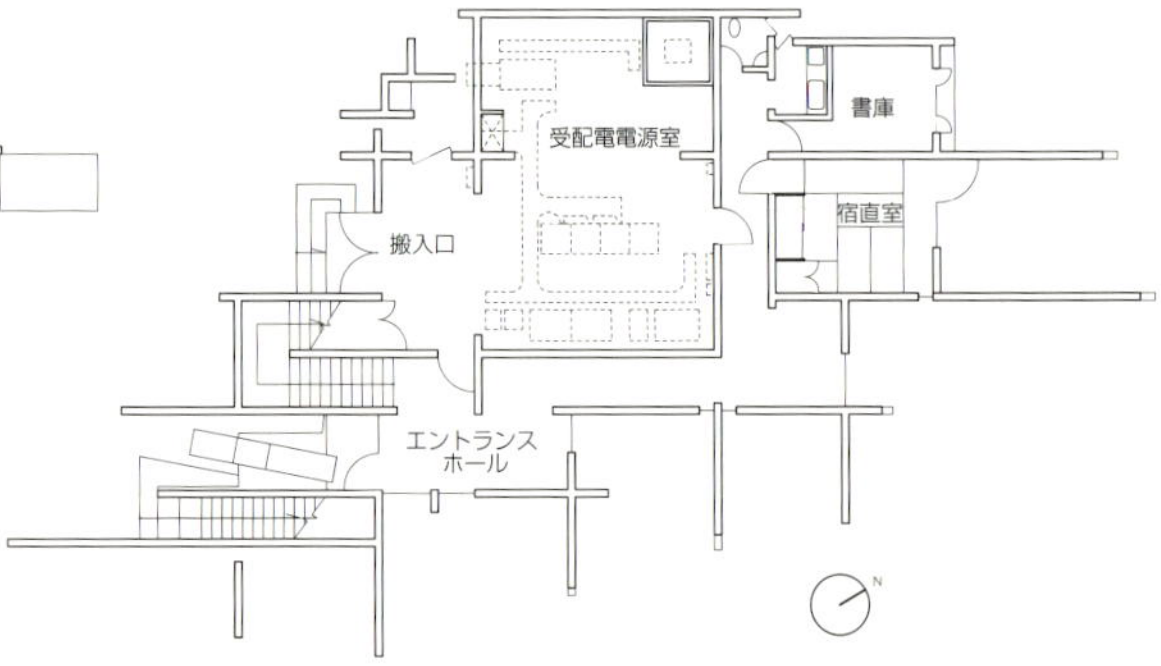

1階平面　縮尺1/400

本宮山常妙寺本堂

大分県大分市, 1992

木造, 地下2階, 地上1階
敷地面積＝2,750.00m²
建築面積＝195.92m²
延床面積＝327.02m²

日蓮宗本宮山常妙寺は戦国大名・大友宗麟の父が建立した寺で、以前は大分市の中心部にあった。そこが歓楽街と化したため、郊外に移転することになり、この寺を菩提寺とする磯崎新氏が設計者の選定をまかされた。

このお寺の設計者に選ばれたことはぼくにとって大きな一歩となった。いま、超高層やドームの設計を依頼されてもたぶん驚かないが、このときはゾクゾクッときた。

常妙寺の永石光龍師からの要望は、本堂は木造建築にしたい、山門や鐘楼など再生できるものはできるだけ移築したいとのことだった。また、本堂は明るくて荘厳な空間をつくって欲しいといわれた。

せっかくだから本格的な木造建築をやろうと思っていろいろ研究し、京都や奈良にもずいぶん行った。そのなかで唐招提寺が一番良いと思った。また、小手先のデザインではなく正面突破でつくらないとクライアントに失礼だと思った。正面突破でなおかつ自分ののが出せる方法といったら、プロポーションだ。木造建築のダイナミズムをより強調するために、軒高を通常の寺院の一・五倍にし、それに応じて各プロポーションを決めていった。唐招提寺の柱は九〇〇ミリの円柱である。そ

こでここでは三〇〇ミリの円柱を二本立て、その間の空間を含めて九百ミリとした。さらに桝組みでも木造の力強さを表現するような新しい桝組みを提案した。

寺院建築はある意味でローテックの積み重ねだと感じた。突飛なことは何もしていない。古来の木造技術を寸分の間違いなくやっていくだけだ。パッと見ると普通に見えるが、よく見るとプロポーションもディテールも違う……、だがそれは伝統的な技術によって裏付けられている、そういう寺院建築ができたと思う。常妙寺をやったことで自信がついた。

右／軒高が高くダイナミックな本堂正面外観
左上／本堂の正面につくられた四恩会館から本堂を見たところ。本堂の手前にあるのは移築した山門。右手は本堂と四恩会館を結ぶ回廊。左側に見えるのは天神堂
左下／構造上、柱が太くなるのを避けて二本柱とした。おおらかな軒下空間で子供たちが遊んでいた

上／東側から見た本
下／本堂と四恩会館（信徒会館）を結ぶ回廊
左頁上／本堂から山門と信徒会館を見返す
左頁下右／四恩会館ファサード（設計＝青木茂建築工房）
左頁下左／本堂の二本柱詳細

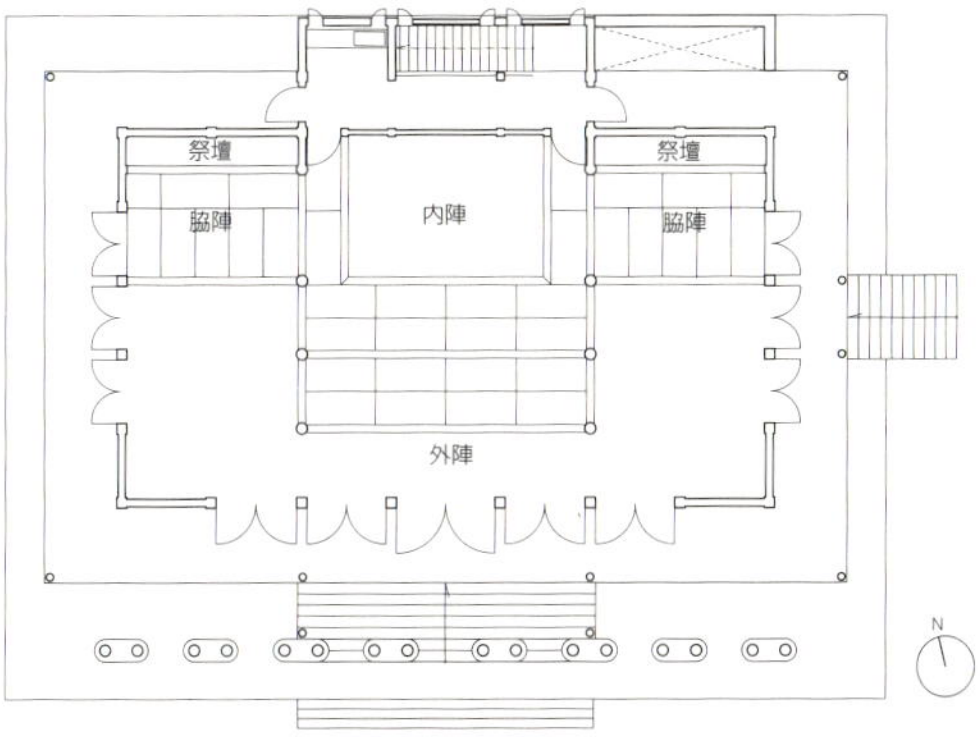

本堂　1階平面　縮尺1/400

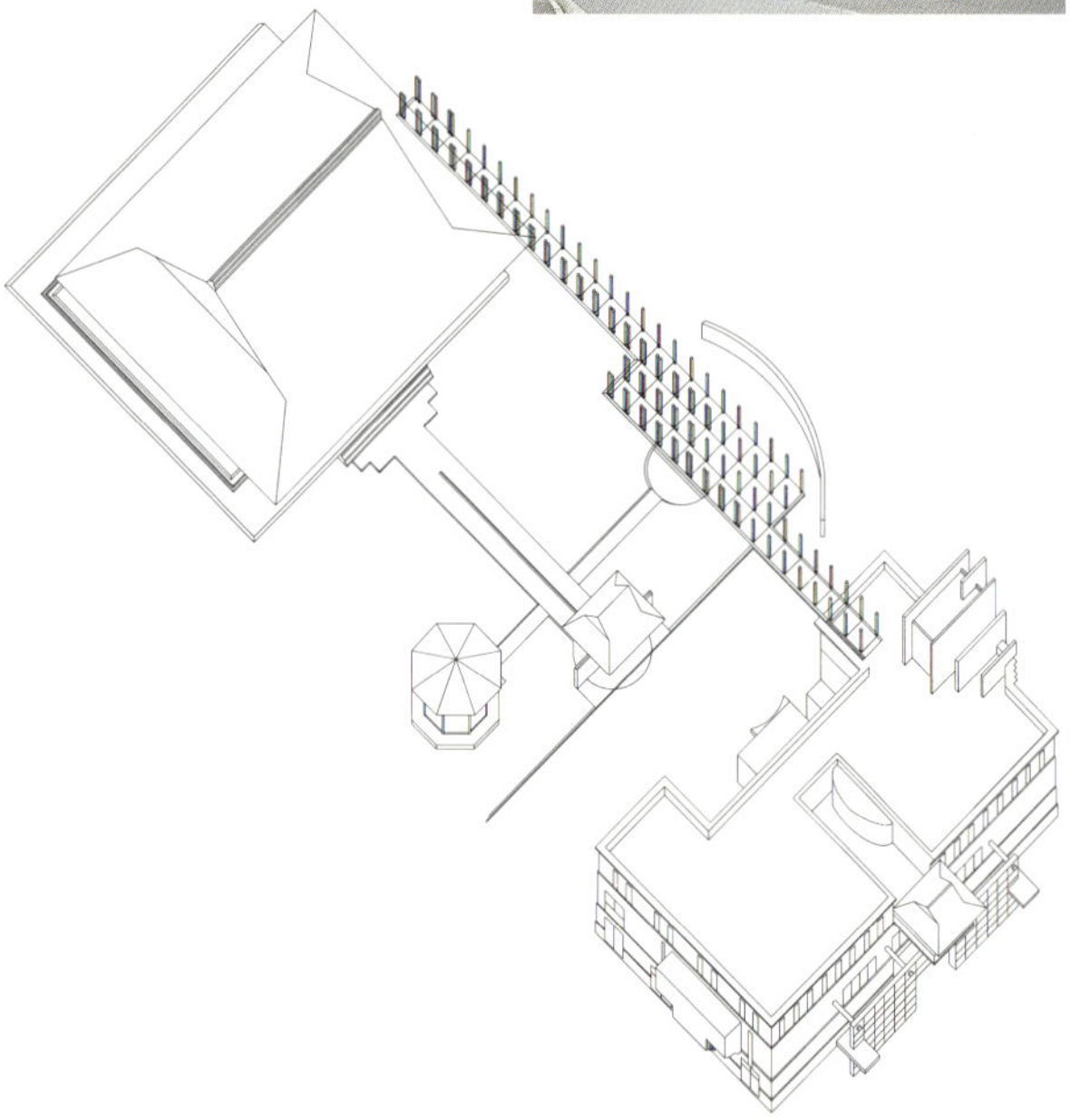

町田バーネット牧場

大分県玖珠郡九重町, 1995

木造＋鉄筋コンクリート造, 地上1階
敷地面積＝51,343.72m²
建築面積＝674.47m²
延床面積＝622.57m²

九州では時として大草原に出くわす。九重町は阿蘇の外輪山のもっとも端にあたり、久住連峰の裾野にある。黒沢明監督の映画「乱」の撮影もこの久住高原で行われた。

風の丘には牛や馬が草をはみ、のんびりとした風景が広がる。春の新緑、夏の爽やかな風、秋には真っ赤に燃える山々、そして雪景色の冬……。そんな高原をもっと広く人々に知ってもらおうと、別府と阿蘇を結ぶ道路がつくられた。町田バーネット牧場はその「やまなみハイウエイ」にあるレストハウスである。

クライアントはアルプスの山小屋のような建物を考えていたようだが、ぼくは建築が存在しないような、できるだけ透いて見える建物がいいだろうと思った。ここは風が強いところだが、少年時代に飛ばした模型飛行機がふわっと舞い降りたような、そんな建築を考えた。

ウィークデーには人が少なく、休日には大勢の人々が訪れることが予想されるので、建物はできるだけコンパクトにして、外部にのびるパーゴラをつくった。利用者に気持ちの良い外部空間を存分に楽しみながら自由に使ってもらうためのスペースである。

垂直の力は木の柱によって、水平力は二つの円形コンクリートコアと四つの四角形のコンクリートコアに負担させている。それによって、長さ六二・七二メートル、幅八・八二メートルの大空間を筋交いなしでつくることができた。

このころからコストと工法システムに対する考え方がわいてきた。また、木造建築が長持ちしない原因は腐ることだが、外気が木の柱に影響を与えないような、ガラスと柱の取り合いをいま試みている。

上／阿蘇の外輪山の麓に広がる広大な風景。その中に軽やかな屋根だけが浮いている
左／木造軸組
左頁下／コンクリートコアを採用することで軽快な木造軸組を実現した

クライアントは家族愛にあふれた若いお医者さん。生活スタイルを見ていると、クラシックなインテリアが好きで、落ち着いた雰囲気を好むように見えたので、ぼくがよくやる分散型ではなく、中庭をつくることで通風、採光の問題を解決する方法をとった。

新興住宅地なので、ゆくゆくは周囲に家が建て込み、おそらく正面の外観以外は見えなくなるだろう。そこで正面ファサードは石張りにし、あとは経年変化に耐える材料としてタイルを貼っている。一階の院長室と二階の書斎をらせん階段で結び、また、屋上でバーベキューが楽しめる設いになっている。

気に入っていただけたようで、この後、大原歯科医院の仕事を紹介していただいた。

「クライアントと本音で話せんな」と思うときには、建築はうまくいかない。坪単価の高い建築が必ずしも良い建築になるとはかぎらないのは、本音で話し合いができるかどうかに大きなポイントがあるからだ。

右頁／北側外観。ガラスの階段室は院長室から直接二階の書斎へつながるらせん階段
左／通風と採光を確保するための円形の中庭

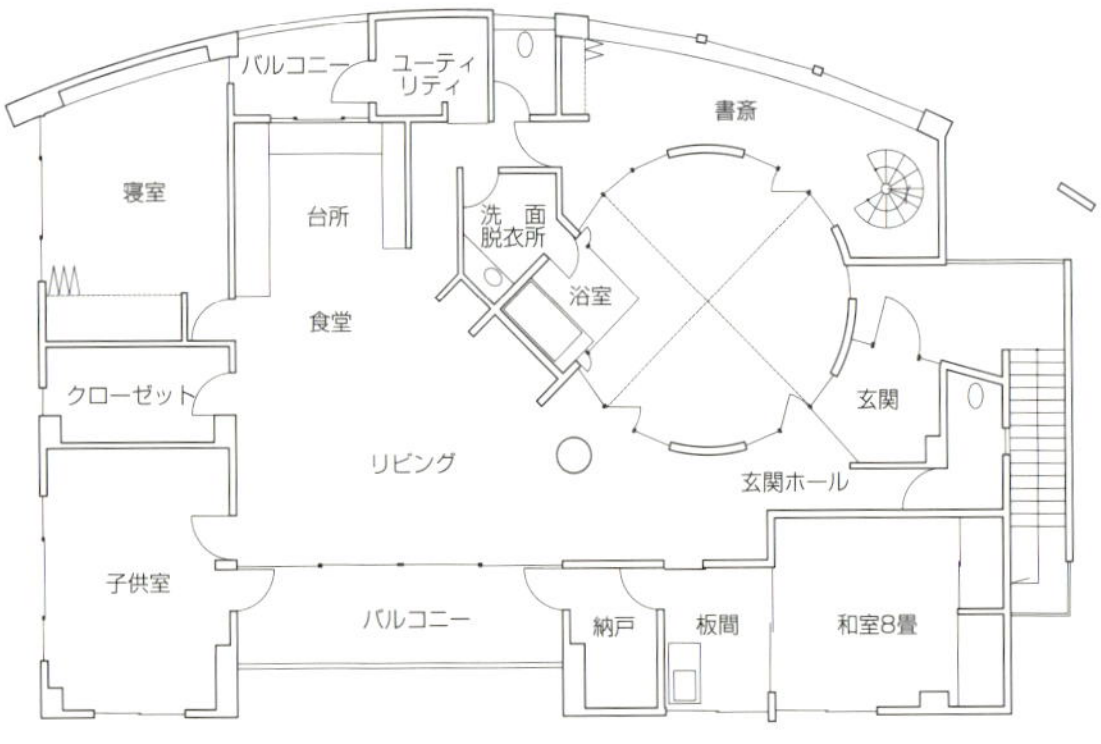

2階平面

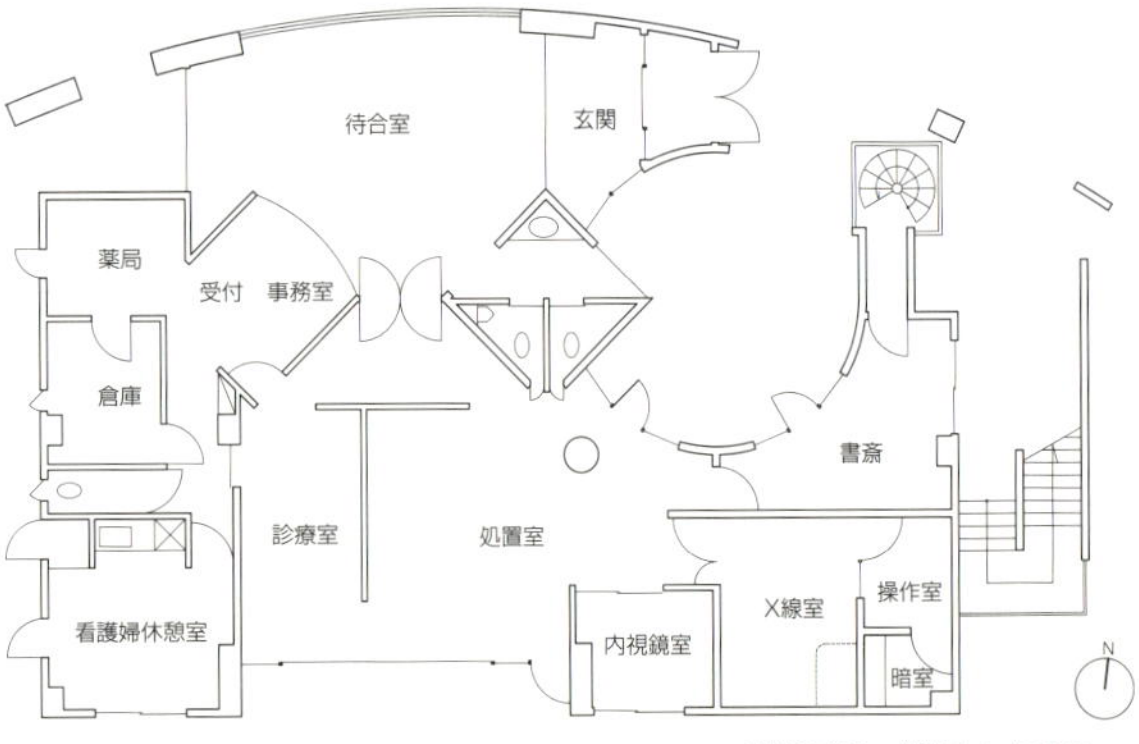

1階平面　縮尺1/300

小野医院

大分県速見郡山香町，1997

鉄筋コンクリート造＋木造，地上2階
敷地面積＝613.80m²
建築面積＝278.92m²
延床面積＝459.22m²

子供のころ、夜、熱を出したときお医者さんに行くのを遠慮したことがあったのを覚えている。もし、お医者さんの家に光がポッと灯っていれば電話して行こうと思うのではないか、と考えた。そこで小野医院は、桁から上はガラス張りで屋根が浮き、起きている間は光が漏れるようにした。

工事は二期に分け、クリニックの部分を先につくった。一期工事が終わり、既存の住宅を壊して、簡易風呂をつくったら、クライアント家族がキャンプみたいで面白いと気に入った。この辺りの冬は極端に寒いところではないので、それなら住宅を分解してみては、と思った。二階の居間、子供室、客間、書斎が分棟のようになっていて、屋根のかかった外部空間で結ばれている。ぼくの提案に抵抗があるのではと懸念したが、クライアント家族はわりあいすんなりと受け入れて面白いといってくれた。

建築家にできる最大のことはプランニングの段階で生活の仕方を提案することではないかと思う。このころからプランニングの面白さを追求したいと考えるようになった。

右／全景。一階は医院、二階の住居部分は居間、食堂、子供室、書斎、客間などが外部空間で結ばれている
左上／西側外観
左中／二階各室はテラスで結ばれている
左下／客間からリビング・ダイニングのブロックを見る

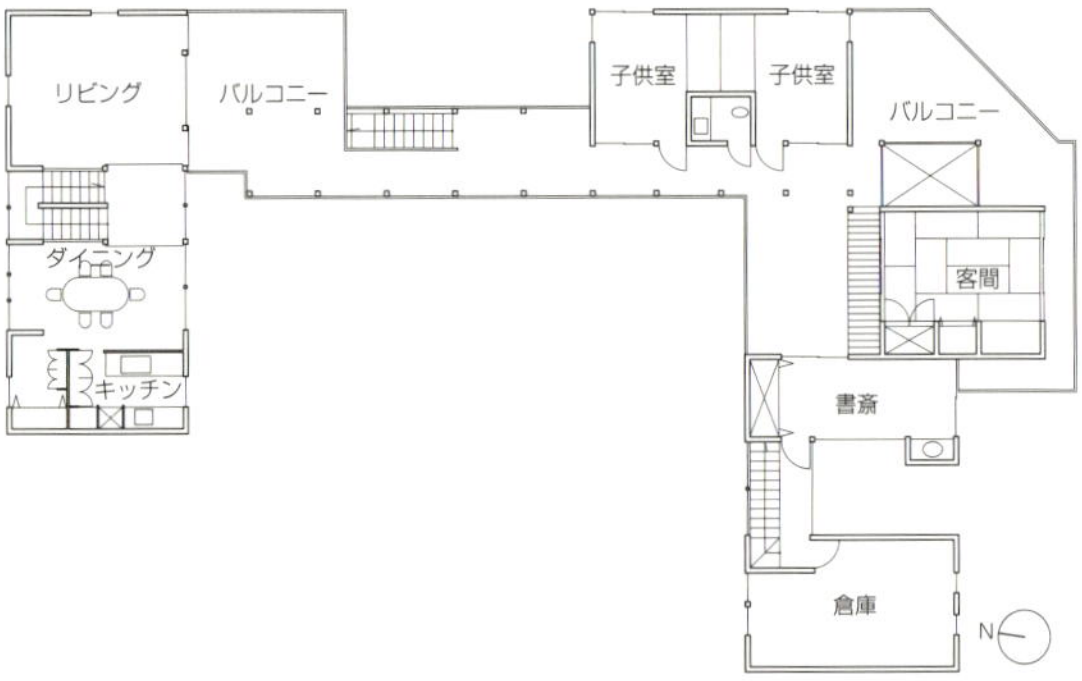

2階平面　縮尺1/450

マキハウス
キャルシティショールーム

福岡県福岡市, 2000

延床面積＝340m²

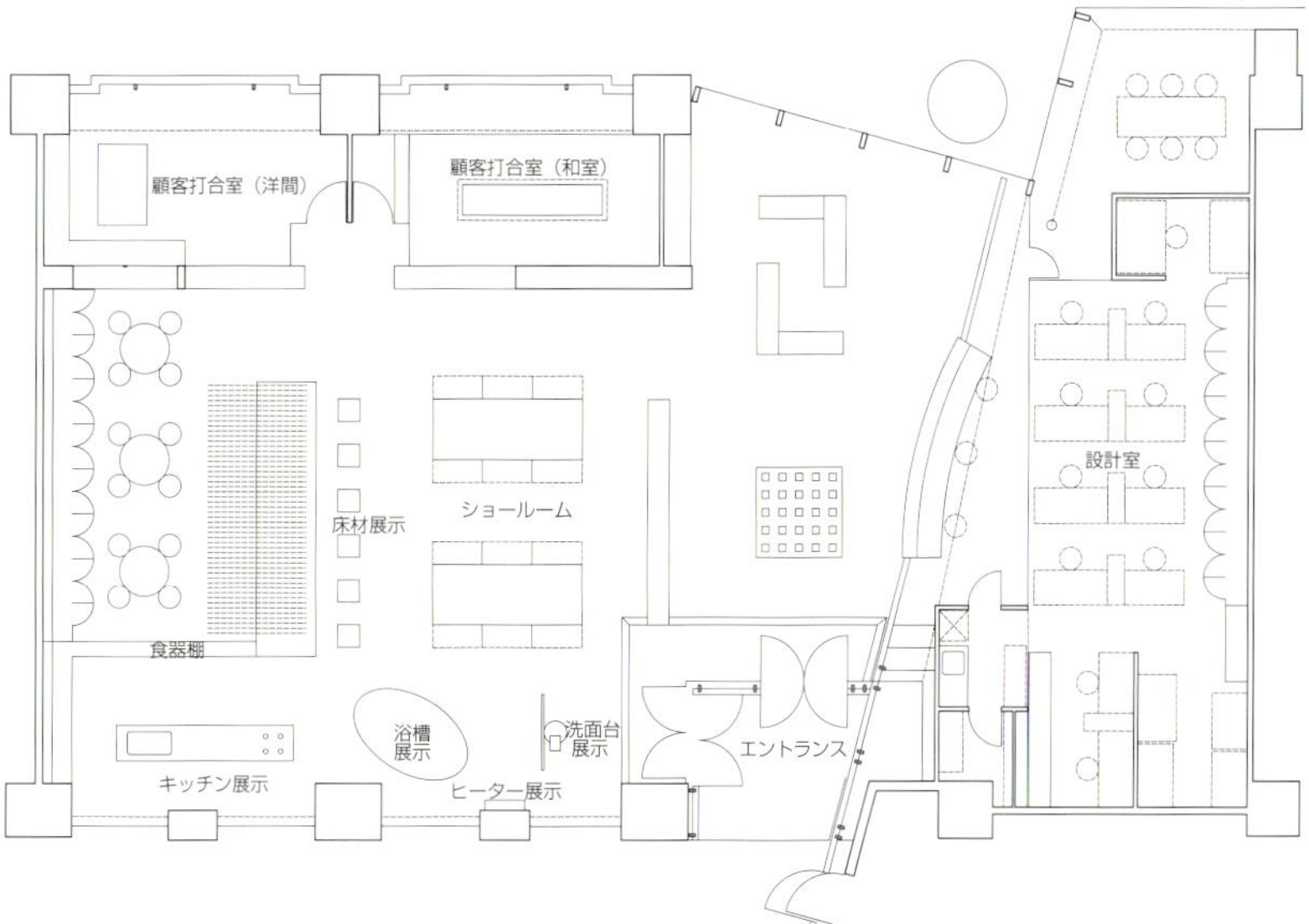

平面
縮尺1/250

住宅メーカーのショールームである。かつては住宅展示場にモデルハウスを展示していたが、それでは住宅をつくりたい人が来るだけで他のお客はキャッチできないこと、また他のメーカーと横並びというあり方に抵抗があって、まったく違ったかたちのショールームらしくないショールームを求められた。福岡で一番にぎやかなキャナルシティ内にあるので、インテリア小物もおきたいし、そこで商談もしたい、設計室も欲しいと欲求がふくらんでいった。

マキハウスの住宅は手づくりの良さと木を大事にしていることが特徴である。そこで、それを檜の列柱で表現しようと思った。あとはいかにきれいに見せるかであった。高級ブティックのようにインテリア製品を並べて見せてはどうかと考えた。打ち合わせ室は和と洋で、料亭やホテルのサロンのイメージ。オーナーのセンスが良く、うまく使っていただいている。

右上／エントランス。正面に檜の柱がシンボルとして取り込んである
上／住宅やインテリアに関心のある人が立ち寄りたくなるような雰囲気をつくり出している
左頁下／洋間（右）と和室の顧客打ち合わせ室

九重町社会施設総合センター

大分県九重町，1999

鉄筋コンクリート造，地下1階，地上2階
敷地面積＝14,020.64m²
建築面積＝4,475.44m²
建築面積＝5,718.66m²

今までの中では抜群に大きなプロジェクトで、町でもプロジェクトチームをつくって施設について検討していた。ホール、体育館、剣道場、図書館、資料館、会議室という多機能な施設が集まっているが、集約化しないとランニングコストがたいへんだということになった。

ホールは四二〇席。一二〇〇席のホールをつくるよりは、四〇〇席で三回の公演にして、演技者に九重町に滞在してもらう。そのときに町民とのふれあいがあるのではないか、と提案した。九重町は良い温泉地で、風景が素晴らしいところだ。ロビーからも、図書室、剣道場からもウインドウピクチャーのように風景を切って見せることを意識した。

右頁／豊かな自然環境の中にある（画面中央が九重町社会施設総合センター、その上部は他施設）
上／図書館部分の外観
下右／ホワイエからも景観を楽しめる
下左／図書館内部

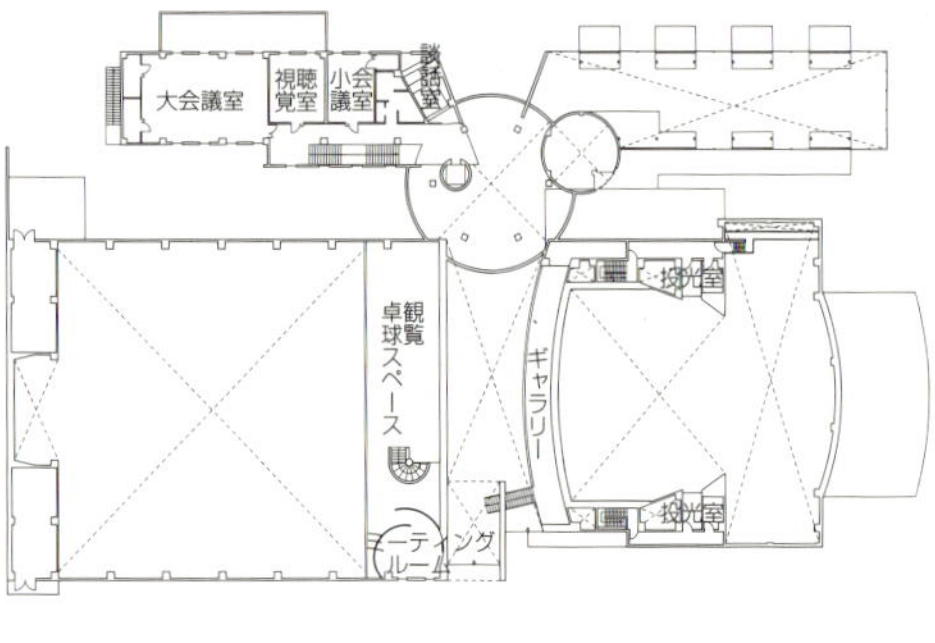

2階平面

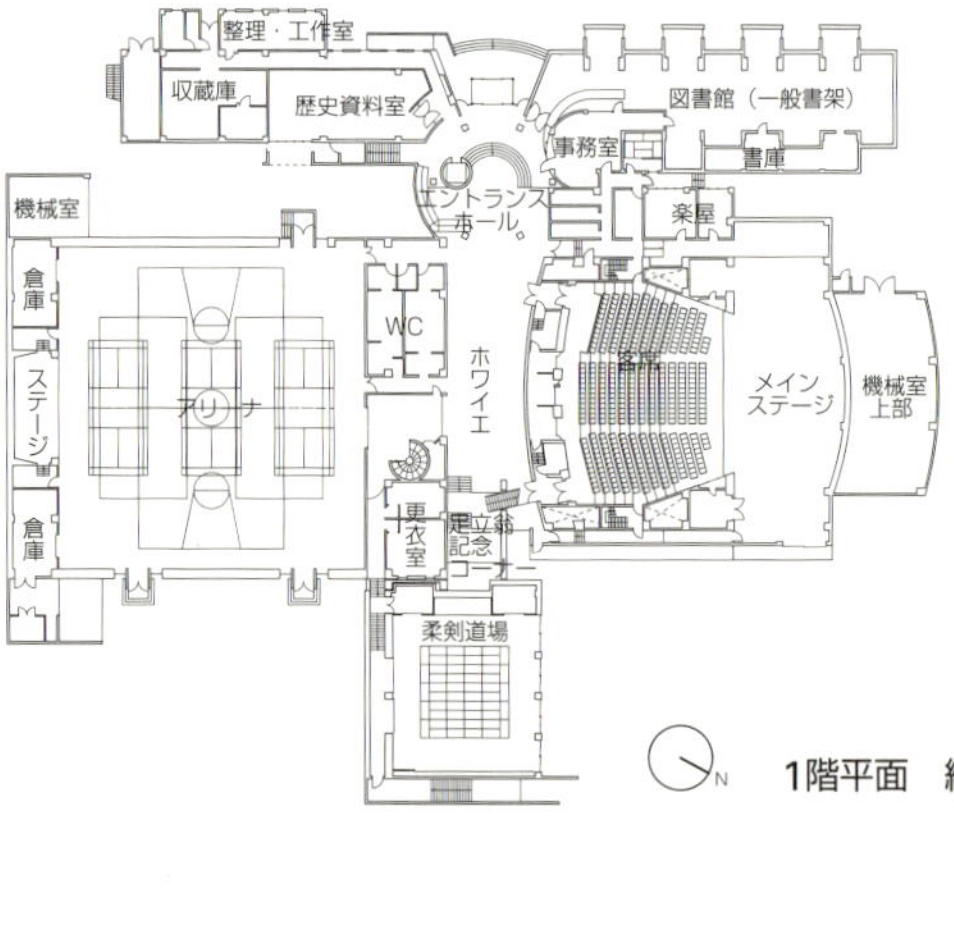

1階平面　縮尺1/1500

杵築中央保育園

大分県杵築市, 1999

木造＋鉄筋コンクリート造, 地上1階
敷地面積＝2,598.13m²
建築面積＝1,305.65m²
建築面積＝845.68m²

老朽化による園舎改築と、定員を増やすことを目的に敷地を移転しての建て替えだった。設計にあたっては三つのことを考えた。地震で潰れないこと、あまり外で遊ばなくなった園児をどうやって遊ばせるか、そしてどうやってローコストでつくるか、である。

町田バーネット牧場で試みた、コンクリートコアで水平力を吸収する手法をさらに進めようと思い、プランを詰めていった。廊下をなくして、その分部屋を広くする、あとはすべて外部空間としてそこに屋根を架ける。それが子供の遊び場になったり、食事もできるだろう。建物全体で七ヵ所に配置した水回りのコンクリートコアは地震でも潰れないし、折版を用いた屋根は軽く、筋交いも不要だ。柱は一二〇ミリ角の杉、梁は一二〇×二四〇ミリの米松である。部材が細く軽いので施工性がいい。梁はクレーンでつり上げたが、柱はすべて人の手で建て込んだ。工期短縮はコストダウンにつながる。プレカット材を使用したこともコスト削減の大きな要素となった。

できあがってみると、予想以上に上手に使っていただいていて、設計者としては何もいうことがない。

右頁上／中庭部分には屋根がない
右頁下／西側外観
上・中央／コンクリートの諸室を結ぶ外部テラスで子供たちはのびのびと遊び、また休む
下／遊戯室

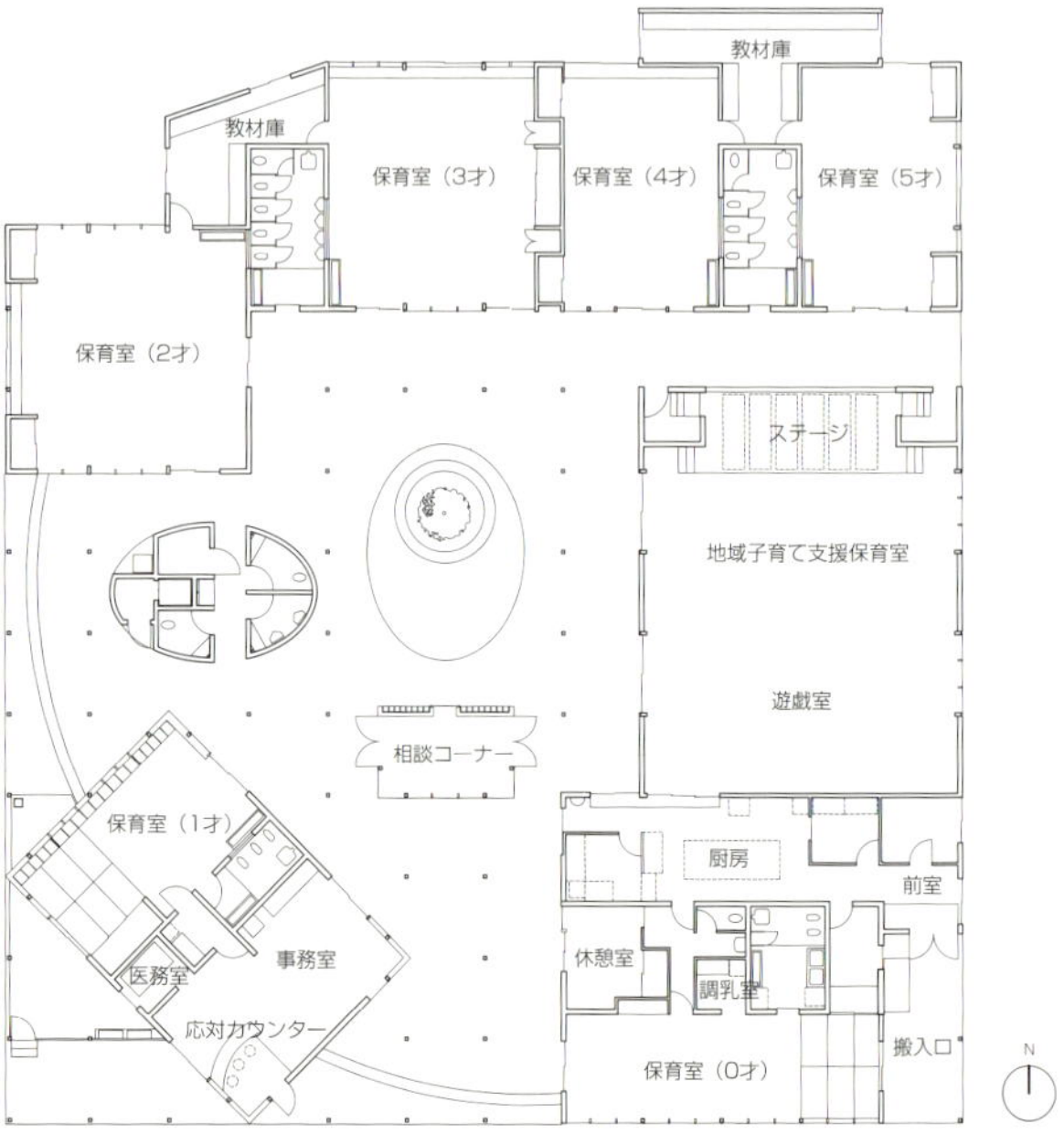

平面　縮尺1/250

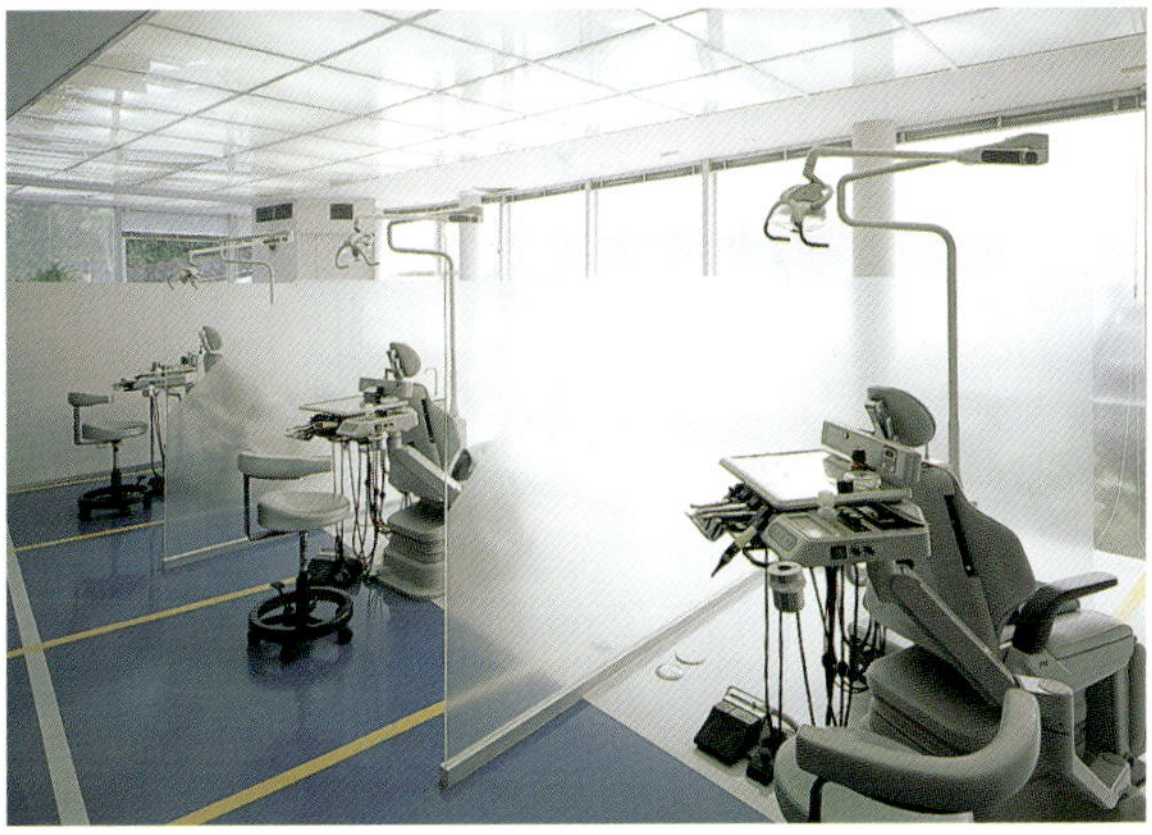

既存の住宅を建て替えて、医院付き住宅にしたいということだった。住み方の提案として、応接間と居間の間に外部デッキを設けたらどうかといったら、面白い、と一も二もなく受け入れてくれた。廊下もすべてなくしてしまい、一階の玄関から二階へ上がり、子供部屋を通らないと居間へ行けない。それまでとはまったく異なった生活の楽しみ方ができる、と喜んでいただいている。

　外壁にタイルを使うことと、デザイン上、特にエッジをどう見せるかに気をつかった。

上／南西側外観
下右／明るい治療室
下左／住宅エントランス
左頁上／エントランス回り
左頁下右／デッキを取り入れた二階の住宅部分
左頁下左／居間からデッキ越しに応接室を見る

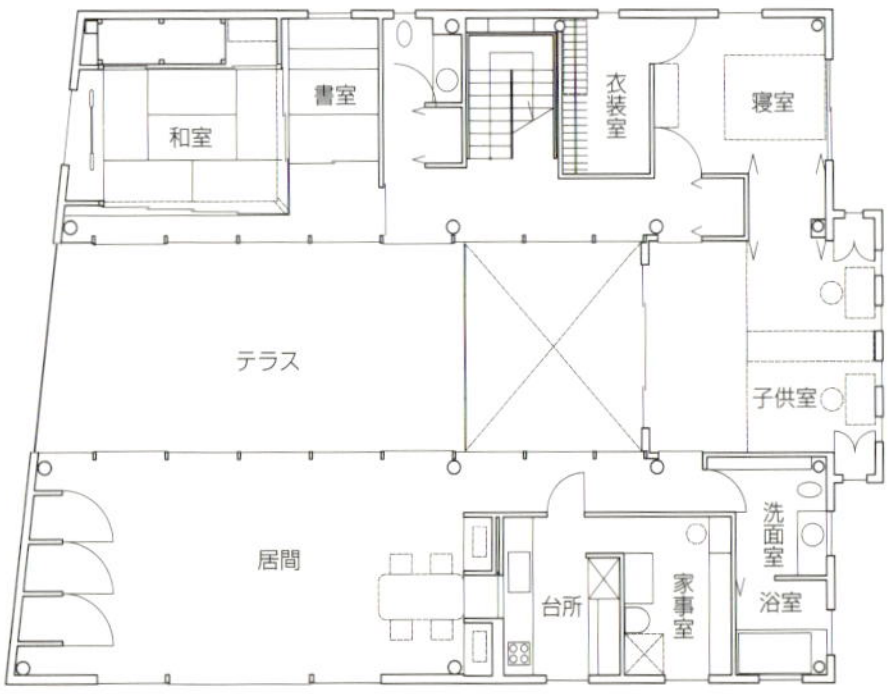

2階平面

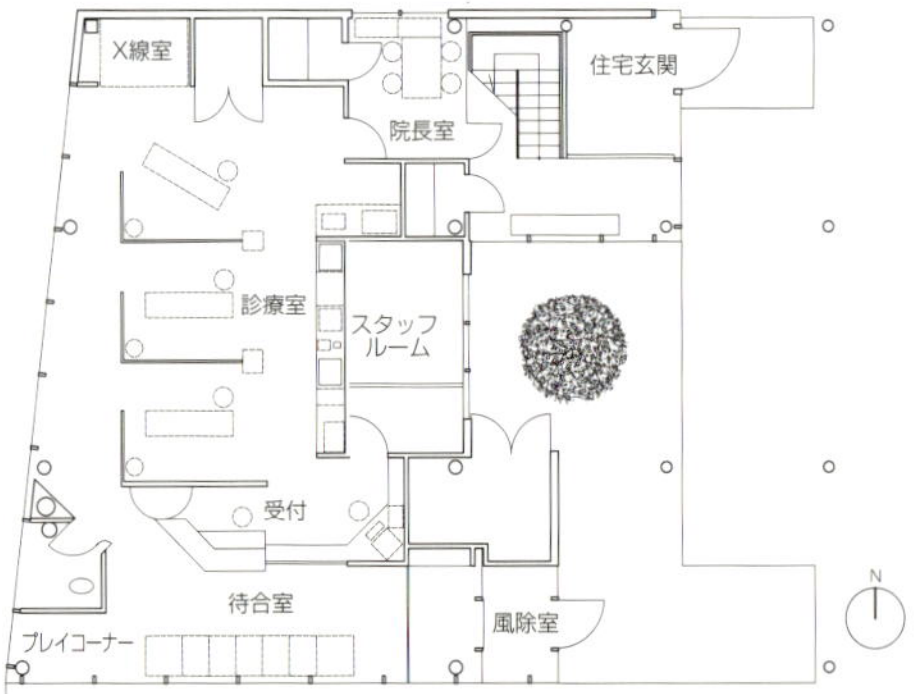

1階平面　縮尺1/300

緑が丘保養園ゲストハウス

大分県大分市, 2000

木造＋鉄筋コンクリート造, 地上1階
敷地面積＝588.15m^2
建築面積＝157.30m^2
建築面積＝190.91m^2

パーティーなどで使われているゲストハウスである。かねてから考えていたコンクリートコアを利用した木造のハイブリッド構法を、よりシンプルにつくってみようと思った。小屋組は自立小屋である。ディテールもかなりシンプルにでき、気合いの入った建築になった。今後のハイブリッドの展開を考えるうえで良いきっかけになった建物である。

右頁／談話室から休憩室を見る
左／北西側外観。木柱の外側にガラスのカーテンウォールが回っている
下／北東側外観

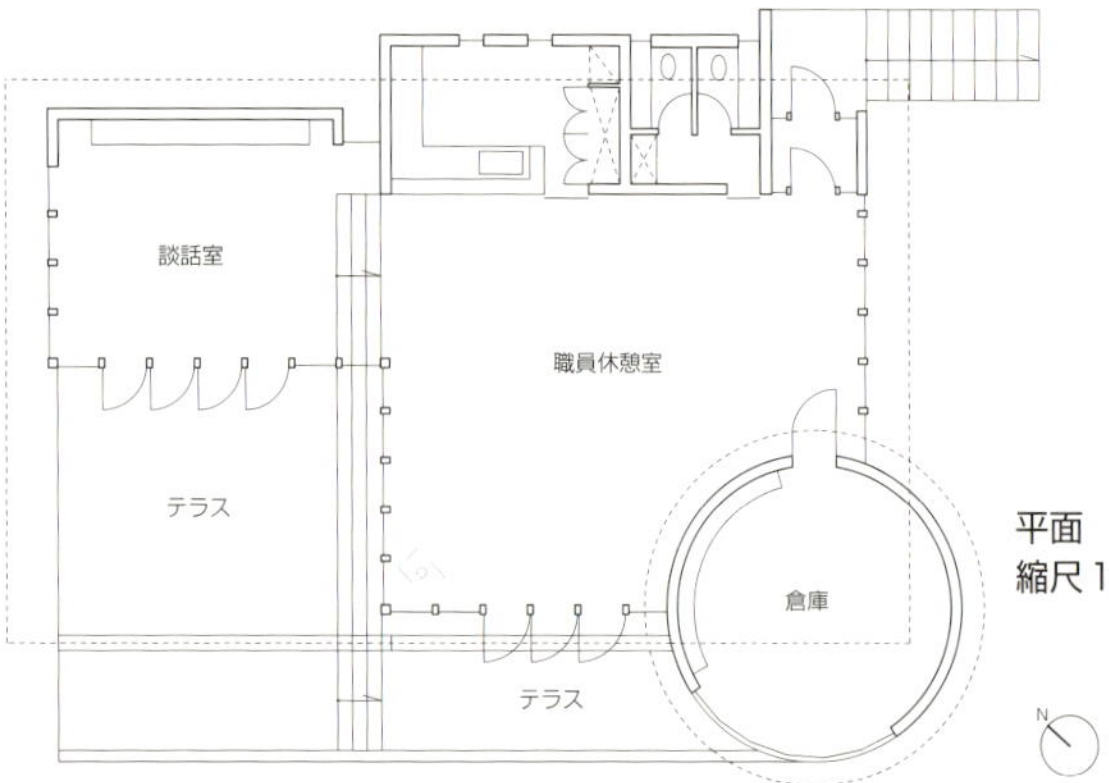

平面
縮尺1/300

長崎出島ワーフ

長崎県長崎市, 2000

木造＋鉄筋コンクリート造, 地上2階
敷地面積＝2,077.45m²
建築面積＝1,566.68m²
建築面積＝2,270.39m²

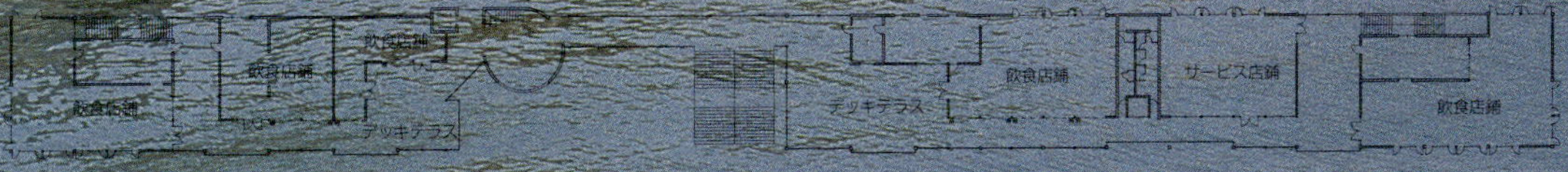

2階平面

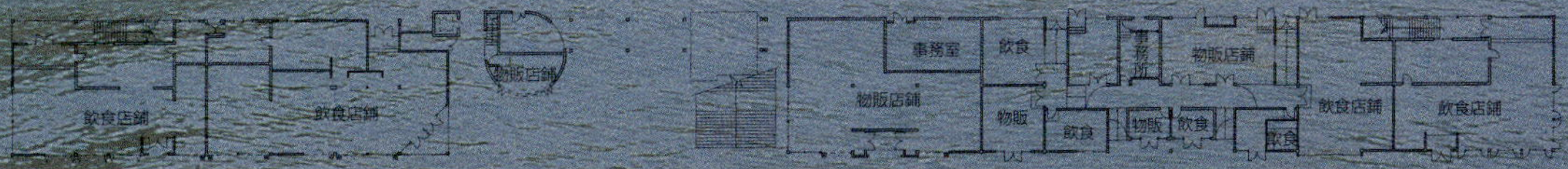

1階平面　縮尺1/1,000

坪三五万で建築をつくってほしい、という依頼であった。当初は鉄骨でやろうと考えたが、鉄骨でやると内装にお金がかかるし、海辺なので木造のほうが痛まないと思った。コンクリートコアを用い、軸力と水平力を分けて考えることによって、材の断面を細くすることができるし、均一につくることによって大工の手間も抑えられるだろう。

お金がない現場でどう考えるか。それは、お金がないということを楽しまなければ損だと思った。コストが抑えられていることは建築にとってけっして不利なことではない。ひとひねり、ふたひねりすることで、創造という建築家にとっておいしい世界が待っている。

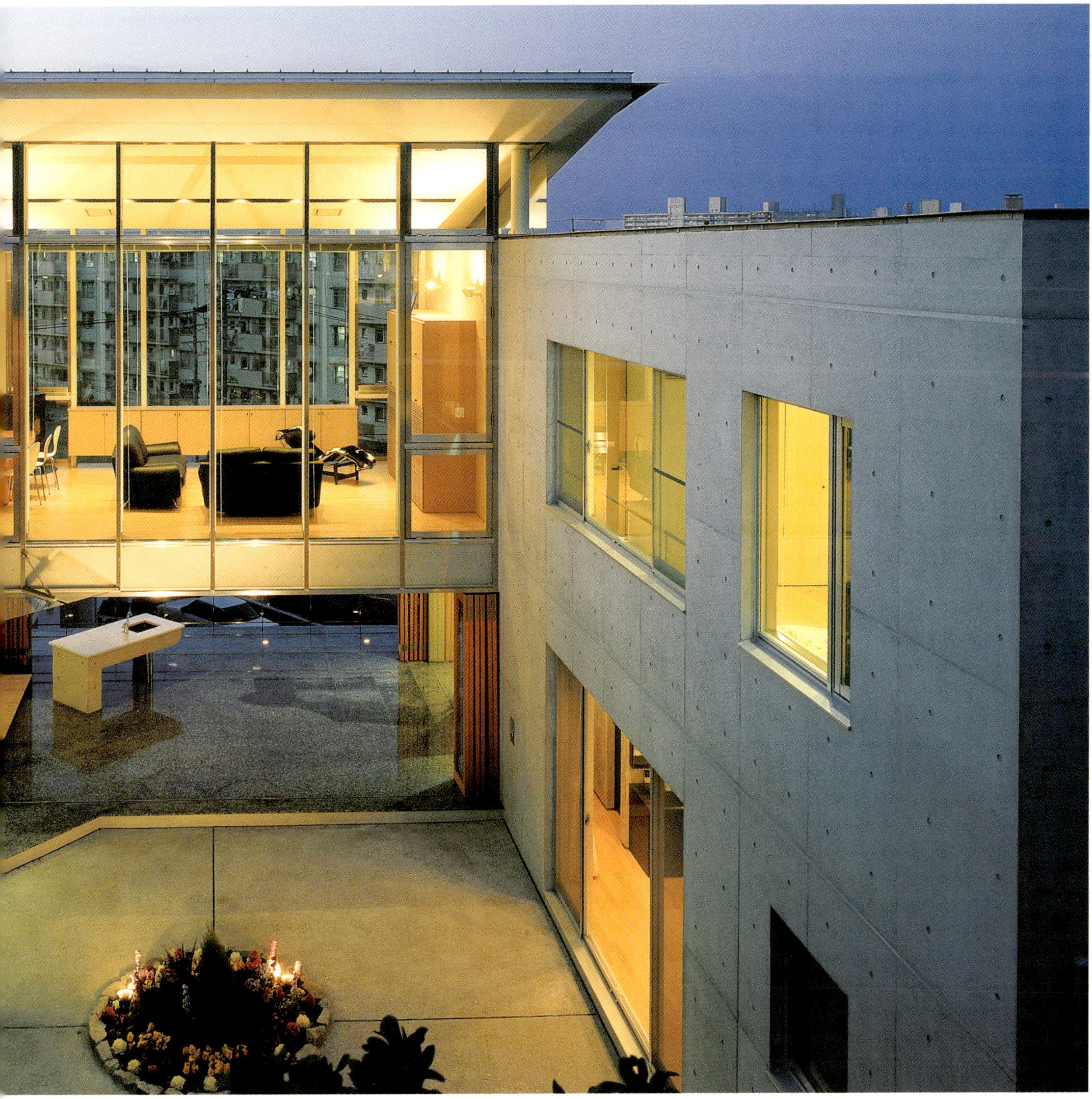

久美さんの家

福岡県福岡市, 2001

鉄筋コンクリート造, 地上2階
敷地面積＝704.05m^2
建築面積＝178.39m^2
建築面積＝288.68m^2

かゆいところに手が届くように細かいところまでやっているプレハブ住宅と、建築家が設計する住宅とどこが違うかというと、時間が経ったときの使い勝手ではないかと思う。将来にわたる生活の提案をすることが建築家に残された部分である。

一階の大きなテラス、二階の食堂のテラスは一見無駄な空間だが、たとえば二階のテラスからは海が見え、外で食事をするのはキャンプと一緒で共同作業をしながらご飯が食べられる。そういう生活をすることで家族の輪が広がると提案した。

福岡は子どもたちがほとんど県外に出ない土地柄で、そこが大分とは決定

的に違う。久美さんの家の子どもたちも将来ここに住むのではないかと思う。二〇年、三〇年経って子供さんの世代になって、もう一部屋ほしいとなったら転用が効くようにしておきたい。一階の外部空間はガラスをはめれば寝室になる。二〇年後に「青木さんはちゃんと考えてくれていてくれた」という家をつくりたい。現在も喜んでいただいているが、将来もっと満足してもらえる住宅だと思う。

上右／二階レベルの庭より見る。一階はテラス、二階はリビング・ダイニング
左上／二階テラスより中庭越しに子供室を見る
左中／二階リビング・ダイニングルーム
左下／アプローチ側外観

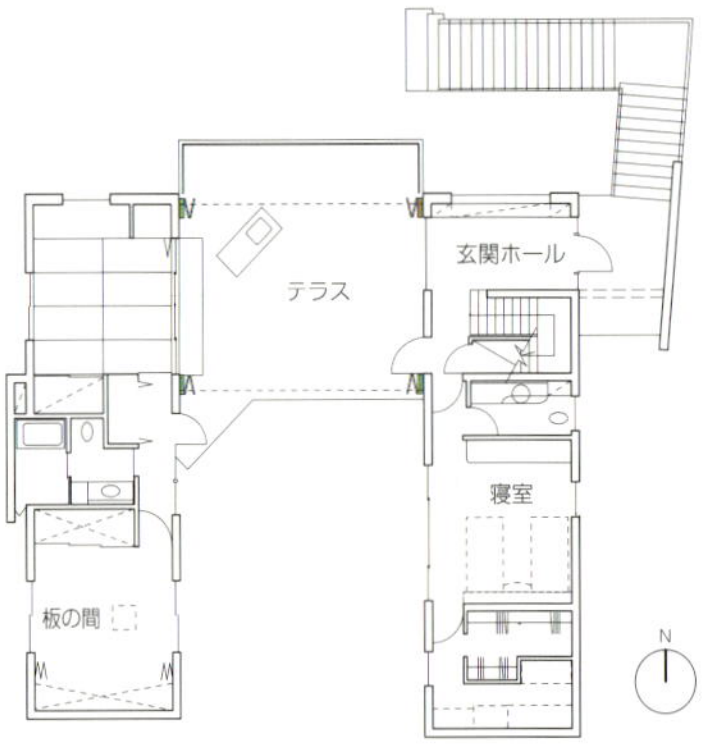

1階平面　縮尺 1/400

この施設には重度の知的障害者も多く、お年寄りもいるので、優しくて安全な建築を考えた。各部屋に太陽が当たるようにしたい、敷地に高低差があり、既存のグラウンドを極力残したいということから配置計画が決まっていった。

二つの部屋を一組にして部屋と部屋の間を開けているのは通風と採光のため。自然環境のいいところなので、通風さえきちんとしておけば夏の暑いときでも大丈夫だろう。屋根に変化を付けたのは戸建てに近い雰囲気をつくりたいと思ったからだ。部屋と部屋の間をあけると建設コストはかかることになるが、居住性からいえばこのほうが絶対にいい。また、将来入居者が増えた場合、屋根をかけて簡単に部屋にすることができる。二〇年後にどうなるかを考え、変化に対応できる余裕が重要だと思うので、将来威力を発揮する仕掛けを自分なりに考えてやっている。

交流ホールはコストの割に要求されたスペースが大きかったので、工事の工程監理を徹底した。鉄骨は工場で錆止めの塗装の色を指定して仕上げとし、足場なしでつくった。これもコストダウンにつながっている。

社会福祉法人博愛会知的障害者厚生施設

第二博愛寮

大分県大分市, 2001

敷地面積＝14,709.08m²

上／既存建物と芝庭を囲むようにL字型に配置されている

左／平屋のように見えるが、敷地に高低差があるため、反対側では二層になっている

●1期棟（改装）
鉄筋コンクリート造, 地上1階
延床面積＝194.50m²
建築面積＝824.88m²

●2期棟（増築）
鉄筋コンクリート造＋鉄骨造, 地上2階
建築面積＝979.45m²
延床面積＝1,505.09m²

●地域交流棟
鉄骨造, 地上1階
建築面積＝337.50m²
延床面積＝337.50m²

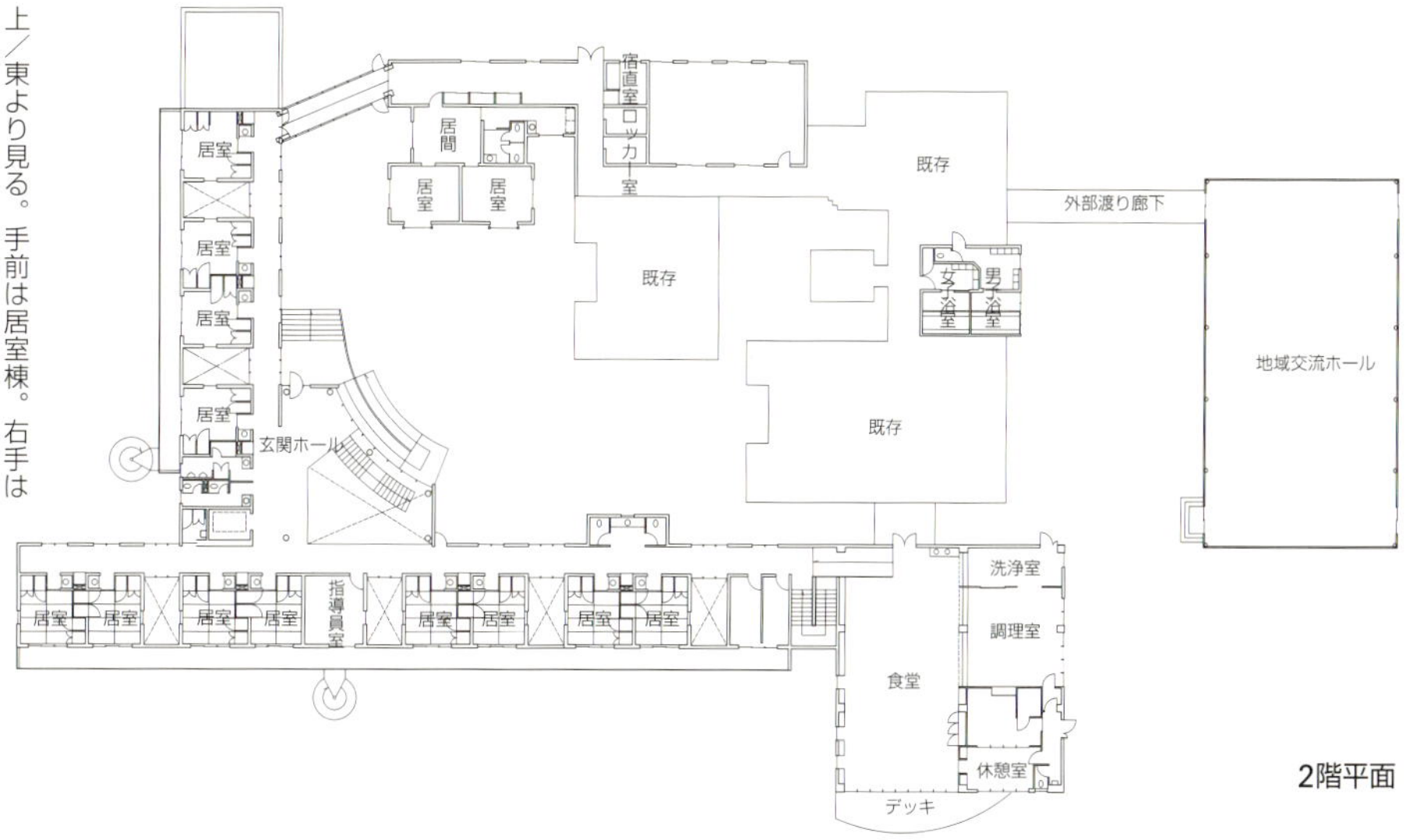

2階平面

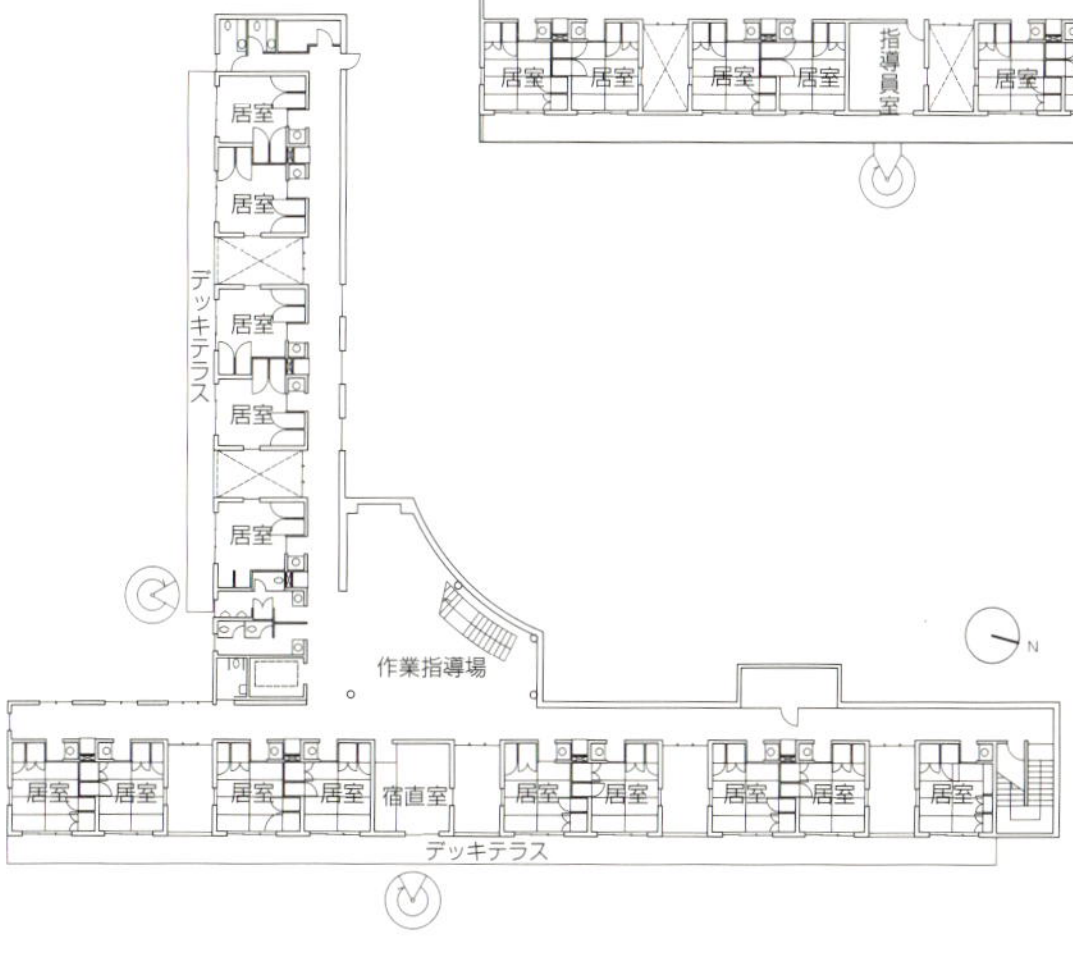

1階平面　縮尺1/800

上／東より見る。手前は居室棟。右手は食堂棟
左頁上／上下四室を一つのまとまりとして分割し、採光と通風に配慮している。また、屋根に変化をつけることで、小さな家が寄り集まっているように見える
中右／二人一部屋の明るい居室
中中央／通風と採光のために部屋と部屋の間を抜いている
中左／地域交流ホール
下／地域交流ホール内部。上部と足下をガラス面とした軽やかな内部空間

JR九州神埼駅

佐賀県神埼郡, 2001

鉄骨造, 地上2階
敷地面積＝3,555.91m^2
建築面積＝1,009.41m^2
建築面積＝688.65m^2

弥生時代の遺跡で有名な吉野ヶ里公園は三つの町にまたがっているが、その三分の二は神埼町にある。もともとの神埼駅と三田川駅が本家争いをして、三田川駅が吉野ヶ里公園駅と名前を変えた。神埼町としてはそれに負けない駅をつくりたかったはずである。

吉野ヶ里遺跡にふさわしい新しい駅は、時間軸が長い未来のデザインではないか、と考え、宇宙船のようなフォルムを提案した。よく見ていただくと竪穴式住居のスタイルもちゃんと内包している。楕円形をカットしているのには発掘という意味があって、カットすることによって吉野ヶ里遺跡が発掘されたことを表現した。タイルを貼っているのは土の表現。ホームから上がり、自由通路の北口側から吉野ヶ里公園が見える。「さあ行くぞ」とわくわくしながら遺跡に向かってもらうための装置である。

ＪＲ九州の仕事は二件目で、前に設計した経験から鉄骨工事がものすごくうまいと思った。そこでストラクチャーを前面に出したデザインとなった。

上　西側より見る
左頁下右／ガラスとアルミで構成された自由通路。事務室・観光案内所はタイル張りで土のイメージを表している
左頁下左／自由通路から吉野ヶ里公園および辺り一面を眺望する

上右／自由通路
上左／南側外観
左頁下／遠景

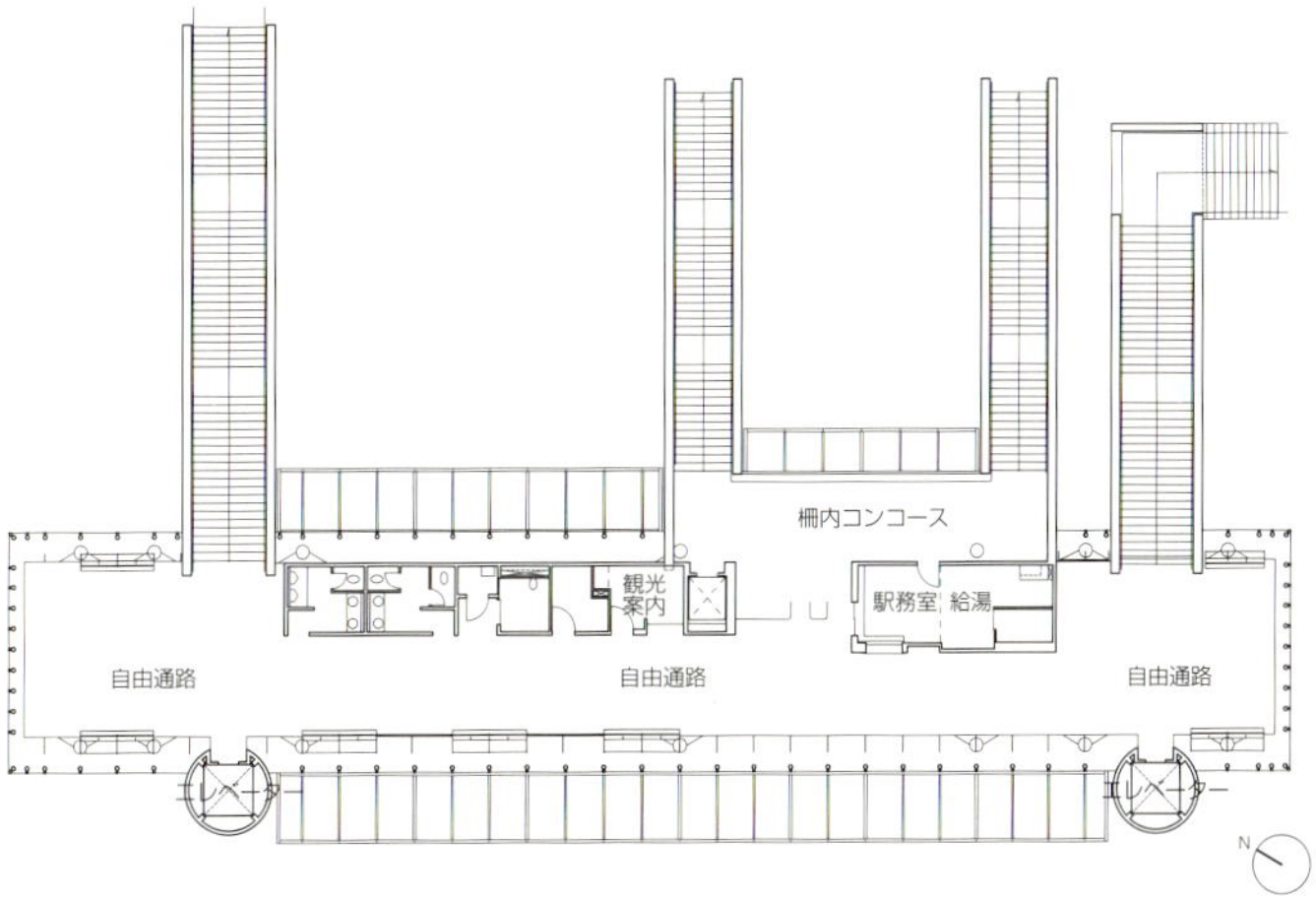

2階平面　縮尺1/600

神埼駅

コンクリートコア+木造建築の試み

ずいぶん昔、木造建築の特集が出ていた雑誌を読んでいて、ブロック造でつくられた壁に、そのまま木造トラスをのせた小さな建築を目にした。このとき、二つのことを考えた。一つは、その建物全体をガラスで覆ったら、すごくシンプルな建築になるだろう。二つ目は、このブロック造に水平力を負担させ、柱は軸力のみを負担するようにすれば、柱は細くてすみ、工事がしやすくなると思った。しかし、アイデアやイメージはできあがっていても、それを形にできる機会や施主はなかなか現れない。

そうこうするうちに五年ほどの時が流れ、ようやくチャンスが訪れた。友人が勤めている広告代理店が、畜産公社の仕事を丸ごと請け負ったのである。その広告代理店から山の中にレストランをつくるのでやってみないかと誘われた。ドライブイン形式の建物である。現地を訪れたとき、あのときのイメージが実現できると感じた。施主は山小屋スタイルを望んでいたが、風光明媚な山の中に新しくつくられるものである。観光道路もできていたので、なるべく風景に溶け込み、建築が主張し過ぎない建物のほうがよいのではないかと考えて提案した。友人はこの考え方に乗った。そして、畜産公社の人々を説得してくれて完成にこぎ着けた。そうやってできあがったのが、町田バーネット牧場である。それからしばらく次のチャンスはこなかった。だがぼくは、住宅をつくりながら、さらに少しずつイメージを膨らませていった。

そんなとき、まとめて三つ仕事が舞い込んだ。そのうちの一つは、建設会社に勤めている友人の紹介で、大分県の杵築にある保育園の建て替え工事であった。この建物をやり始めて、ぼくは意匠だけでなく、構造や設備、そして現場の施工方法を一緒に考えていかないと、どうもうまくいかないことがわかってきた。このコンクリートコア木造建築では、軸力と水平力、ねじれに対する考え方、材料や工法など、それぞれの特徴と使い方を一度分解し、それらを再構築することで、新しい建築工法のシステムができないかと考えた。コンクリートのコアには、水平力とねじれを負担させ、木柱には軸力のみを負担させる。そうすれば木柱や小屋組が小さな断面ですむ。このことにより、木材のコストが落ちるだけでなく、プレカット工法や建て方の際の重機の利用が大幅に節約でき、スピードアップにつながる。トータルで見れば、一割以上のコストダウンにつながったし、また地震時に小屋組みが落ちることがないので、屋根で人が押しつぶされる心配もない。

町田バーネット牧場

また、緑が丘保養園ゲストハウスでは、サッシは木柱の外部に取り付けるようデザインした。このことにより、木造のカーテンウォールがローコストで実現でき、木柱は外気の影響を受けることがない。腐らない木造建築ができあがり、理論上はローコストで、永遠の生命を持つ木造建築が可能となった。

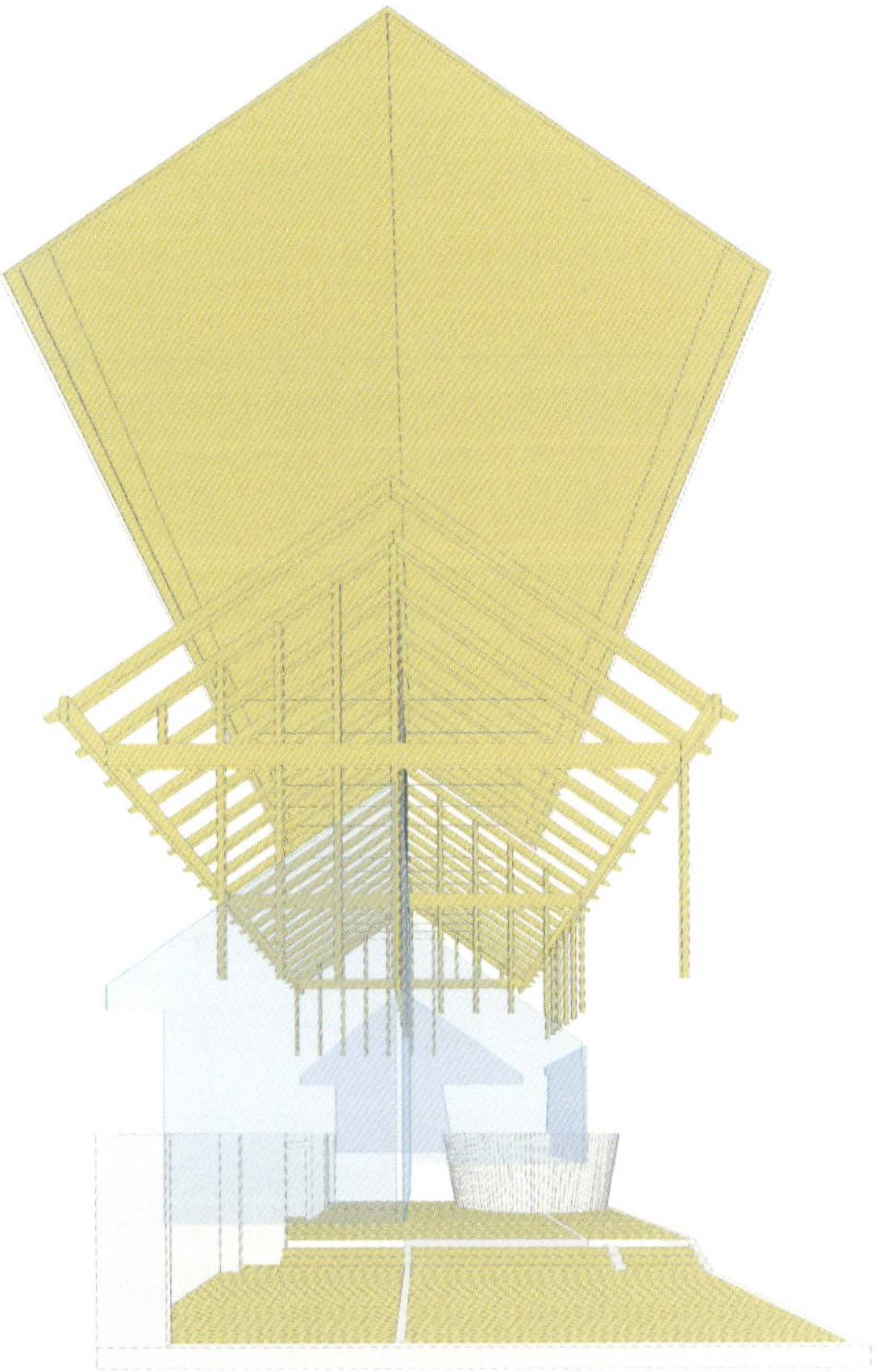

緑が丘保養園ゲストハウス

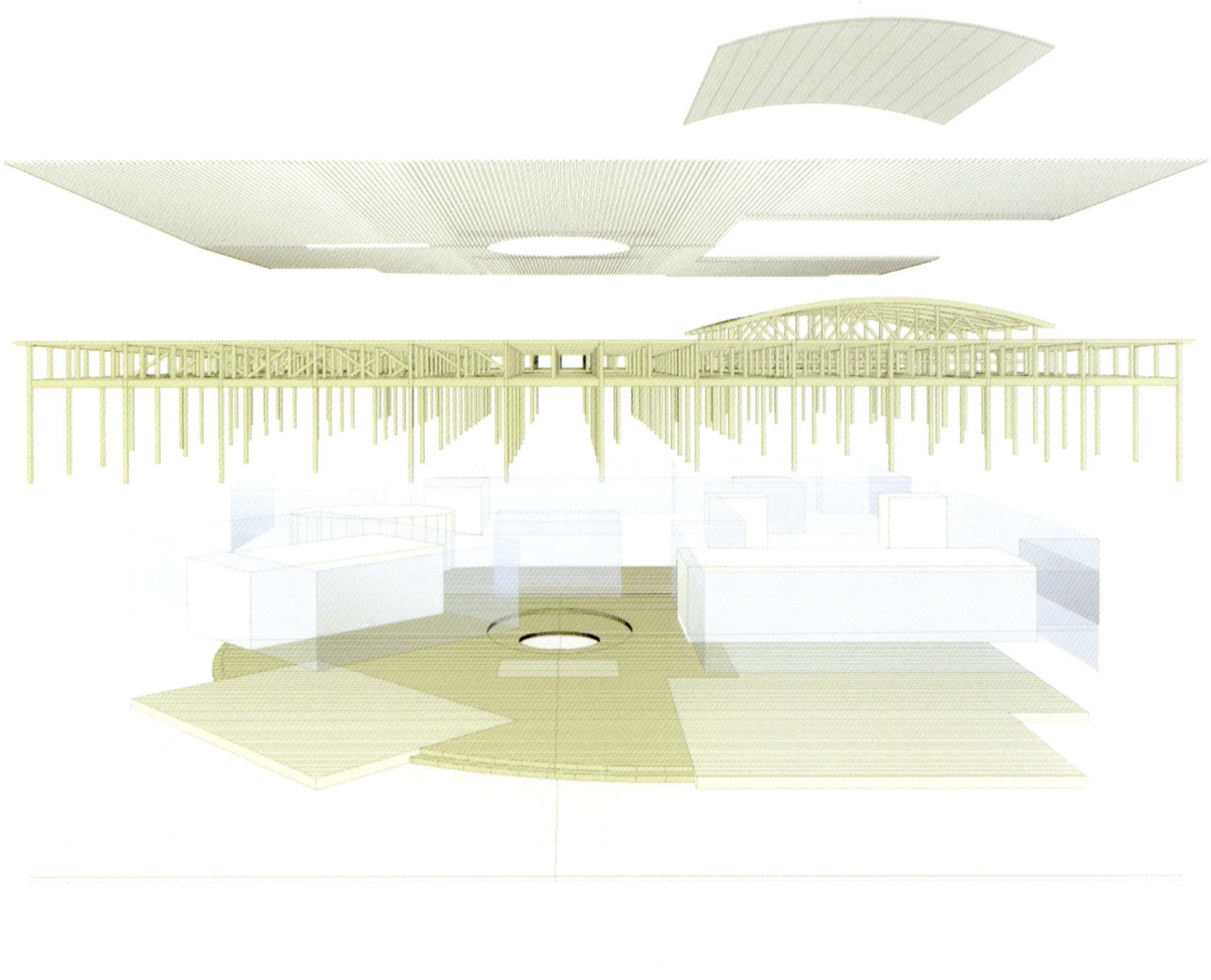

杵築中央保育園

一千万円住宅への挑戦

SA-houseプロジェクト

三〇坪程度の住宅を規格化して、一千万円（坪単価三三万円）でつくることを目標にしているプロジェクトである。欧米に比べ日本の住宅は値段が倍近く、耐用年数は半分以下である。コストは高いが期間としては欧米の半分しか使用しないので、結局のところ、四倍のコストがかかっていることになる。日本の住宅価格が欧米のそれと同等になれば、もっと余裕のある生活を送れるのではないか。そして何より、自分で家を建ててみるとローンの高いのに腹が立ってきた。このことがこのプロジェクトの始まりである。

コストを抑えるには、まず流通や人件費の問題を乗り越えなくてはならない。よって、製造、流通等のシステムの見直し、さらには建築の構造自体の見直しが必要であった。主構造は木造とし、水平力を鉄筋コンクリート、補強コンクリートブロック、木またはスチールの構造パネルのいずれかで負担することにしており、木造の部分はプレカットを活用し、なるべく素人でも組み立てができることを念頭においた。また、余分なものは極力取り除き、将来的に増改築が自由にできることを見据えている。一つ一つをユニット化、モジュール化させて、建設現場での作業を最小限に抑えようとしている。これはプレハブ的な大量生産でなく、現場での一品生産でもなく、その中間に位置する小ロット無在庫で行う予定であり、一品生産では達成不能なローコスト化と高いコストパフォーマンスの両立を考えている。

ぼくがこの住宅構想を思い立って二年が経過し、やっと一軒、大分県内に着工することとなった。当初、総工費一千万円を目指したが、外部テラスや浄化槽などを取り付けたため一三〇〇万円となった。しかし、これにより坪三〇万円の住宅は夢でなくなったのである。ゆくゆくは、休日を利用し半年間ほどかけて家族でつくる住宅を提案したいと考えている。インターネットやホームセンターの普及もあって、遠距離から現場の施工指導や宅急便による部材の搬入など、ローコストの住宅建設を実現する目途はついたと思っている。実際、家族が一団となって住宅をつくりあげることになれば、家族の在り方、存在意義などの社会問題をもう一度問い直すきっかけになるのではないかと思っている。

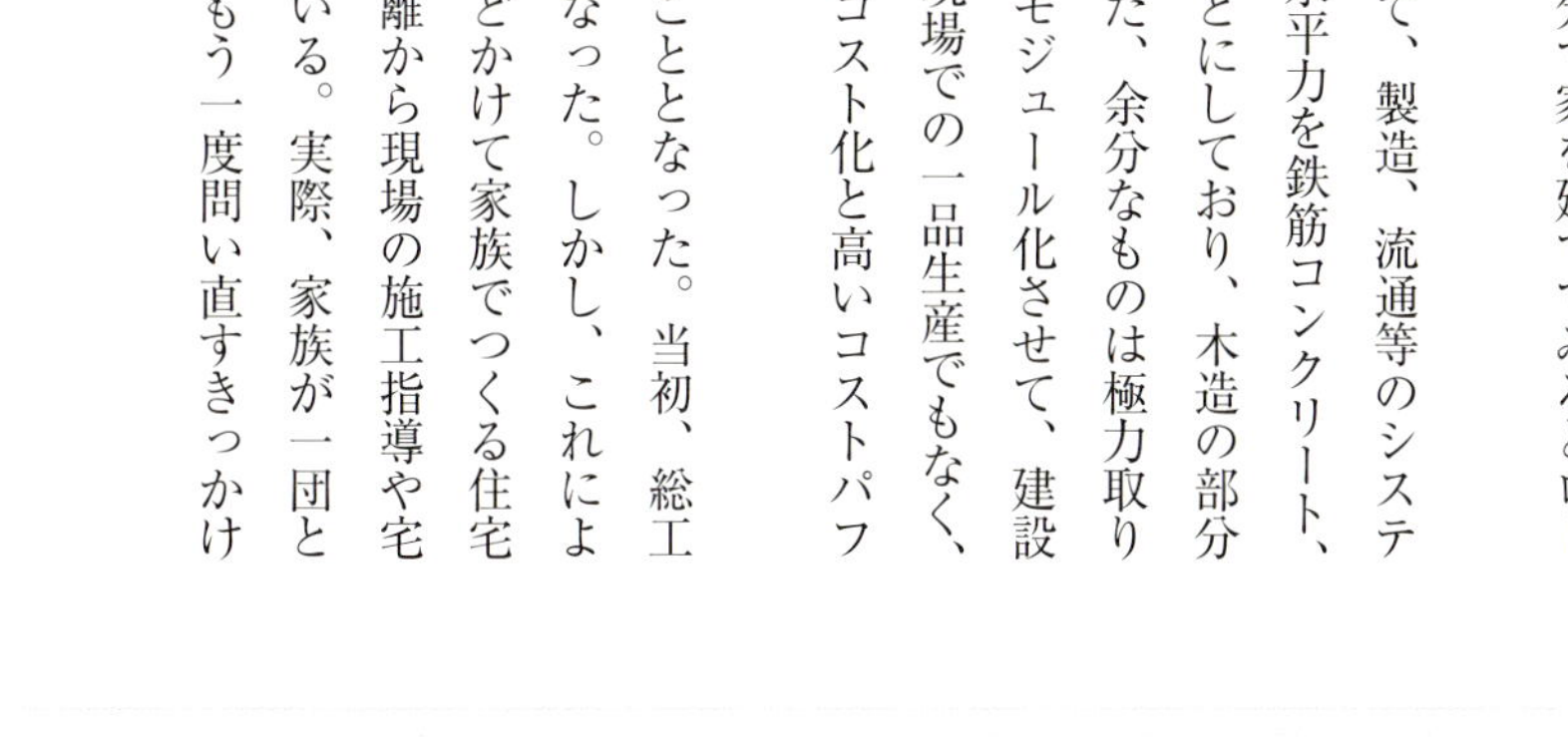

SA-house
所在地：大分県大分市
主要用途：住宅
敷地面積：592.39m²
建築面積：100.68m²
延床面積： 97.96m²
構造規模：木造一部コンクリートブロック造
地上1階
地域指定：宅地造成規制区域・都市公園
予定工費：1,300万円
予定工期：2001年9月～2001年12月

外観イメージパース

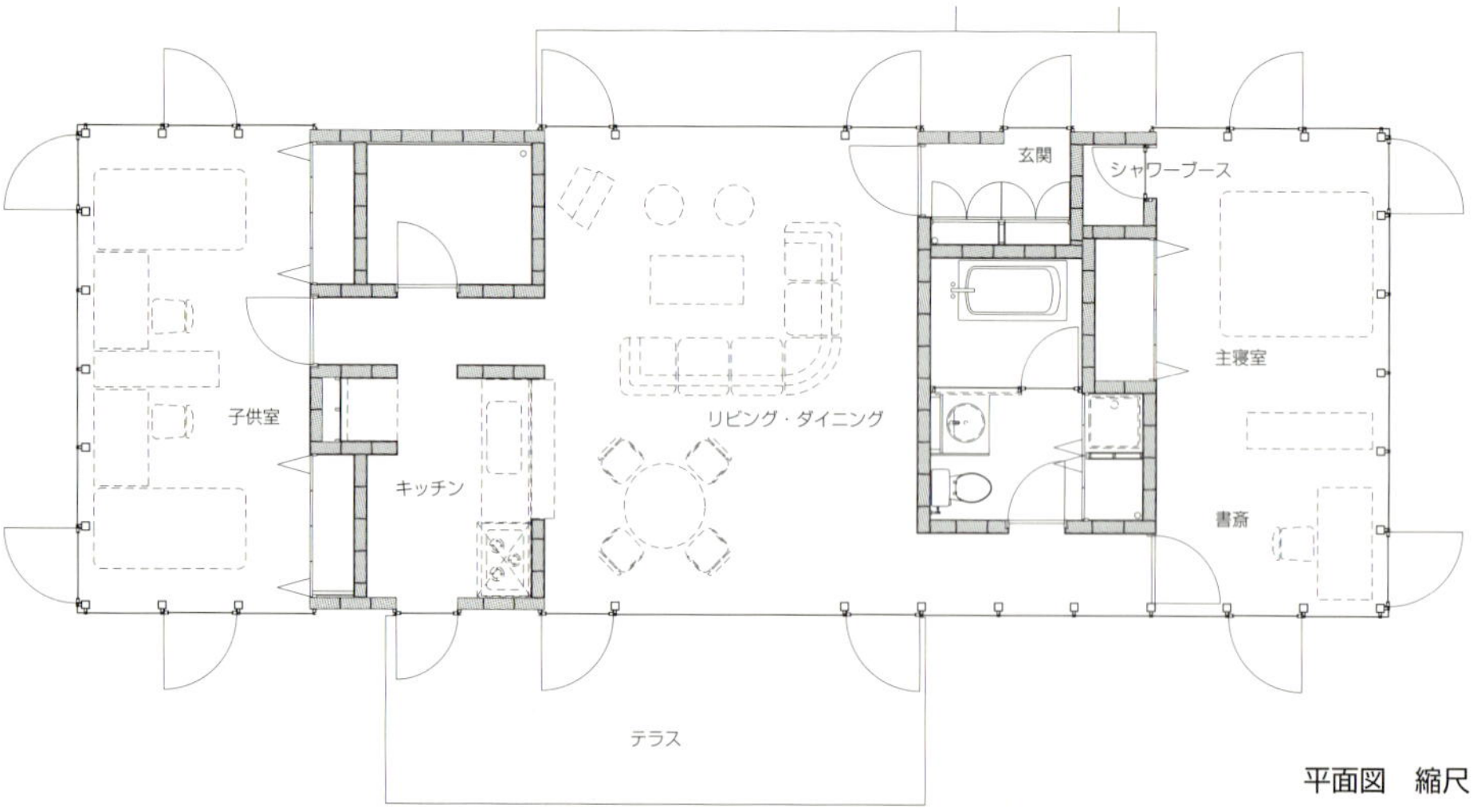

平面図　縮尺 1/150

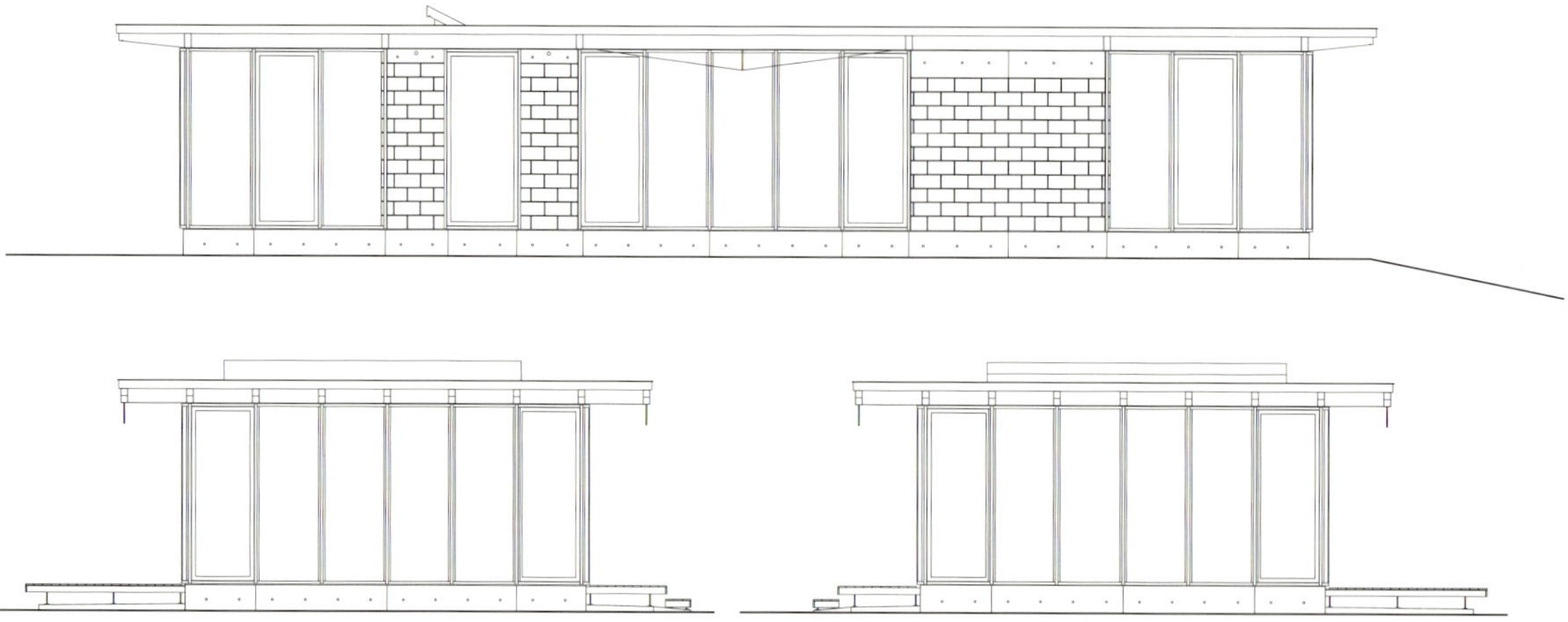
立面図　縮尺 1/150

やんちゃ坊主のリリシズム

大西若人（朝日新聞学芸部）

「なるほど、アトリエ派の『建築家』だなあ」

これが、建築家・青木茂さんに対して抱いた最初の印象だった。といっても、作品を見たり、ご本人に会ったりした結果ではない。大分で青木茂さんという建築家が活躍している、という噂だけは耳にしていたころ、全国紙の、おそらく九州版のインタビュー記事を目にしたのだ。一九九一年、ぼくが福岡で仕事をしているときのことだった。

記事の内容は、実のところあまり覚えていない。しかし、スタンドカラーのシャツに、デザインされたジャケットという出立ち、それにサラサラの長髪が、少なくとも外見としては「アトリエ派」の、というか、世間が抱きがちな「建築家」のイメージを抱かせた。

しかし、やがて作品を実際に目にし、さらにはご本人とも会うようになり、そのイメージは大きく変わっていった。

最初に目にした作品は、熊本県三角町の石打ダム管理所（一九九一）だと思う。その日、「くまもとアートポリ

ス」の取材のため、建築作品を求めて、熊本県内を車で駆け回っていた。葉祥栄さんが同じ三角町に設計したフェリーターミナルを見終えたときにはすでに夕暮れが迫っていた。何とか陽のあるうちに、比較的近くにある石打ダムの管理所も見ておきたい、と道を急いだ。それほど深い山地というわけではないが、思いのほか時間がかかる。やっと、という思いでたどり着いて見た管理所の印象は、いまでも鮮明だ。

建築面積でいえば一八〇平方メートルほどの無人の管理所は、けっして大建築ではない。しかし、打ち放しコンクリートの壁を何層にも並べ交差させた構成が、どこか小さな要塞を思わせる。斜めにカットされた壁が、そのまま地面に突き刺さる様は、まるで斜面に爪を立ててしがみついているようにも見えた。あるいは、何かに抗うかのように。どちらかといえば武骨な表現なのに、なぜか切ないまでに澄んだリリシズムを感じさせた。

同時に、この建物は青木茂という建築家の自画像なのではないか、とも思えた。当時、耳目を集めたアートポリス参加作品とはいえ、篠原一男さん、安藤忠雄さん、伊東豊雄さんといった大物建築家が手がけた大規模な作品とは違い、ほんとにささやかな建築だ。おそらく、地元建築家枠のようなかたちで起用されたのだと思う。同じような立場の建築家が、公衆トイレを設計するケースもあったのではないか、と記憶しているが、このダム管理所は、町中の公衆トイレほども人目に触れることがない。

それでも、「俺はここにいるぞ」と叫びながら、爪を立ててしがみつき、何かに抗おうとしている。それは、地方を拠点にする建築家の姿そのものに思えたのだ。「孤高のリリシズム」とも呼べるような気配を漂わせていた。

だが、間近で接した青木茂さんは、また一八〇度違う印象を与える人だった。やんちゃ坊主がそのまま大人になったような、人なつっこさ。エネルギッシュな語り口。頑健な体軀。ブルース・リーに憧れて拳法の道場主をやっていた、と知っても、驚きの後で、妙に納得してしまうのだった。磯崎新さんや安藤忠雄さんの懐にも、人なつっこさと愛嬌で飛び込み、欧米の有名建築家ですら、大分に足を運べば、青木さんに会う、という不思議な存在感を持つ。「やんちゃ坊主」が人の上に立てば、親分肌となる。建築事務所の所長としては、若い所員たちに、かなりの包容力を持って接しているのではないだろうか、と想像する。

青木さんを巡る、異なる三つのイメージを記した。「世間のイメージに近い建築家」「孤高のリリシズム」、そして「やんちゃ坊主」だ。青木さんの建築にも、この三つのイメージが、交互に、あるいは重なり合いながら出てくる。

なかでも、初期の作品からリファイン建築までを通じて、もっとも頻繁に現れるのが、「やんちゃ坊主」の顔だろう。

早くから携帯電話を駆使していたように、青木さんは、時代の空気に敏感だ。当然、建築デザインの潮流にもアンテナを張り巡らせている。そこにきて、「いっちょやったろうか」といった「やんちゃ坊主」気質。そして「造形」への思いの強さ。こうなれば、「旬」の造形が青木作品に次々と顔を出すのも当然なのかもしれない。

蒲江中学校特別教室棟（一九八五）でポストモダンの代名詞ともいえる三角屋根を連ねたかと思えば、三信産業（一九九二）などでは、アイゼンマンも顔負けのデコン風。で、近年は、といえば、ガルバリウム鋼板などの金属素材を生かしたメタリックでライト感覚の表現が目立っている。アトリエ派の「建築家」としての自負もあるのかもしれない。

こうした敏感さは、時代や社会とともに生きる建築家として悪いことではない。だが一方で、常に「軽さ」や「流行指向」に傾く危険性をはらんでいるともいえる。厳しい言い方になるかもしれないが、実際、ややそう思わせる作品がないわけではない。

次々と新しい「造形」を採り入れるせいか、あるいは浮かんだアイデアに猛進するせいか、素材の選び方や仕上げが、やや粗っぽくなる嫌いもあるのだ。もちろん、実際の機能には、何の問題もないはずだが。

「リファイン建築」というアイデアも、別にもともと環境指向だったからではなく、地方で建築家がいかに生き残っていくかを考え抜いた末に生まれたものだという。そのこと自体は、頭でっかちに環境思想を語ったこじゃれた建築デザインよりは、はるかに好感が持てる。地に足のついた提案だからこそ、すでに高い評価も受けている。しかし、リファインの「技術」だけでは、建築デザインの完成度としては、やや物足りない場合も今後は出てくるのではないだろうか、とも思う。

完成度を考えるとき、ぜひ登場してほしいと思うのが、石打ダム管理所に見られたような「リリシズム」だ。ほかの作品でいえば常妙寺の本堂（一九九二）。なぜか西洋の古典建築に通じるリリックな気配を醸している。神聖たるべき宗教建築だから、ともいえるだろう。だが、白木の二本組の柱を使うことで、軒下を通常の寺院建築の一・五倍にしたプロポーション感覚が、たいへんリズミカルで、「軽快な神聖さ」とでもいうべき気配を生み出していた。

リファイン建築という「社会と闘う」建築の場合、「やんちゃ坊主」が顔を出しやすいのは無理からぬ面があるだろう。大胆な「造形」で、変化をアピールする必要もあるだろう。それは、よくわかる。

しかし、本来のデザイナーとしての作風にも、期待してしまう。青木さんには、リファイン建築と完成度の高いデザインの二本柱で、九州から「俺はここにいるぞ」と叫び続けてほしいのだ。

これはけっしてないものねだりではない、と思う。すでに、その感度の高さは、石打ダム管理所や常妙寺の「リリシズム」で証明済みなのだから。

青木茂／活動の記録

親父

大分県南海部郡蒲江町竹の浦河内。これがぼくの生まれ育ったところである。たぶん先祖は海賊だったかもしれない。この地の小学校に赴任してくる先生には僻地手当が付いたほどの田舎だが、リアス式海岸で風光明媚。魚はピチピチして生きていないと生きが悪いといわれるようなところだった。家から海水パンツをはいてそのまま海に泳ぎに行った。いま考えると自然に恵まれた中でのびのびとした少年時代を過ごしたのだと思う。その地域では、葬式があると地域中が一日重苦しい空気に包まれるような、濃厚な地域社会があった。

親父は軍隊から帰ってきて農協に勤めていたが、それではメシが食えないと、蒲江町で大きな土建屋をやっていたお袋の姉さんの家に修業に行き、その後「青木土建」という土建業を始めた。ぼくは親父に跡を継ぐんだと教えられて育ち、高校を受けるときにも大分市内にある大分工業高校に入学した。そのとき、土木科だと土木しかできないが建築科に行けば土木も建築も両方できるだろうと思い、建築学科を選んだ。親父は高校を卒業してそれで帰ってくるだろうと踏んでいたようだ。ぼくが大学に進んだのは高校の先生に進められたからで、親父はそのとき、跡は継がないだろうと思ったらしい。

大学を卒業して鉄建建設に就職した。仕事は面白かったが、三〇歳、四〇歳になったときぼくは何をしている

玖珠町立古後中学校／小学校（一九九五）

小さな集落の小学校を統合して中学校と一緒にするという計画だった。生徒だけではなく、地域住民が学校を利用できるように分棟方式を提案した。今まで住民が休日や夜、学校施設を利用するときには全校開けたり先生が帰れないということがあったので、喜ばれた。九州とはいえ雪深いところなので、暖房なども個別に機能することを考えた。木造で田園風景の中にとけ込むような学校をつくりたいと思った。コンクリート造のコアを据えたハイブリッド方式だが、ここでの狙いは地震で小屋組がずれても絶対落ちないということ。最低限、人命だけは守ることを考えてつくった。

1948
11月2日　大分県に生まれる

1971
3月　近畿大学九州工学部建築学科卒業
4月　鉄建建設株式会社入社
12月　鉄建建設株式会社退社

1972
1月　家業（土建業）を手伝う

1973

1974
11月　新井洋子と結婚

1975
4月　少林寺拳法佐伯道院開設
数種の職業を経験

1976

1977
1月　アオキ建築設計事務所設立（大分県佐伯市）

だろうと想像すると、なんだか面白くないと思った。ちょうどそのころ、親父は借金をこしらえて、人夫を抱えて出稼ぎに行っていた。かなりしんどかったようで、ぼくに帰れ、帰れといっていた。

蒲江に帰り、親父の仕事を手伝って、仮枠屋、ハツリ屋などの仕事を一通り経験した。このときの経験が今役に立っている。ハツリ屋の親方からは「よう働くな。うちに来んか」とスカウトされた。「オレは青木土建の息子や」といったら、「それで動きが違うのか」といわれたことを覚えている。

東孝光自邸「塔の家」

ようやく借金を返し終わり、これからどうするかというときになって、親父に跡を継ぐのはいやだといったら怒られた。いま思えば、親父が怒るのも当たり前だった。

そのころ結婚していたので、さっそく食べることが問題になった。そこで後輩に建築図面の描き方を教わりながら、図面を描いて確認申請を取る代願の仕事を始め、その仕事をしながら二年くらいの間に二級建築士、一級建築士の資格を取った。

代願屋をやっていたとき、ぼくが描く住宅の間取りを見て、後輩に「うまいですね。才能があるかもしれませんね」といわれたことがある。ぼくは高校生のころから『新建築』を見ていたので、そのせいかもしれない。また、このときの仕事を通じて、現場で大工の仕事を知ることができた。それが建築設計を始めてからもいい経験になっている。

麻里さんの家（一九九六）

かなり余裕がある敷地に息子の家を建てたい、ゆくゆくは同居したいのでその部屋もほしい、という依頼だった。南側には手入れの行き届いた庭と家庭菜園としては広すぎる畑があり、北側には大分のシンボルである由布山が見える。南と北の壁を透き通るようにすれば太陽も入るし、眺めもいいだろうと考えた。

このころからコンクリートコアの住宅を考え始めた。台所、浴室、階段室をコンクリートでつくったのは、一つには木造に湿気の影響を及ぼさないため。もう一つは阪神大震災後だったので、潰れない家をつくりたかったため。

ガラスと柱との取り合いや、軒を出してガラスに雨水が直接かからないようにするなど、ぼくの自邸で実験して失敗した点を進歩させている。

1978

1979

1980

1981

1982

6月　ヨーロッパ旅行

▽「ヨーロッパ建築視察旅行見聞録」（新建築8207）

1983

▽「三角シンポジウム報告書」（新建築8309）

1984

4月　トルコ旅行

◎毎日新聞郷土提言賞優秀賞受賞

★『トルコ共和国建築集』（大分合同新聞社）

★「トルコ共和国建築写真展」（大分パルコギャラリー）

1985

4月　大分事務所開設

◎第10回全国建築士事務所協会全国大会会長賞受賞

東京に行ったとき、青山のキラー通りにある東孝光さんの自邸「塔の家」を見に行った。あつかましくお願いしたら、奥さんが中を見せてくれた。「夜、主人が帰ってくるころ、もう一度来ませんか」といわれてノコノコ出かけて行くと、その夜は石井和紘さんが来ていた。お嬢さんの利恵ちゃんがまだ小さいころで、すっかりご馳走になってものすごく豊かな気分になったことを、ぼくは今でも忘れられない。建築というものの豊かさに触れた思いがした。

安藤忠雄さんのこと

三二歳のとき、『新建築』で安藤忠雄さんの「住吉の長屋」を見て強烈な印象を受けた。

そのころ新建築社が主催していた海外建築ツアーの募集を見て行きたいなと思っていたところ、安藤さんが講師だというので、押っ取り刀で参加した。ぼくにとっては海外旅行自体がたいへんなことだったし、そこで実際に触れた建築はまさに衝撃的だった。このとき、ぼくの建築に対する思いは一八〇度変わった。

旅行から帰ってきて一ヵ月くらいして、安藤さんに「事務所に来いや」と呼ばれ、女房と一緒に行って「小篠邸」を見せてもらった。それからちょいちょい事務所に遊びに行くようになり、そこでいろいろな人に会った。

ヨーロッパに行って決定的に自覚したのは、ぼくは歴史を知らなさ過ぎるということだった。これは安藤さんからも指摘されたが、まさに建築を見る目を持っていなかった。

山田や（一九九七）
古いビルを買って、一、二階をふぐ料理の店に改装したい、という依頼であった。ふぐは大分の名物である。竹を使いたいと思ったが、職人を使うほどの予算がなかったので、通常レベルの工事でどう竹を使うかに気をつかった。割り竹ではなく、普通の竹を天井や壁に大量に使っている。久しぶりの和風で意気込んでやった仕事である。また、余談ではあるが、globeのKEIKOの母親が経営しているお店である。

JR筑肥線美咲が丘駅（一九九五）
美咲が丘は博多駅から電車で40分ほど。住宅地として開発が進行中で、駅舎には町のシンボルとしての役割が求められた。敷地周辺は線路を挟んで南北で約一二メートルの高低差がある。高いほうの南側は宅地開発が進行中であり、低いほうの北側には線路と並行して国道が走っている。現地に行った瞬間、この案でいこうと思った。色はアイキャッチとランドマーク的な意味合いで、JRが使っている赤と黄色。赤く塗られた円筒形の部分に改札、コンコース、駅務室など駅舎機能のほとんどが入っており、黄色いチューブは宅地側入口からの通路である。

▼蒲江町立蒲江中学校特別教室棟（新建築8508）

1986
▽「田舎の建築家」（新建築8604）
▼戸高歯科医院（新建築8610）

1987
9月　ニューヨーク旅行
▽「店舗設計施工」（商店建築8707・8709）
▽「ニューヨーク・アールデコ特集」（大分合同新聞社）
▼鶴見町旧海軍防備衛所跡地資料館（日経8805）

1988
2月　エジプト旅行
▼ゆの杜　たにもと（新建築8810）

1989
2月　ヨーロッパ旅行
5月　アオキ工房　福岡事務所開設
12月　インド旅行

1990
5月　株式会社青木茂建築工房設立（佐伯事務所閉鎖）
▽「地方からのメッセージ」（INAXレポート）
▽「インド建築の旅」（アドバンス大分

今、たとえ給料は安くても所員を海外旅行に行かせるのは、建築は本物を見るしかないと思っているからだ。旅行中、安藤さんから「お前はアホやなあ」と何度もいわれたので、どんな本を読んだらいいのかと聞いて、本を読みあさった。今から思うと、そのころは頭でっかちになっていたかもしれない。

安藤さんに自分の作品の写真を見せると、「お前はようオレの真似しているな」と行くたびにいわれた。「自分で考えるのが一番だぜ」と。安藤さんの事務所で作品を見せると「また青木が変なものつくっとるでぇ」と大声でいわれたときには冷たい人だなとちょっと思ったこともあるが、やはり安藤さんのいうことが正解だ。それにしてもいい人に巡り会えたと思う。

今でも雑誌に発表したぼくの作品を見ていてくれて、どこかで会うと、「あれ良かったな」とか「アホなものつくっとるな」とズバッと一言いってくれる。

安藤さんからもう一ついわれたのは、「建築家というのは一〇年しかもたない」ということ。その一〇年の山をどこにもってくるかが重要だから、それを常に考えておけ、という言葉を今もしっかりと心に留めている。

クライアント

人生で何がうれしかったかというと、一級建築士を取ったときと『新建築』に初めて作品が載ったときは、建築学会賞をもらったときよりも感動的だった、とこの間も女房と話をした。「蒲江町立蒲江中学校特別教室棟」を

津久見町立明光保育所（一九九八）

敷地が狭く、二階建てにする必要があった。補助金をもらっての建設のため、それぞれの部屋の面積が決まっていた。廊下部分をなくせば大きな広場がつくれると思い、決められた部屋以外のスペースをかき集めて二層吹き抜けの広場をつくった。ぼくは住宅でも外部空間を積極的に取り入れることを提案しているが、保育所はそれがもっと大事だと思っているからだ。広場には屋根がかかっているが、全面ではないため、雨が吹き込む、と後で怒られた。役所の担当者から金を返せといわれ、苦い経験になったが、金の代わりに知恵を出そうと、現在対策案を提案中である。

8907）
▽「インド旅行記」（建築知識9007）
★「現代建築家１００人展」（東工大ギャラリー）

1991

6月　ヨーロッパ旅行
11月　ニューヨーク旅行
★「現代建築家１００人展」（博多ベイサイドギャラリー）
▼アートホテル石松（新建築9107，商店建築9107，日経910617）

1992

★「大分都市改造計画」展（大分ワシントンホテル）
★「現代建築家１００人展」（熊本県立美術館）
★「アートポリス展」（熊本県立美術館）
▽「儀式としての建築」（建築文化9212）
▼本宮山常妙寺（建築文化9212，日経911109）
▼くまもとアートポリス石打ダム管理所（新建築9210）

1993

11月　ポルトガル旅行

1994

1月　アテネ・イスタンブール旅行
▽共著『寺院空間の演出』出版（双樹社）

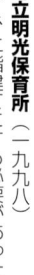

『新建築』に発表したのは三七歳のときだった。

　しかし、蒲江町ではこれ以後仕事がこなくなった。地元の人は「飛んでるデザイン」と思ったようだ。雑誌に発表するような建物は、施主にとってはアカンのだなと思った。

　地方で仕事をしていると、たとえばコンクリート打ち放しだけをやっていては仕事はこない。一つのことしかできないと、レッテルを貼られてしまう。ぼくの建築を雑誌で見た人から「スタイルがない」といわれたことがあるが、それは一方では気にはなるけれど、一方ではそういうこだわりは捨てようと思った。

　クライアントとは本音で話せないと、結果としてうまくいかない。坪単価の高い建築が必ずしも良い建築ではないという理由はそこにあって、クライアントと建築家が本音で話ができるかどうかが重要なポイントだと思っている。

　目に見えるデザインに関しては彼らはものすごく敏感に反応するが、それをどこかでうまくスライドさせて、こういうプランにするとこんな生活ができるということを頭の中でイメージしながら設計した場合のほうがうまくいく。住宅の場合は機能がそれほど異ならないからまだわかりやすいが、たとえばレストラン、病院などはクライアントが考えていることがわからないことがある。本人にもこれというものがなく、こちらがいろいろアイデアを出しても、「ピントこん」といっている。そういう場合が一番むずかしい。「わからん、わからん」といい続けて、落成式になってもブーブーいっていたの

大分市情報観光案内板（一九九八）
サイン計画は初めての経験だった。サインそのものがオブジェになるものを提案した。ウィーンにはワーグナーのデザインしたロゴがあり、それを見るとウィーンに来たと感じるように、「大分市」という文字も独特なロゴデザインにした。何かを見た瞬間に大分だと感じるものをつくってはどうかと考えたからだ。都市にとってはそういうことが重要なのではないだろうか。

緒方町消防詰め所（一九九八）
求められた機能は単純で、消防車が入ることと、昔の青年団小屋のような役割を果たすこと、の二点だった。そこで、思い切って変なものをつくろうと思った。住宅ではないので、決定的な致命傷だけは避けて、多少の批判はあってもそれをあえて受け止めようと思った。そうやって話題になること自体が重要だと考えたからだ。

1995

5月　ヨーロッパ旅行
11月　アメリカ旅行
◎第1回大分市建築大賞受賞
▽「大分県立図書館」保存問題をめぐって〈現大分県立図書館を考える会〉奮闘記（新建築9504）
▽『県都・大分市への提言』（大分合同新聞社）
▼町田バーネット牧場（新建築9510）
▼玖珠町立古後中学校／小学校
▼JR筑肥線美咲が丘駅（日経9606）
▼緒方町役場庁舎

1996

1月　ミャンマー旅行
4月　ベトナム旅行
7月　ヨーロッパ旅行
▽「ミャンマーに二つの顔を見た」（大分合同新聞社）
▼社会福祉法人博愛会通勤寮
▼岡田内科クリニック
▼麻里さんの家（住宅特集9806）

1997

2月　インド旅行
3月　ニューヨーク旅行
9月　南アフリカ旅行
11月　インド旅行
◎第9回福岡県建築住宅文化賞貢献賞受賞
◎第41回鉄道建築協会賞推撰
▼小野医院
▼山田や

に、最近会ったら「なかなか良うなったな」というクライアントもいる。使い始めてみて、だんだん良くなったというわけだ。やはり、クライアントと本音で話せる信頼関係が重要だと思う。

また、社会福祉法人博愛会の釘宮理事長は九〇歳に近いが、本当の博愛精神を持った方で、ぼくはいろんなことを教えられた。あるとき、「知的障害者といわれる人たちと健常者といわれるぼくたちのどっちが人間として本当だろう」と問われたことがある。博愛会は全部で四つの施設を持っているが、夏、みなさんが集まって盆踊りをする。それを見ていたら涙が出た。たしかに彼らのほうがまともなのかもしれないと思った。

人間の本当の欲求はモノではない、と思う。精神的な欲求を満たすことが人間にとってどれほど大事なことか、

博愛会の盆踊り風景

朝銀西信用組合佐賀支店（一九九九）最近の銀行は軽くて簡易的なデザインが多い。しかし、朝鮮銀行は民族のアイデンティティを示すことが重要だと思った。そこで開放性と同時にある種の重さを表現したいと思って材料を選択した。

マンション改装（二〇〇一）ぼくには双子の妹がいるが、そのうちの一人のマンション改装である。ぼくとやりとりするとケンカになるので、スタッフに打ち合わせを任せた。夫婦二人の生活であること、三年ほどイギリスでの生活体験があることなどから、思い切った提案をしたが、それが良かったようだ。居ながら施工で大変だったと思うが、まさにマンションが自分の家になったと感じたようで、満足してくれている。

明治明野子供ルーム（二〇〇一）右側に少し見えている既存建物の増築工事である。何の変哲もない公共建築ではなく、ここで子どもが何を感じるかが重要だと思った。ぼくはかなりうまくいったと思っているが、後でサイドの窓から子どもが落ちるのではないかと新聞に書かれて市はさんざんな目にあった。しかし街にとってはある種のシンボルであり、時間が経って後にどう評価されるかを楽しみにしている。

1998

11月　アテネ・イスタンブール旅行
12月　ソウル旅行
★「A・NET建築家との出会い」展（大丸・福岡天神）
▼津久見町立明光保育所
▼大分市情報観光案内板
▼緒方町消防詰め所
▼宇目町役場庁舎（新建築9908）

1999

5月　中国旅行
9月　東欧旅行
11月　ハワイ旅行
12月　韓国旅行
◎第26回日本建築士連合会会員作品展優秀賞受賞
◎グッドデザイン賞（施設部門）特別賞・エコロジーデザイン賞受賞
★著書『建物のリサイクル』出版（学芸出版社）
▼朝銀西信用組合佐賀支店
▼九重町社会施設総合センター
▼杵築中央保育園（新建築0002，日経000207）

2000

3月　ロンドン・ベルリン・パリ旅行
8月　満州旅行
10月　香港旅行
11月　上海旅行
▽「ユダヤ博物館を見て」（西日本新聞社）
★『サスティナブル最前線』（共著／ビオシティ）

と思う。

　建築の仕事は一つできあがると、また次に何かしたい、と思う。いつも次の一手の連続だった。かつては大きい仕事をしたいと思うこともあったが、今は逆に小さい仕事のほうがいいのではないかと思っている。

磯崎新さんのこと

　常妙寺が完成し、この仕事を紹介してくれた磯崎新さんが大分に来たときに、常妙寺ともう一つの建物を見てもらった。一方は流行のデコン・デザインだったが、「どうでしょうか」と聞いたら、「ちょっとやりすぎだな。常妙寺は一つのことをやっているから、いい。建築はそうあるべきだな」と。それを聞いて、建築を設計するときにはテーマをきちんと整理してやらないといけないと思った。今、テーマをなるべく絞ろうと思うのは、このときの磯崎さんの言葉によっている。

　磯崎さんが設計した大分県医師会館が取り壊されたのはショックだった。建物が古い、危険だ、地震がきたときにもたない、雨が漏る、機能が麻痺しているという取り壊し派の主張に対して完璧に戦う術を持たないと、保存は無理だと思った。理論武装でなく、実践武装が必要だ。

　ただ単に取り壊し反対というだけではダメで、対抗案を出すなりしないと結局は残らないことになる。つまり、保存ではなく、リファインの提案が必要なのだ。それにしても、旧・長崎水族館にしろ、保存運動は疲れる。なんのためにやっているのだろう、と思うことがある。ぼくは、保存する場合の

大分銀行別府支店（二〇〇二）
お金の出し入れだけなら、今はコンビニでも用が足りる。わざわざ銀行に足を運んでもらうのにふさわしい銀行のデザインがあるのではないか。そう考えて、重厚感と親しみやすさという一見相反するものを表現してみようと思った。

大分空港レストラン（二〇〇一）
子どもの頃、空港に行って飛行機を見るのは非日常の世界だった。店に入る前から滑走路が見え、滑走路側を開放することを意識的にやった。インテリアは真っ白な空間にステンレスの翼が乗っているような感じをイメージし、ほかは木を使った。長期間飽きないインテリアを考えて、シンプルなデザインとした。

◎大分合同新聞社賞特別賞受賞
◎日本建築家協会第1回環境建築賞優秀賞受賞
▼マキハウス　キャナルシティショールーム（内装）
▼大原歯科医院
▼野津原町多世代交流プラザ(新建築0010、日経000918)
▼緑が丘保養園ゲストハウス
▼長崎出島ワーフ

2001

3月　イタリア旅行
◎日本建築学会業績賞受賞
◎第10回BELCA賞（ベストリフォーム部門）受賞
★著書『リファイン建築へ——青木茂の全仕事』出版（建築資料研究社）
▼久美さんの家
▼社会福祉法人博愛会知的障害者施設第二博愛寮
▼明治明野子供ルーム
▼オアシス・マキ春日
▼JR九州神埼駅
▼八女市多世代交流館(新建築0109)
▼大分銀行別府支店
▼大分空港レストラン

機能とコストの提案をきちんとして、公開の場で議論するのが望ましいと思っている。

少林寺拳法

大学時代はほとんど少林寺拳法ばかりやっていた。拳法をやっていてよかったと思うのは、闘争本能を持つことと、怖さがわかるということだ。武道をやっている人は痛さを知っているから、怖さを知っている。それはある意味では諸刃の剣のようなもので、「引く時」がわかる。ケンカのしどころが体感的にわかる。所員に説教するときも、ここはガァーッといったほうがいいなとか、引いたほうがいいかは無意識のうちにわかる。

ローソン

それからぼくが所員に下ネタをして笑うのは、打たれ強くしたいから。こんなことは恥ずかしいことじゃないんだ、仕事で失敗することのほうがもっと恥ずかしいんだ、ということを若いときにたたき込みたい。打たれ強くなれば、失敗したときにも「失敗しました」とちゃんといえるはずだ。これはぼくの教育法だ。事務所内で包み隠さず、恥ずかしいこともいえるようにしておいたほうが失敗を報告しやすい。失敗は早くわかれば素早く解決策の手が打てる。

ローソン

ローソンの仕事は、バブルがはじけて困っていたとき、不動産関係をやっている同級生が持ってきてくれた。現場でつくる以外の材料はすべて支給され、あらかじめ決められている雛型を現場に合わせてショップをつくっていく仕事だ。

担当したスタッフに聞くと、「なかなか面白い」という。監理のやり方が完璧だというのだ。どの時点でどういうチェックをしなさい、と細目が決められていて、できたときには完璧になるようにシステムができている。たしかに、手戻り仕事があると、その分コストがかさむことになる。この仕事から、リファイン建築の工程の詰め方と照らし合わせて、管理をシステム化して行い、手戻りがないようにすることを学んだ。

しかし、実際にやってみて、まだまだローコスト化できる要素がたくさんあると思った。今は支給品を大量に仕入れることでコストダウンを図っているようだが、ぼくはパーツを少なくすること、工期の短縮が勝負だと思う。坪一〇万円は安くなるのではないだろうか。ファミリーレストラン系の建物もそうだと思うが、日本の産業全体と同じように、システム化が進むなかで動脈硬化をおこしているのではないだろうか。システム全体の見直しをぼくにやらせてくれたら、もっと安くできるのに、と思っている。

青木茂建築工房スタッフ

◎大分事務所
久保田 誠（広島県、大分大学）
池浦順一郎（福岡県、九州大学大学院）
渡部 容子（大分県、愛知江南短期大学）
近藤 繁之（大分県、東京芸術大学）
光浦 高史（神奈川県、早稲田大学）
斎藤 彰（宮城県、東北大学大学院）
◎福岡事務所
後藤 健（大分県、日本大学）
坂本 匡史（岡山県、名城大学）
奥村 誠一（福岡県、近畿大学大学院）
岸原 かほる（神奈川県、千葉大学）

現在、事務所は大分（写真／上・中）と福岡（下）にある。出身地も出身大学もさまざまなスタッフが一〇名いるが、全員がそろうことはめったにない。青木さんは両事務所を愛車で駆け巡っている。

建設費：4,800万円（58.5万円／坪）
構造設計：大分構造プランニング／橋迫棟男
設備設計産研設備設計熊本事務所／敷根正平　権藤淳
施工：建築　マコト建設／篠田昭治
設備　興農社
電気　高浜電業社

本宮山常妙寺
所在地：大分県大分市
建築主：本宮山常妙寺
主要用途：寺院・社務所・住宅
敷地面積：2,750.00m²
建築面積：　420.54m²（四恩会館）195.92m²（本堂）106.61m²（回廊・天神堂）
延床面積：1,136.54m²（四恩会館）327.02m²（本堂）106.61m²（回廊・天神堂）
構造規模：鉄筋コンクリート造　地上3階（四恩会館）／　木造　地下1階・地上1階（本堂）／木造　地上１階（回廊・天神堂）
工期：
1989年10月～1990年9月（四恩会館）
1990年9月～1992年3月（本堂）
1991年11月～1992年3月（回廊･天神堂）
建設費：
本堂　2億4,500万円（247.5万円／坪）
回廊・天神堂　1,800万円（56.3万円／坪）
四恩会館　2億6,000万円（75.6万円／坪）
構造設計：岩田設計事務所／岩田守
設備設計：E.E設計／甲斐武夫
施工：建築
佐伯建設（四恩会館・本堂）／工藤伸二
安東久登建設(回廊・天神堂)／安東久登
設備　富士輝工業
電気　別電工業所

町田バーネット牧場
所在地：大分県玖珠郡九重町
建築主：大分県
主要用途：飲食店・物販店
敷地面積：51,343.72m²
建築面積：　674.47m²
延床面積：　622.57m²
構造規模：木造一部鉄筋コンクリート造　地上1階
工期：1994年10月～1995年3月
建設費：2億円（50.3万円／坪）
構造設計：
新原構造設計／新原敬一
施工：建築　新成建設／水江敏明
設備　上田技建工業／安永敏雄
電気　久大電設／穴井道博

岡田内科クリニック
所在地：大分県速見郡日出町
主要用途：診療所・住宅
敷地面積：679.00m²
建築面積：243.37m²
延床面積：425.10m²
（1階218.33m²／2階203.61m²／3階3.16m²）
構造規模：鉄筋コンクリート造 地上2階
工期：1995年8月～1996年5月
建設費：1億2,000万円（93.3万円／坪）
構造設計：新原設計／新原敬一
施工：
建築　梅林建設／大石直文
設備・電気　梅林建設／薬師寺公則

小野医院
所在地：大分県速見郡山香町
主要用途：診療所・住宅
敷地面積：613.80m²
建築面積：278.92m²
延床面積：459.22m²
（1階248.17m²／2階211.05m²）
構造規模：鉄筋コンクリート造＋木造地上2階
工期：1996年4月～1997年1月
建設費：1億170万円（73万円／坪）
構造設計：勝設計事務所／佐藤勝文
施工：佐伯建設

マキハウス キャナルシティショールーム（内装）
所在地：福岡県福岡市中央区
建築主：株式会社槇
主要用途：ショールーム
延床面積：340m²
工期：2000年5月～2000年6月
建設費：3,660万円（33万円／坪）（電気・空調別途）
施工：グリップ／馬場朗
照明　ライトデザイン／東海林弘靖

九重町社会施設総合センター
所在地：大分県九重町
建築主：九重町
主要用途：文化・スポーツセンター
敷地面積：14,020.64m²
建築面積：　4,475.44m²
延床面積：　5,718.66m²
（地下1階351.43m²／1階4,412.30m²／2階954.90m²）
構造規模：鉄筋コンクリート造　地下1階・地上2階
工期：1997年8月～1999年3月
建設費：13億8,000万円（80万円／坪）（舞台装置含む）
構造設計：新原設計／新原敬一
施工：建築　新成建設
設備　九電工
電気　大日電気

杵築中央保育園
所在地：大分県杵築市
建築主：社会福祉法人中央福祉会
主要用途：保育園
敷地面積：2,598.13m²
建築面積：1,305.65m²
延床面積：　845.68m²
構造規模：木造一部鉄筋コンクリート造（水回りコア部分）　地上1階
工期：1999年4月～1999年9月
建設費：1億7,199万円（43.5万円／坪）
構造設計：新原構造設計／新原敬一
施工：建築　ムクノ建設工業／鶴田繁
設備　但馬設備工業／村田勇
電気　大和電業社／青田茂宏
佐穂徳彦

大原歯科医院
所在地：大分県速見郡日出町
主要用途：診療所・住宅
敷地面積：392.96m²
建築面積：203.39m²
延床面積：319.57m²
（1階140.93m²／2階166.28m²／3階12.62m²）
構造規模：鉄骨造　地上3階
工期：1999年7月～2000年1月
建設費：6,800万円（70.3万円／坪）
構造設計：新原設計／新原敬一
施工：建築　佐伯建設
設備　富士輝工業
電気　九電工

緑が丘保養園ゲストハウス
所在地：大分県大分市
建築主：医療法人社団淵野会淵野病院淵野耕三
主要用途：ゲストハウス
敷地面積：588.15m²
建築面積：157.30m²
延床面積：190.91m²
構造規模：木造一部鉄筋コンクリート造　地上1階
工期：1999年10月～2000年4月
建設費：3,809.8万円（80万円／坪）
施工：建築　西松大分営業所
設備　加藤工業

長崎出島ワーフ
所在地：長崎県長崎市出島町
建築主：株式会社長崎出島ワーフ
主要用途：飲食店・物販店
敷地面積：
2,077.45m²（北704.11m²／南1,059.24m²／中央314.10m²）
建築面積：1,566.68m²（北572.79m²／南889.01m²／中央104.88m²）
延床面積：2,270.39m²（北882.77m²／南1,387.62m²）
構造規模：木造一部鉄筋コンクリート造　地上2階
工期：1999年9月～2000年3月
建設費：4億円（44.5万円／坪　空調・サイン工事含む）
施工：鹿島・西日本菱重興産建設企業体／山下博（建築）前島敏朗（設備・電気）

久美さんの家
所在地：福岡県福岡市
主要用途：住宅
敷地面積：704.05m²
建築面積：178.39m²
延床面積：288.68m²
（1階144.98m²／2階143.70m²）
構造規模：鉄筋コンクリート造　地上2階
工期：2000年6月～2001年11月
建設費：8,800万円（90万円／坪　外構含む）
構造設計：新原設計／新原敬一
施工：西松建設

社会福祉法人博愛会知的障害者厚生施設第二博愛寮
所在地：大分県大分市
建築主：社会福祉法人博愛寮　釘宮謙司
主要用途：知的障害者厚生施設
敷地面積：14,709.08m²
建築面積：　824.88m²（1期棟）
979.45m²（2期棟）
337.50m²（地域交流棟）
延床面積：　194.50m²（1期棟）
1,505.09m²（2期棟）
337.50m²（地域交流棟）
構造規模：鉄筋コンクリート造　地上1階（1期棟）／鉄筋コンクリート造一部鉄骨造　地上2階（2期棟）／鉄骨造地上1階（地域交流棟）
工期：2000年8月～2001年5月
建設費：
1期棟　3,672.6万円（64.4万円／坪）
2期棟　3億2,717.7万円（71.8万円／坪）
地域交流棟　3,109.7万円（30.5万円）
構造設計：五洋建設九州支店／岩田昌三
施工：建築　五洋建設九州支店／植田正公　高岸研一
設備　富士輝工業／二宮敏一
電気　大徳電業／合谷俊光

JR九州神埼駅
所在地：佐賀県神埼郡神埼町
建築主：神埼町・九州旅客鉄道株式会社
主要用途：駅舎
敷地面積：3,555.91m²
建築面積：1,009.41m²
延床面積：　688.65m²
（1階20.15m²／2階668.49m²）
構造規模：鉄骨造　地上2階
工期：2000年5月～2001年3月
建設費：8億円
構造設計：新原構造設計／新原敬一
施工：九鉄・松尾共同企業体／山口敬司

八女市多世代交流館（リファイン）
所在地：福岡県八女市
建築主：八女市
主要用途：多世代交流館
敷地面積：5,154.84m²
建築面積：1,034.85m²
延床面積：1,366.62m²
（1階1,034.85m²／2階331.77m²）
構造規模：鉄骨造　地上2階（増築）
鉄筋コンクリート造　地上2階（既存）
工期：2000年10月～2001年5月
建設費：
増築（屋内）7,148.2万円（63.8万円／坪）（屋外）1,853.2万円（29.8万円／坪）
既存　1億1,312.5万円（45.7万円／坪）
合計　2億314万円（48.2万円／坪）
施工：建築　西松大坪特定建設工事共同企業体／菖蒲宏道　原田充
設備　岩本住設／佐々木康雄
電気　川浪電気工事／永利毅

オアシス・マキ春日（リファイン）
所在地：福岡県春日市宝町
建築主：株式会社オアシス・マキ
主要用途：スポーツ施設
敷地面積：2,885.88m²
建築面積：1,305.85m²（増築）
294.30m²（既存）
1,600.15m²（合計）
延床面積：2,915.81m²（増築）
589.84m²（既存）
3,505.65m²（合計）
（1階1,600.15m²／2階1,513.12m²／3階392.38m²）
構造規模：鉄骨造　地上3階（増築）鉄骨造　地上2階（既存）
工期：2000年5月～2001年7月
建設費：4億3,480万円（41万円／坪）
構造設計：佐藤構造設計事務所／佐藤典美
施工：建築　吉原建設・古賀組建設協同企業体／白尾和幸
設備　九電工／宮崎浩
電気　九電工／吉住孝之

野津原町多世代交流プラザ
（リファイン）
所在地：大分県大分郡野津原町
建築主：野津原町
主要用途：保健福祉センター
敷地面積：1,487.80m²
建築面積：　514.80m²
延床面積：　309.84m²（増築）
293.63m²（既存）
603.47m²（合計）
（1階514.8m²／2階88.7m²）
構造規模：
鉄骨造　地上1階（増築）
鉄筋コンクリート造　地上2階（既存）
工期：1999年10月～2000年3月
建設費：
増築　5,590万円（59.6万円／坪）
既存　3,990万円（44.9万円／坪）
合計　9,580万円（52.4万円／坪）
構造設計：新原設計／新原敬一
施工：
建築　後藤総合工業／松本勝
設備　協栄工業／猪原貴彦
電気　鬼塚電気工事／田北裕司

宇目町役場庁舎（リファイン）
所在地：大分県南海部郡宇目町
建築主：宇目町
主要用途：庁舎
敷地面積：4,555.54m²
建築面積：1,147.87m²
延床面積：　450.57m²（増築）
1,927.08m²（既存）
2,397.66m²（合計）
（地下1階71.01m²／1階962.43m²／2階997.97m²／3階343.92m²／塔屋階20.30m²）
構造規模：鉄筋コンクリート造　地上3階（増築）／鉄骨造　地上2階（既存）
工期：1998年5月～1999年3月
建設費：3億4,758.7万円（47.9万円／坪）
構造設計：新原設計／新原敬一
施工：
建築　梅林建設／豊田正己
設備　富士輝工業／佐藤昌幸
電気　鬼塚電気工事／安藤章秀

社会福祉法人博愛会通勤寮
（リファイン）
所在地：大分県大分市
建築主：社会福祉法人博愛会
主要用途：知的障害者厚生施設
敷地面積：1,166.86m²
建築面積：　398.37m²（増築）
230.35m²（既存）
628.72m²（合計）
延床面積：　829.57m²（増築）
457.00m²（既存）
1,286.57m²（合計）
（1階233.26m²／2階588.47m²／3階427.82m²／4階27.00m²／塔屋階10.00m²）
構造規模：鉄筋コンクリート造一部鉄骨造　地上3階（増築）／鉄筋コンクリート造　地上2階（既存）
工期：1995年10月～1996年3月
建設費：
増築　1億2,852.4万円（51.1万円／坪）
既存　5,870万円（42.4万円／坪）
合計　1億8,722.4万円(48万円/坪)
施工：建築　佐伯建設
設備　富士輝工業

緒方町役場庁舎（リファイン）
所在地：大分県大野郡緒方町
建築主：緒方町
主要用途：庁舎
敷地面積：4,192.36m²
建築面積：　509.02m²（増築）
436.51m²（既存）
945.53m²（合計）
延床面積：1,137.43m²（増築）
1,110.87m²（既存）
2,248.30m²（合計）
（1階937.92m²／2階806.41m²／3階489.96m²）
構造規模：鉄筋コンクリート造一部鉄骨造　地上3階（増築）／鉄筋コンクリート造　地上3階（既存）
工期：1995年3月まで
建設費：
増築　2億1,500万円（62.4万円／坪）
既存　1億4,000万円（41.6万円／坪）
合計　3億5,500万円（49万円／坪）
構造設計：新原設計／新原敬一
施工：建築　佐藤工業
設備　富士輝工業
電気　佐藤工業

アートホテル石松（リファイン）
所在地：大分県別府市
建築主：たにもと
主要用途：ホテル
敷地面積：2,780.21m²
建築面積：　722.73m²（増築）
1,001.33m²（既存）
1,724.06m²（合計）
延床面積：2,981.62m²（増築）
2,792.83m²（既存）
5,774.45m²（合計）
（既存1階910.72m²／2階583.65m²／3～5階各452.55m²　塔屋1・2階各64.08m²）
構造規模：鉄筋コンクリート造　地上5階塔屋2階（宿泊棟）／鉄骨造　地上2階（ラウンジ）／木造　地上2階(事務所棟)
工期：1990年7月～1991年4月
建設費：6億円（66.5万円／坪）
構造設計：大分構造プランニング／橋迫棟男
設備設計：E.E設計／甲斐武夫
施工：
建築　菅組（宿泊棟）／大野俊憲
角田建設設備（事務所棟）／麻生務
設備　津福冷機
電気　豊後電気

鶴見町旧海軍防備衛所跡地資料館
（リファイン）
所在地：大分県南海部郡鶴見町
建築主：鶴見町
主要用途：資料館
敷地面積：571.00m²
建築面積：201.25m²
延床面積：199.00m²
構造規模：鉄筋コンクリート造　地上1階
工期：1988年2月～1988年5月
建設費：1,500万円（24.9万円／坪）
構造設計：アノイ建築設計事務所／岩田守
施工：山口建設／松岡幸央（建築）

蒲江町立蒲江中学校特別教室棟
所在地：大分県南海部郡蒲江町
建築主：蒲江町
主要用途：中学校
敷地面積：12,758.67m²
建築面積：　449.00m²
延床面積：　733.60m²
（1階431.60m²／2階292.00m²）
構造規模：鉄筋コンクリート造　地上2階
工期：1984年9月～1985年2月
建設費：7,860万円（35.4万円／坪）
構造設計：アノイ建築設計事務所／岩田守
設備設計：柳迫設備設計／柳迫文雄　村上丈司
施工：建築　蒲江土建
設備　武生電気
電気　匹田電気工事

戸高歯科医院
所在地：大分県南海部郡蒲江町
建築主：戸高勝之
主要用途：歯科診療所
敷地面積：1,044.00m²
建築面積：　172.87m²
延床面積：　262.82m²
（1階157.29m²／2階105.53m²）
構造規模：木造＋鉄筋コンクリート造　地上2階
工期：1984年8月～1986年3月
建設費：3,300万円（41.5万円／坪）
構造設計：アノイ建築設計事務所／岩田守
設備設計：柳迫設備設計／柳迫文雄
施工：直営　岡田工務店（RC軀体）
塩月建築（大工）
長嶋電設（設備・電気）

ゆの杜　たにもと
所在地：大分県別府市
建築主：たにもと
主要用途：割烹旅館
敷地面積：1,420.19m²
建築面積：　589.94m²
延床面積：　599.43m²
（1階527.80m²／2階64.13m²）
構造規模：木造　地上2階
工期：1988年2月～1988年7月
建設費：1億50万円（55.4万円／坪）
設備設計：E.E設計／甲斐武夫
施工：建築　安東久登建設／安東久登
設備　津福冷機
電気　山本電業社

くまもとアートポリス石打ダム管理所
所在地：熊本県宇土郡三角町
建築主：熊本県
主要用途：管理事務所
敷地面積：632.97m²
建築面積：179.41m²
延床面積：270.41m²
（1階165.56m²／2階104.85m²）
構造規模：鉄筋コンクリート造 地上2階
工期：1990年7月～1991年2月

編集後記

青木茂さんは風雲児である。

昔、佐伯市に事務所を構えていたときに一度うかがったことがある。そのときの印象は、青木さんがやっていた少林寺拳法の道場の存在が大きく、それに比べると設計事務所の存在感はゼロに等しかったように思う。佐伯のまちを案内されたのは記憶にあるが、ご自分の作品を見せていただいたかどうか、記憶は定かではない。なのになぜ、出向いていったのか。その理由は忘れていない。直前の出会いで「何かをやる人だ」と感じたからで、青木さんの建築家としての起点を確認しておきたいと思ったのである。それから二〇年近くの月日が経った。今、ようやく原石が輝き出そうとしているのではないか。

本書『リファイン建築へ』は、青木さんの前著『建物のリサイクル』（学芸出版社）の編集を終えてからおよそ二年、非常に早い展開である。この二冊の違いは、前著は「リファイン建築」の考えを世に問うかたちで、読みやすい小さな四六版サイズとしたのに対して、今回は、実践を重ねて深めた考えと蓄積した技術をもとにまとめた応用編をめざし、やや大きめのB５版サイズにしてカラーを多くしたことにある。前著に取り上げたリファインの五つの前期作品事例は最小限本書にも取り込んでいるが、詳細は前著を参照していただきたいと思う。

ここにぜひ書き記しておきたいことがある。本書を編集していく中で、納得のいく思いをしたからである。現在、どれだけの数の建築家が自分が担当した建物の工事見積もりをしているだろうか。私が把握している範囲ではかなり少ないように思う。公共建築では自らはほとんどしていないのではないか。青木さんの事務所では担当者が見積もりをするのが決まりになっている。見積もりは設計とはまったく違う仕事で、神経を使うし、つらいと担当者は率直にいう。しかし、これは青木さんが自らやってきたことを所員にもやらせているだけで、青木茂建築工房では当たり前のことだ。青木さんがリファイン建築なら半額でできると自信ありげにいう根拠がここにある。モノの値段がわかってはじめてリファイン的な知恵が働くのである。施工現場で現場監督や職人と行う打ち合わせもこの金銭感覚の下敷きがあるからこそ対応が実際的であり、早い。そして、ときには思いもかけぬ解決策を生み出す。

今日の建築界に対する社会の不信は、建設の価格がブラックボックス化していることに多くを負っている。分業化が進んだ社会の中で、施工会社の設計部の担当者ですら自ら設計した建物の実際の価格を知ることができない。これは近代文明が生んだ病で、もう、ここから脱却しないといけないのではないか。長く大分を栄養源としてこの病に深く冒されることなく粛々と仕事をこなし続け、構想力を培ってきた青木さんだからこそ、誰でもできそうでいて、しかし発見できなかったリファイン建築を、結果としてやり遂げたのだと思う。

当然のことだが、青木さんはこのリファイン建築を自分のみのものとは考えていない。いや、大勢の建築家がそれぞれの考えで実践し、共にその幅を広げていく作業をしていきたいと願っている。建築生産の新たな展開から建築文化の明日

が開けるかもしれないと考えている。こうした思いも含めて、今回、関係者の深いご協力のもと、コストの全公開をCD－ROM盤で実現することができた。
編集作業の最終段階で、旧長崎水族館が半分保存、半分解体増築案で工事が本決まりとなり、そして解体が始まったことが伝わってきた。その写真を最後に掲げるが、悲惨である。建物そのものは物理的存在だが、しかし真実はそれをつくりあげた人々、育てあげた人々の想いが生きているものである。建物といえども、やはり無駄死にはしてもらいたくない。青木さんの旧長崎水族館リファイン案は幻となったが、この提案は必ずどこかで生きることだろう。

石堂　威（都市建築編集研究所）

執筆・対談　協力者紹介（登場順）

松村秀一（まつむら　しゅういち）
一九五七年生まれ。一九八〇年東京大学工学部建築学科卒業。一九八五年東京大学大学院工学系研究科博士課程修了。現在、東京大学大学院助教授。専門分野は建築構法計画、建築生産。

野田国義（のだ　くによし）
一九五八年大分県八女郡広川町生まれ。一九八二年日本大学法学部卒業後、衆議院議員秘書を一一年務めた。一九九三年、全国最年少の市長として、三四歳で八女市長に就任。

藤原惠洋（ふじわら　けいよう）
一九五五年熊本県生まれ。一九七九年九州大学建築学科卒業。一九八二年東京芸術大学大学院美術研究科修士課程修了。一九八八年東京大学大学院工学系研究科博士課程修了。現在、九州芸術工科大学助教授。専門分野は日本近代建築史、芸術文化環境論。

西澤英和（にしざわ　ひでかず）
一九五一年大阪府生まれ。一九七四年京都大学建築学科卒業。京都大学大学院工学研究科博士課程修了。現在、京都大学大学院講師。専門分野は鉄骨構造学、耐震工学、保存工学など。

大西若人（おおにし　わかと）
一九六二年京都市生まれ。一九八六年東京大学工学部都市工学科卒業。一九八七年、東京大学工学部修士課程中退、朝日新聞社入社。現在、朝日新聞東京本社学芸部。主に建築、美術、写真などについて執筆している。

リファイン建築へ——建たない時代の建築再利用術／青木茂の全仕事

二〇〇一年一〇月一三日　初版一刷発行　　二〇〇六年三月二〇日　第二刷

著　者……青木　茂
福岡県福岡市中央区長浜一―二―六―二〇六　青木茂建築工房福岡事務所（〒八一〇―〇〇七二）
電話〇九二（七四一）八八四〇　ファックス〇九二（七四一）九三五二
E-mail : aokou_f@d3.dion.ne.jp
大分県大分市南津留一三―一二　青木茂建築工房大分事務所（〒八七〇―〇九三七）
電話〇九七（五五二）九七七七　ファックス〇九七（五五二）九七七八
E-mail : aokou_o@d3.dion.ne.jp

編集者……石堂　威
東京都千代田区飯田橋一―六―一―三〇二　都市建築編集研究所（〒一〇二―〇〇七二）
電話〇三（三二二一）五三五六　ファックス〇三（三二二一）五五六八

作　図……青木茂建築工房

協　力……リファイン建築研究会
福岡県福岡市中央区長浜一―二―六―二〇六（〒八一〇―〇〇七二）
電話〇九二（七四一）八八四〇　ファックス〇九二（七四一）九三五二

発行者……馬場瑛八郎

発行所……株式会社　建築資料研究社
東京都豊島区池袋二―七二―一（〒一七一―〇〇一四）
電話〇三（三九八六）三二三九　ファックス〇三（三九八七）三二五六

印刷製本……株式会社　廣済堂

撮影
小林浩志（本書用撮り下ろし）
松岡満男
岡本公二
新建築社
青木茂建築工房（工事中写真）

CD-ROM企画
石堂　威
小林浩志

CD-ROM制作
スパイラル

装丁
掛井浩三

ISBN4-87460-740-3
Printed in Japan

リファイン建築へ

建たない時代の建築再利用術